小時候的棒不是棒，教到成材才是真的強！！

挫折教育╳自主意識╳情緒管理，
學校沒有教的軟實力，從家庭中學起！

李雅婷，陳雪梅 編著

在家是個乖孩子，出去被人當軟柿子

孩子太乖巧聽話反而應該注意？當心變成軟弱任人欺的個性！
「只會讀書」已經不流行了！還在推崇過時的「優秀」定義嗎？

停止命令、控制、高標準，否則孩子在達陣前，恐怕已先陣亡！
本書帶你從培養良好的家庭教育開始，打造出獨立自主的孩子！

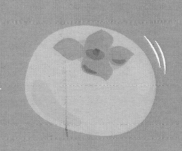

目 錄

前言

第一章　是誰偷走了孩子的優秀

錯誤的優秀觀限制了孩子的發展 ················10

過高的期望讓孩子不堪重負 ················13

無度的愛讓孩子無能 ················19

過多干涉束縛了孩子的手腳 ················23

過於嚴厲會把孩子培養成「軟柿子」 ················26

過分處罰重創了孩子的心靈 ················29

消極的態度塑造出消極的孩子 ················31

第二章　做開明的家長，和孩子一起成長

家長應扮演好自己的角色 ················38

別做越位的家長 ················41

家長應該以身作則 ················44

學會尊重，每個家長都應上好的一課 ················48

對孩子換位思考 ················52

學會聆聽，為人父母的法寶 ················56

和孩子一起成長 ················60

美國家庭的教子法則 ················64

目錄

第三章　讓孩子成為他自己

尊重孩子的成長規律 ……………………………………70

維護孩子的自尊 …………………………………… 74

培養孩子的自我意識 ……………………………………78

讓孩子自己選擇興趣 ……………………………………83

每個孩子都有自己的理想 ……………………………………86

培養孩子的責任心 ………………………………… 90

給予孩子選擇朋友的權利 ……………………………………93

責備不如跟孩子講道理 ……………………………………97

第四章　有學習力的孩子才有競爭力

孩子為什麼拒學 ………………………………… 104

為孩子營造求知的氛圍 ………………………………… 108

激發興趣，讓學習變成快樂的事 ………………………………… 112

珍視孩子好奇的學習天性 ………………………………… 117

點燃孩子的學習熱情 ………………………………… 123

讓孩子體驗成功的快感 ………………………………… 126

培養孩子養成良好的學習習慣 ………………………………… 130

與孩子一起學習 ………………………………… 133

第五章　優秀是誇出來的

每個孩子都需要賞識與肯定 ………………………………… 138

少一些指責，多一點讚美 ………………………………… 142

放大孩子的優點 ………………………………… 146

把缺點轉化為優點 ………………………………… 150

讚揚孩子的每一點進步 ……………………………………… 156

以靈活多樣的方法獎勵孩子 ………………………………… 159

要賞識，更應該激勵 ………………………………………… 164

家長應學會說讚美的話 ……………………………………… 167

第六章　放開緊握的手，讓孩子獨立行走

有自立意識的孩子更強大 …………………………………… 174

從分床開始讓孩子獨立 ……………………………………… 180

給孩子獨立的空間 …………………………………………… 183

授予孩子一定的家庭權利 …………………………………… 186

放手讓孩子自己去做 ………………………………………… 188

讓孩子丟掉手中的「拐杖」 ………………………………… 192

獨立思考同樣重要 …………………………………………… 195

孩子間的糾紛讓孩子自己解決 ……………………………… 199

第七章　讓孩子自己承受挫折

挫折讓孩子更有生存力 ……………………………………… 204

挫折是一門必修課 …………………………………………… 208

把苦難當作一所學校 ………………………………………… 212

鼓勵孩子正視失敗 …………………………………………… 215

教孩子用樂觀的心態面對挫折 ……………………………… 218

讓孩子變得堅強起來 ………………………………………… 221

培養孩子的意志力 …………………………………………… 225

訓練孩子的心理承受能力 …………………………………… 228

目錄

第八章　出色的 EQ 締造優秀的孩子

為什麼要重視孩子的 EQ 教育 ……………………………………… 234

懂得愛的孩子才會幸福 …………………………………………… 237

讓孩子擁有一顆感恩的心 ………………………………………… 240

引導孩子養成樂觀的性格 ………………………………………… 243

自信心是成功人生的基石 ………………………………………… 246

教孩子學會處理自己的情緒 ……………………………………… 249

平常心彌足珍貴 …………………………………………………… 254

學會寬容才能贏得快樂 …………………………………………… 257

前言

　　生活中，我們經常聽到許多家長拿自己的孩子與其他孩子來比較。比較之餘，不免生出幾分抱怨：「你看人家 ×× 功課多好」、「你看人家 ×× 鋼琴彈得多棒」、「你看人家 ×× 一點都不用爸爸媽媽操心」……家長這種「恨鐵不成鋼」的心理是可以理解的，但是我們的孩子真的就不如別的孩子優秀嗎？其實，家長之所以會有這樣的心理落差，是因為家長們總是喜歡拿自己孩子的短處和別的孩子的長處比，這種比法對孩子來說是一種嚴重的傷害。

　　實際上，每個孩子都是優秀的，只是他們優秀的方面不一樣罷了！比如，也許有的孩子畫畫得不好，但是他的歌唱得好；也許有的孩子字寫得不好，但是他琴彈得好；也許孩子功課不好，但是他熱愛勞動、熱心助人……這些難道不是「優秀」的表現嗎？如果家長僅以某一方面來衡量孩子，不免有失偏頗。

　　當然，因後天教育的影響，每個孩子長大之後的成就會有很大的不同。可以說，每個孩子成長的背後，都能找到家庭教育的痕跡。正確的家教方法是保障孩子成材的前提。

　　有這樣一個故事：

　　一位來自白宮的著名人士在記述他童年的經歷時寫道：媽媽拿著蘋果對我們兄弟說：「這個最大的蘋果最好吃。讓我們來一次除草比賽，我把門前的草坪分成三塊，你們三人一人一塊，負責修剪好，誰做得最快最好，誰就有權得到它！」結果，我贏得了那個最大的蘋果。母親讓我明白一個最簡單也最重要的道理：若想得到最好的，就必須努力爭第一。

　　這就是家庭教育在塑造孩子方面的影響。良好的家庭教育能夠塑造出人

前言

格高尚、優秀的人才；不良的家庭教育只會讓孩子離「優秀」越來越遠。

塞德茲（Boris Sidis）說過：「人如同瓷器一樣，小時候形成一生的雛形，幼兒時期就好比製造瓷器的黏土，給予什麼樣的教育就會形成什麼樣的雛形。」家長自身的素養和修養以及對孩子的教育方法，對孩子的成長與成材有著舉足輕重的作用。

要培養出優秀的孩子，家長需要有科學的教育理念作指導。家長只有掌握了科學的教育理念，才能思路正確，少走彎路，讓我們的孩子早日成材。

為了幫助各位家長們掌握科學的家教理念和有效的教子方法，編者從當今家庭教育的實際情況出發，結合了眾多中外教育專家的教育思想和成功的教子經驗，透過對一個個生動真實的家教案例進行精闢的闡述和獨到的分析，給家長們春風化雨般的家教啟迪。

本書系統全面、通俗易懂、簡單實用，可供各位教子心切的家長借鑑與學習。願每一位有志於把孩子培養成優秀人才的家長都能從本書中找到自己想要的答案，習得優秀的教子方法！

編者

第一章
是誰偷走了孩子的優秀

為什麼我們的孩子不夠優秀？是他們天生不夠優秀，還是有人在不經意間偷走了他們的優秀？如果是有人偷走了，那這個人又是誰？他是怎麼偷走的呢？

第一章　是誰偷走了孩子的優秀

▌錯誤的優秀觀限制了孩子的發展

在一個教育座談會上，一位著名的教育專家問了家長一個問題：「在你們的觀念中，什麼樣的孩子是優秀的呢？」

家長們面面相覷，經過討論，他們一致認定：優秀的孩子怎麼說也應該是成績比較優秀的吧！其他方面，比如比較討老師歡心、同學羨慕、讓家長感到自豪，也無非是建立在「課業成績優秀」的基礎上。因此，優秀首先必須是「課業好」、「有特長」。

以上是這些家長的觀點，也可能是這個社會的主流觀點。在生活中，我們就經常聽到一些父母誇獎別人的孩子在班上課業成績頂尖、鋼琴彈得好……說話間，羨慕之情溢於言表。為了自己的孩子能像別人的孩子那樣優秀，家長們請家教，讓孩子上各種各樣的補習班、培訓班，其目的就是要把孩子培養成「符合社會發展需要的綜合型優秀人才」。如此一來，孩子則苦不堪言。這些被強迫接受「教育」的孩子，非但沒有像家長們希望的那樣成為所謂的「優秀人才」，還會變得討厭學習、不負責任、逃避生活……漸漸地，家長們對自己的孩子失望了，甚至因此對孩子失去了信心。

正是在這種「課業成績好就是優秀」的觀念的推動下，一個孩子只要課業成績好，無論他的人文情懷多麼淡薄、心理空間多麼狹窄、精神世界多麼蒼白、實際操作能力多麼差勁、創新能力多麼弱，都會成為其他家長羨慕的對象。而這樣的教育使得這些孩子變成了「考試機器」。這些孩子在順境中或許還平安無事，但要是遇上不順，遇上挫折、挑戰，他們就會崩潰，就可能會走向極端。出現這種情況時，他們就會危害自己、親人以及社會。這難道就是所謂的優秀？

現在，讓我們先來看一看以下的故事：

葉松從小就是鄰里孩子的榜樣。他在班上科科成績都得第一，人也十分懂事、乖巧。因此，老師特別喜歡他，而家長也引以為豪。

葉松的變化是在國中以後。

經過自身的努力，葉松終於考上了某大學的附中。在這所中學裡人才濟濟，加之中學課業繁重，葉松慢慢覺得有些吃力了！

第一次月考的時候，他考了班級的第 11 名，這是前所未有的事情。當然，這個班上的孩子全是高材生，葉松能考這樣的成績已經不容易了。可是葉松自尊心強，受不了這個打擊，也不懂得判斷分析自己所處的環境跟小學的不同之處，因此，一下子不知如何是好。

回到家裡一說，爸爸媽媽覺得有點沒面子了，就狠狠地批評了孩子一頓。這讓葉松更加覺得傷心。

後來的幾次考試，雖然葉松都很努力，但還是沒能像小學那樣衝到第一，慢慢地他有些失望了，對課業也失去了信心！

再後來，葉松的成績越來越差。為了不讓爸爸媽媽難過，更因為不想讓爸爸媽媽責打自己，他竟想出了自殺的荒唐主意。

如果以成績來衡量一個人是否優秀的話，那麼，小學時期的葉松無疑就是發揮自己的某種潛能且擁有健全的人格與健康的身心，那麼，家長就不要再去為難他了。

有這樣一個故事：

有一個男孩子，高中沒畢業就輟學回家，到父親所在的公司當一名工人。父母都感到沒臉見人，出門就怕談起孩子。

而這個讓他們很沒面子的孩子在工廠中很快就找到了自己的位置，在車間裡脫穎而出，當了車間主任。再後來，他又建立了自己的工廠，在事業上取得成功，成了一位小有成就的企業家。

第一章　是誰偷走了孩子的優秀

這時，他的父母才認知到，兒子雖然課業不怎麼樣，但他同樣是優秀的。從此，只要有人跟他們談起兒子，老兩口就會感慨地說「以前我們總覺得課業成績好才是好孩子，現在我們知道了，能把自己最擅長的事情做好，那就是優秀的！」

這個故事的道理不言而喻，事實上，每個孩子都可以是優秀的。身為家長，我們在培養孩子方面要做的事就是讓孩子輕鬆愉快地學習，最大限度地發揮自己的潛在能力，讓孩子感到自己是成功的。這樣的孩子即使在班上成績不頂尖，將來在社會上也會找到合適的位置。

對於我們的孩子來說，他的課業可以不「頂尖」，但是，他不可以沒有自己。如果家長曲解了優秀的含義，一味地要求孩子一定要考高分，一定要在班上考到前幾名，那麼，其結果只會適得其反。孩子非但不會因為你的期望達到你需要的優秀，還可能因此精神負擔太重，憂鬱、惶恐、沒有自信，最終，連自己的潛能都丟失了！

所以，只有父母對優秀的概念有比較明確的了解，才能正確地把握培養孩子的標準，讓孩子充分發揮自己的潛能。這樣，想讓你的孩子不優秀都難。是家長眼中的優秀孩子，但也是因為曾經的優秀淹沒了孩子的才智，令其最後迷失了自己。這是多麼慘痛的代價呀！試問家長，這樣的「優秀」你還需要嗎？

其實，真正的「優秀」並不在於孩子在課堂上回答了多少問題，考試中是否名列前三名，是否擅長很多種技能，而在於這個孩子是否有良好的人格和健康的身心。

因此，如果你的孩子有以下的特點，你基本上可以認定自己的孩子是優秀的。

✧ 他（她）是一個人格健全，有旺盛的生命力以及蓬勃鬥志的孩子！

✧ 他（她）能夠自己處理遇到的任何事情，不會總是寄望於別人。

✧ 他（她）有很強的感受力，熱愛生活與生活中一切美好的東西。

✧ 他（她）有同情心，能體諒別人。

✧ 他（她）耐挫能力強，有上進心，有責任心，熱忱。

✧ 他（她）有自信心，自我意識強。

✧ 他（她）有判斷能力，不會盲目地跟別人攀比。

✧ 他（她）懂得自己在做什麼，有自己擅長的東西，並不一定課業成績優秀。

✧ 他（她）有很強的實際操作能力、思考能力、自立能力和良好的心態。

……

總之，家長應該多角度地看待優秀這個問題。因為優秀從來不拘泥於哪一種方式，更沒有一個固定的模型。每一棵大樹都有它們各自的姿態，如果我們非要說哪一種姿態才是「最美」、「最佳」的，那顯然不合時宜。

因此，如果我們的孩子課業成績並不突出，不能考到班級前三名，也不具備有多項才藝技能，家長千萬不要因此就否認了孩子潛在的優秀。應該多了解、多觀察你的孩子他（她）在哪一方面有著突出的潛能，如果孩子能夠充分地發揮自己的某種潛能且擁有健全的人格與健康的身心，那麼，家長就不要再去為難他們了。

▍過高的期望讓孩子不堪重負

「望子成龍」這恐怕是普天下父母親的共同心願。尤其當今社會競爭異常激烈、就業壓力大，家長對孩子的期望就更高更嚴了。為了把自己的子女打造成「龍」、「鳳」，家長們千方百計地為孩子創造教育的環境和發展智

第一章 是誰偷走了孩子的優秀

力的條件。孩子從上幼稚園開始，家長就急著給孩子報各類的才藝班、加強班，把孩子的課內、課外時間都安排得滿滿當當的，以為只要照自己的安排進行，就有光輝燦爛的前程等著孩子。

從此，孩子的字典裡只能有「成功」，不能有「失敗」；只能有「學業」，不能有「玩樂」；只能有「進步」，不能有「落後」……在沉甸甸的期望之下，孩子漸漸失去了開朗的笑容，變得疲憊不堪。

事實上，家長對孩子高標準、嚴要求本無可厚非。但美好的期望一旦脫離實際且變為固執的強求，那麼不幸便會頻頻出現。過重的課業負擔剝奪了孩子童年的歡樂，拒學、棄學的心理由此滋生；過高的期望迫使孩子兩耳不聞窗外事、四體不勤、鬱鬱寡歡，日後難以面對激烈的競爭和複雜的人生，有的甚至未步入社會悲劇便發生了。「望子成龍」結果成「蟲」，很多時候都是家長一手造成！

下面，讓我們先來看幾則小故事。

✧ 丹丹剛會走路時就表現出對舞蹈的熱愛。丹丹 4 歲時，媽媽把她送進了舞蹈班。媽媽認為孩子天資聰明、體型又具舞蹈條件，她跳舞應該是很棒的。

可是，讓媽媽失望的是，丹丹不但沒有表現出任何優秀，還不如別的孩子。為了孩子能勝人一籌，丹丹的媽媽課後總是督促孩子練習，媽媽經常對丹丹說：「丹丹很聰明，只要努力了，一定能和其他人跳得一樣好，甚至超過別人。」可是，每次練習時孩子都不情願，媽媽連哄帶逼，就這樣堅持了 3 年。

漸漸地，媽媽發現丹丹對舞蹈失去了興趣，每次上課都無精打采的，課後也不練習，還表現得很不耐煩。

✧ 小牧剛上三年級，爸爸給小牧報了一個數理班，說若想上好的國中必須學好，但小牧根本就不感興趣。試學了兩個月，陪讀的聽得津津有味，而小牧就是提不起勁。以後，發展到只要一上數學課，小牧就昏昏欲睡。他私下跟自己的堂姐說：「我特別討厭數學，尤其是奧林匹克數學！」

✧ 有個孩子期末考試後高高興興跑回家報喜，誰料媽媽卻冷冷地說：「這還高興？還沒進前三名呢！」孩子一聽這話，像洩了氣的球一樣，一下子變得無精打采。

✧ 有一個小學四年級學生，是班上的幹部，特別愛讀書，是老師心目中的「高材生」。但父母對她的期望過高、要求過嚴，父母要求女兒每科功課必須在 98 分以上，有時考了 95 分，雖然在班上名列前茅，但父母仍不滿意，對她嚴厲批評。在父母的嚴厲管教下，孩子的心理壓力很大，學業絲毫不敢怠慢。後來漸漸地她便感到力不從心、疲憊不堪，課業成績明顯下降，對學業也產生了厭倦。

✧ 一名高中二年級的女學生，因為考試兩科不及格，打開瓦斯自殺了！她留下的遺言是：「媽媽，妳讓我太辛苦了！」讀者無不潸然淚下。
與大多數的家長一樣，這位女學生的媽媽節衣縮食，風裡來雨裡去送女兒學鋼琴、上各種培訓班，一心要把女兒培養成出類拔萃的人。她不能容忍女兒有一點點惰性、一點點嬌氣、一點點落後，要是女兒有一處做不到便施以嚴厲的懲罰。當這個女孩到了 13、14 歲的「叛逆」年齡時，母女間便開始衝突不斷。衝突的結果是女孩子常常被怒不可遏的母親趕出家門。最終，女孩子選擇了一條不歸路！

這樣的故事在現實中太多了。家長的「高標準」、「高期望」給孩子帶來的往往是巨大的壓力與心靈創傷。這種創傷是難以彌合的！

第一章　是誰偷走了孩子的優秀

　　心理學上有這樣一個規律 —— 期望值越高，失望值越大；反之，期望值適宜，才會產生很強的滿足感。這個規律用在家庭教育方面也同樣合適。如果家長對孩子的期望值太高，那麼，即使孩子取得了一定的成績，家長也會視若無睹，對孩子的優秀一點都不滿足。這種不滿足的情緒波及孩子，使孩子產生焦慮、抑鬱、恐懼、自閉、表達能力差、注意力不集中、孤僻不合群等問題，體驗不到成功的快樂，最終可能導致孩子的心理嚴重扭曲，行為失常，甚至自殘、自殺、傷人等更嚴重的後果。這與我們教育的原意背道而馳！

　　因此，如果我們能把自己的期望值放低一點，與孩子的實際情況相吻合，讓孩子用力跳一跳就能「夠」得著目標。慢慢地你就會發現，原來自己的孩子不必是「龍」，他可能是善於衝刺的小馬駒，也可能是耐力超群的小牛犢……可是，他們同樣很優秀！

　　那麼，我們應該怎麼調整與把握對孩子的期望呢？

拓寬期望面，不要只局限於智能與學業

　　以智慧高低、學業成績的好壞作為衡量孩子是否成功、將來是否有前途是現代社會的流行病。但事實上，衡量一個人的成功有許多評價標準。

　　很久很久以前，羅馬有個小男孩因為課業成績不理想，成天鬱鬱寡歡。

　　有一天，父親把他帶上羅馬一座高高教堂的塔頂。到了塔頂，父親對他說：「往下瞧瞧吧！親愛的孩子。」父親指著像蜘蛛網般的街道說，「通向廣場的路不止一條，生活也是一樣。假如你發現這條路達不到目的地，那就走另一條路試試！」

　　多麼聰明、豁達的父親！他以一種恰如其分的方式表達了自己對孩子取得成功的期望。

期望應符合孩子的能力水準與志向愛好

　　從自己的好惡出發，形成對孩子的期望，替孩子設計一個未來的藍圖，是一些家長樂此不疲的事情。甚至在家長心目中，對孩子期望的高低也會出現攀比心理。但現實是不以人的意志為轉移的，如果家長的期望不切合孩子的實際情況，往往事與願違。

　　聰明的家長在對孩子有所期望之時，不妨先評估一下孩子的智慧特點、興趣範圍、個性特徵。父母可以與孩子一起分析一下，孩子的優勢在哪裡，不足之處又有哪些。

　　家長們要記住，要以孩子自身作為參照，以他的特長為出發點，而不要以周圍人或者自己的喜好作為期望的參照與出發點。

表達適度，激發動機

　　要將期望轉變為現實，得讓孩子把家長的期望轉化為自身發展的內在動力。

　　如今的孩子，生存於資訊時代，生活在獨生子女的家庭環境中。所以，他們生來就被置於五彩繽紛的天地裡，享受著眾多成人給予的關愛。在這樣的生存空間裡，孩子不知不覺地養成了一種被動的習性，習慣於等待資訊與指令。比如說，凡事都要大人說了才去做，每天在電視螢幕前一坐就是兩三個小時，被動地接收著電視上的「精彩節目」。如此一來，那些真正源自於內心的需求與動機則顯得相當缺乏，導致主動性與創造性水準較低。

　　同樣，在家長喋喋不休的期望表達面前，孩子仍然扮演了被動的角色。其結果，要不是使孩子人云亦云地盲從，就是使他對什麼都無所謂，還有就是使孩子產生「你越是要我這樣，我越是要那樣」的叛逆心理。一句話，第一次講可能是真理，第十次講就是陳腔濫調了。在一個適宜的時間與場合，

與孩子一起探討一下家長對孩子的期望，其效果遠遠勝過一日十次的重複。

家長還應該訓練孩子成為生活的主動參與者。這就要求家長適當減少對孩子的照顧與插手，多讓孩子自己做判斷，做選擇，承擔與其能力相適宜的責任，將生存與發展作為自己的內在需求。「外部力量要透過內部因素產生作用」，家長對孩子的期望也是同樣的道理。

期望也應循序漸進

家長對孩子的期望除了要掌握標準、注意分寸、符合孩子的水準外，還應該根據孩子的心理素養和學習能力的不同循序漸進。適當的要求與適度的期望能讓孩子變得更出色。這裡有一個成功的教子經驗。

老陶的兒子考上建中的時候，成績並不理想。

當時老陶根據孩子的學習情況，為他制定了一個高中三年的奮鬥目標：

高一爭取進入全校前 50 名；

高二爭取進入全校前 30 名；

高三要保持在全校前 10 名之內。

目標定下來後，老陶就讓孩子自我努力，自我發揮，平時不再嘮叨。因為，老陶覺得：讀書畢竟要靠孩子自己主觀努力才行，家長頂多發揮監督或引導的作用。

高一期中考試，他兒子的成績升到了全校前 25 名。看到兒子的進步，老陶及時給予鼓勵和表揚。

開家長會時，老陶在兒子的成績單後，寫下了 24 個字：「認認真真學習，扎扎實實進步，健健康康成長，快快樂樂生活」，然後留給兒子保存。孩子當然明白家長對他的這些期望。

到了高三，老陶見孩子的成績穩定在前 10 名之內了，便根據他的實力，重新調整期望值，與兒子一起商量，設立目標：

- ✧ **衝擊目標**：瞄準清華、臺大。
- ✧ **穩妥目標**：考入成功。
- ✧ **保底目標**：陽明交通大學或中山大學。

這樣定下來後，孩子就有一個明確的奮鬥目標。學測放榜後，老陶的兒子被清華大學錄取。

以上的事例可總結出這麼一個道理：身為家長，對孩子的期望要堅持循序漸進，要根據孩子的自身情況而定，千萬不要急於求成、強行打造。這樣，孩子往往才會有讓大人驚喜的表現！

另外，當孩子的發展狀況達不到家長的期望值時，家長要學會控制和改善自己的情緒。應經常鼓勵孩子，多給他們一些笑容，對他們的行為給予積極回應，而不要一味對孩子批評、責罵和說教。

▌無度的愛讓孩子無能

愛是什麼？愛是理解，是呵護，是寬容，是人類最基本的情感，是健全人格的基礎，是我們生命中的陽光和雨露！在所有的愛當中，父母對孩子的愛無疑是最無私、最偉大、最有犧牲精神的。然而，也正是這種人類最偉大的愛，卻在今天的社會中，偏離了方向，讓許多孩子漸漸迷失了自我。於是，越來越多的家長感慨：現在的孩子變了！

這些在「愛」中成長起來的孩子存在的問題

(1) 變得自私

有一對年輕夫婦，生活十分節儉，但對他們 6 歲的兒子卻有求必應。

有一天，年輕的母親帶兒子外出玩耍，並為他買了一瓶近 50 元的飲料。兒子喝了幾口就不願再喝了，口乾舌燥的母親剛拿起飲料送到嘴邊，兒子就

氣沖沖地過來奪過瓶子摔到地上，並高聲尖叫：「這是我的，不准妳喝！」看著飲料汨汨流出，年輕的母親背過身去，淚水止不住地流了下來……

這位母親不明白：為什麼自己為孩子付出了全部的「愛」，卻沒有換來孩子的「愛」與尊重呢？

(2) 變得無情、冷漠，不懂得關心別人

在公車上，一媽媽笑呵呵地對她讀三年級的寶貝說著：「來，坐這！坐媽這！」原來，這位「無私」的媽媽拍拍膝頭，讓她的寶貝兒子坐到上面。兒子聽到媽媽這話，習慣性地坐了上去，還悠然自得地踢著腳。

一路上媽媽疼惜地問著孩子晚上想吃什麼？今天學得累不累？……孩子顯得有些不耐煩了，皺著眉頭對媽媽說：「話真多，大家都在看著呢！」

媽媽一聽這話，吃驚地閉上嘴！

這個媽媽可以說是「無私」的典範，她像普天下所有的母親一樣無私奉獻，不求回報！可是，她沒有想過這樣的「奉獻」給孩子帶來的「人格重創」將讓孩子今後無法在社會上生存與發展！

(3) 變得懶惰、無能、懦弱、吃不了苦

麗麗的媽媽與大多數家長一樣，為了麗麗的成長和學業，省吃儉用，每天為麗麗操勞，買各種玩具給她、電子琴、鋼琴，請家庭教師，不讓麗麗受一點點委屈、吃一點點苦……

而麗麗也是一個乖巧、聽話的孩子，媽媽說什麼，她就做什麼！讓麗麗的媽媽放心極了！

麗麗高中畢業以後，媽媽把自己辛辛苦苦攢下來的 100 萬元拿了出來，讓麗麗到國外留學。

媽媽剛把麗麗送走一個星期，那天下班後她回到家裡，驚奇地發現：她的寶貝女兒居然在家裡看電視！麗麗的媽媽驚訝得下巴都快掉了下來！

原來，麗麗剛到國外，首先遇到的就是「語言不通」這一困難！她的英語水準實在是讓人不敢恭維。再加上她在家的時候就不大懂得與人交流，所以，根本找不到一個可以幫忙的對象。所以，只要一遇到事情，她就只能手足無措地打電話回家哭訴！

最後，她終於受不了，就買了張機票回來了。

看著自己嬌氣的「千金」，這位媽媽欲哭無淚！到這個時候她才明白，正是自己無節制、無止盡的「愛」，讓自己的孩子變得無能，遇到問題沒有辦法自己解決，只會退縮回來求助。她真後悔自己昔日的那些行為！可是，後悔又有什麼用呢？

在生活中，這樣的例子還有很多很多，孩子之所以變得「沒有自我」，不懂得「愛」別人，正是家長惹的禍！

事實上，真正的愛不是無度的、沒有原則的。沒有原則的愛，實際上是對愛的一種褻瀆，是扭曲的愛，並不是真愛，不僅不能讓孩子健康成長，還會「毀人不倦」。真正的愛應該是理智、克制、包容的！真正愛孩子的家長不論在任何時候都會始終不渝地關心孩子的成長，關心孩子的健康。不論他們是得意還是失意，是躊躇滿志還是焦頭爛額，是成功還是失敗，都能堅持對孩子的愛。讓孩子感受到家長在關心他、支持他，是他的堅實後盾……一個真正愛孩子的家長，不僅能讓孩子感到快樂、安全，更能用自己的愛去培養和引導孩子愛別人的天性！因而變得更加勇敢、堅強、富有責任感！

愛如此重要，可是，為什麼我們的家長就是不懂得「適度」地給予呢？

家長不懂得「適度」給予愛的原因

✧ **滿足自己的需要**：產生溺愛一個重要的原因是父母的自我概念中，除了是「孩子的父母」外，還是一個「內在的小孩」。他們自己小時候物質上很貧乏，或者得到父母的關心不夠，因此時時告誡自己：「我一定不能讓我的孩子和我小時候一樣，我要讓他做最幸福的孩子。」當家長將自己「內在的小孩」投射到現實中自己孩子的身上，在無節制地滿足孩子的時候，實際上就是無節制地滿足自己。這種無節制的愛，最終往往會變成了毀滅孩子的溺愛。

✧ **隔代教養**：隔代教養的祖父母往往比父母更溺愛孩子，除了那份血濃於水的親情外，也擔心自己不滿足孩子的要求，照顧不好孩子，會讓子女認為自己不盡責，因此會對孫輩極盡寵愛。另外，祖父母對孩子的責任感比較缺少，也會因傳宗接代的喜悅等原因過分寵愛孩子。

✧ **怕傷了孩子的心**：一旦不答應孩子的要求，他就哭得滿地打滾，看得你心痛得不得了，所以什麼原則不原則早就忘了，你只想盡快安撫你的孩子，不計一切後果地滿足他的要求。

✧ **彌補愧疚**：有一些家長因為忙，很少陪孩子，覺得自己的孩子在某些方面享受不到其他孩子的同等待遇等，於是愧疚的家長就千方百計地滿足孩子，只要是他們可能做到的，他們都不會拒絕。

✧ **怕孩子受苦**：「別人有的，我家孩子怎麼能沒有？」抱著這樣的心態，家長生怕孩子得不到其他孩子的同等待遇，因而吃苦，所以會不講原則地溺愛孩子。

✧ **認為孩子還小**：覺得孩子還小，和他講道理也不懂，不如滿足孩子的要求，寄望於孩子長大了就自然能明白，現在讓孩子任性、不講道理、自我一點也無妨。

正是以上的這種心理，造成了家長對孩子的無節制的溺愛與縱容。使孩子最終在「愛」中迷失了自我！

如何才是理智、有原則的真愛

✧ 真愛是寬鬆的，懂得「愛」的家長會放飛孩子，讓他們學會自我管理。

✧ 真愛是尊重的，懂得「愛」的家長會充分展現出他們的民主、信任、尊重。

✧ 真愛是體貼的，懂得「愛」的家長能充分理解孩子、了解孩子的需要，給予孩子心靈上的關懷與溫暖！

✧ 真愛是無條件的，不論孩子做對了還是做錯了，真正愛孩子的家長都會一如既往地關愛孩子。

✧ 真愛是解決問題的愛，當問題發生了，真正愛孩子的家長不會急著去指責孩子，而是去幫助孩子！

✧ 真愛是能夠促進孩子成長的，懂得把握愛的家長會注意自己愛的標準，該嚴格時就嚴格，該鍛鍊的時候就放手讓他做，該受磨練的時候就狠下心來讓孩子去經歷。

當我們的家長這樣做了，才是對孩子的真愛，才有利於孩子的健康成長！

▍過多干涉束縛了孩子的手腳

生活中，有很多這樣的家長，他們怕孩子這樣，怕孩子那樣，總覺得自己是過來人，經驗比較豐富，為了讓孩子少走彎路，他們總喜歡按照自己的想法要求孩子，讓孩子照自己的意見去做事情，這也限制，那也約束。孩子的事，總是大人說了算。

第一章　是誰偷走了孩子的優秀

　　家長們在把自己的經驗、價值觀灌輸給孩子的時候，沒有想到他們正在壓抑孩子的天性。其結果是把孩子的手腳和頭腦束縛了起來，剝奪孩子的自身體驗，使孩子失去了獨立性。

　　一個長期生活在家長的「強迫」與「約束」中的孩子，主動進取精神差，對學業毫無興趣，他們總覺得自己是為父母讀書的，所以對學業的態度非常被動！這樣的孩子，是很難取得優秀成績的，更不可能有很大的發展。

　　有這樣一個故事：

　　有一個從小就被愛包圍著的孩子。自從他出生以後，家裡人就一直圍著他轉，他要星星的話，家長不但會給他「摘」下星星來，同時還會「捎」上月亮。當他想喝水的時候，爺爺、奶奶和媽媽就忙不迭地跑過來為他「服務」。爺爺奶奶還說：「寶貝呀！以後拿水跟我們說就可以了，別自己拿，要是燙傷手，爺爺、奶奶、爸爸、媽媽都會心疼的！」直到他上了高中，還是過著衣來伸手、飯來張口的日子。

　　他想出去玩，家裡的大人都不肯，說怕他有危險。

　　他在學校念書，爸爸動用關係，請學校的老師多照顧他！

　　他要出去跟朋友玩，爸爸媽媽出來干涉，說人家不是好孩子，叫他不要跟那些朋友玩！

　　總之，家長們對他關懷備至，保護得體貼入微！可是，這個孩子並不領情，在他看來，他的人生都是家長們安排的，一點意思都沒有！為此，他特別羨慕自己的那些同學，希望自己也能像他們一樣自由！

　　現在，他已經是高三的學生了，下個學期就要參加學測。但他心灰意冷，讀書沒有動力，心情壓抑，他總覺得同學們都用瞧不起他的目光看他！

　　也許，愛他的家長們並不知道，正是自己這種過分「干涉」的愛，摧毀了孩子對生活的所有信心，使得孩子像馬戲團的小象一樣，在成長的過程中

受到了限制。只不過，這個限制不是麻繩的捆綁，而是家長和家庭的約束而已。但這種限制的後果是難以想像的嚴重，因為被束縛的不止是孩子的身體，更是孩子的心靈。

其實，能力是需要靠實踐培養的，是需要機會鍛鍊的。如果平時孩子所有的事情都被家長代替，甚至是干涉了，那麼孩子哪裡還有自己做事情的信心與勇氣呢？身為家長，我們一定要知道，孩子是有思想的個體，是獨立的人，他們在寬鬆的環境裡才能健康地成長起來。干涉太多，只會讓孩子失去自我，失去獨立的人格與健康的心理，這對孩子的成長與發展是十分不利的！

此外，過分干涉孩子，還可能讓孩子產生叛逆心理，與家長起衝突，甚至自暴自棄以刺激父母，為家庭和社會埋下隱患甚至帶來傷害。這裡就有這麼一個故事：

王宇航是某國中一年級的學生，他從小就是一個懂事的孩子，性格也很隨和，很樂於助人，每到週六週日，就經常主動到爺爺奶奶家幫忙。

可是，自從升上國二以後，宇航和父母尤其是和母親的關係日趨緊張，經常為了一點小事吵架。有幾次吵得太厲害了，索性離家出走，兩三天都不回家。這到底是為什麼呢？宇航的媽媽非常擔心，所以就帶宇航去看心理醫生。

心理醫生與宇航交流後才知道，原來宇航的媽媽是一個控制欲很強的人，她動不動就會盤問宇航跟誰在一起，打電話給誰了！甚至是宇航做作業的時間，她也很不放心，三番兩次地來「偷看」，這讓宇航非常反感，於是衝突就爆發了！

為了表現自己的不滿，宇航就用曉課、離家出走來刺激他的母親！

宇航的這種情況正是家長過分干涉引發的，在青春期有很多孩子都會出現這樣的情況，這是他們自我意識逐漸增強的表現。一方面他們渴望被

關注，另一方面，他們又不希望過多地被干涉！因此，對於家長的干涉、批評與責備，他們都會表現出越來越強烈的反抗情緒，故意與家長唱反調。同時，他們的反抗更多的是以潛在的形式表現，如對家長在生活和教育上的安排採取不關心、不表態、無所謂的態度等。

那麼，對於孩子的教育，正確的做法應該是怎樣的呢？專家建議：為了讓孩子能夠更好地發展，家長不妨放開自己的「束縛」，對孩子的生活不要過多干涉，給孩子一片自由、獨立的天空，讓他們展開雙翼飛翔，引導他們自己去認知社會，了解生活，體驗坎坷、波折，只有這樣，他們才能在體察與感悟之後跨越生活中的一道道障礙，成為優秀的人！

▋過於嚴厲會把孩子培養成「軟柿子」

在我們的生活中，還有很多家長誤認為教育孩子必須嚴厲。好像家長的態度不嚴厲、措辭不強硬的話，孩子就不會聽一樣。久而久之，家長就形成這樣的措詞「你今天必須」、「你要」、「你應該」、「你不許」等。這種做法，不僅僅束縛了孩子的「手腳」，讓孩子不能真正發揮自己的才能，還會把孩子培養成一個「軟柿子」。

一位媽媽找到教育專家，用後悔的口吻這樣說：「以前總是要兒子聽話，我現在反而覺得太聽話的孩子將來會沒出息。」這位媽媽表示，她為人比較嚴謹，希望自己的兒子從小懂規矩、講禮貌，不要給別人添麻煩，兒子也一直做得比較好，是外人眼裡乖孩子的典範。然而，在與同齡人的相處中，15 歲的兒子表現得過於軟弱，有人欺侮他時，他也不吭聲。

教育專家表示，膽小怯弱的孩子所接受的家庭教育，要不是父母管教比較嚴苛，就是父母兩人的教養態度不一致，一方太強，一方過弱。家長在設置了一些家規、禁令後，只是讓孩子簡單服從，而不告訴孩子為什麼要照這

個規矩去做，也很少傾聽孩子的意願。在家裡被要求聽話聽慣了的孩子，難免會將這種人際交往方式遷移到與他人的交往中，總是處在一種人強我弱的位置上。

劉女士對專家說：「我的兒子念國三，成績還不錯，就是人太老實，被人欺負也不敢跟老師或家長說。老師反映，班上有幾個調皮學生經常要兒子跑腿買東西。問及此事，兒子只說：『那些學生不好惹，會動手打人的。只是幫他們買個東西，無所謂。』看到兒子如此反應，我心裡很不舒服。」

在人與人的交往過程中，總會遇到我們向別人提要求或是別人向我們提要求的情況，當別人向我們提要求時，答不答應就是個人的態度問題。具體來說，當遇到這種情況時，孩子就需要擺出鮮明的態度：對同學提出的要求如果樂意，就給予幫助；如果打從心裡不樂意就拒絕 —— 當然拒絕是要注意技巧的。如果你表現得唯唯諾諾，別人也不了解你的意願，就很可能會把他個人的意願強加於你。對於危及安全的恐嚇，應該及時向班導師或家長反映。

陳女士對專家說：「我的兒子 4 歲多，膽子很小，在與別的小朋友的交往中總是很被動，玩玩具時，如果別的小朋友要，他明明捨不得也會拱手讓人。幼稚園老師沒說可以去上廁所，他就算拉到褲子裡，也不會跟老師說。現在我正在反思，是不是一直以來讓他守規矩不對？」

孩子出現這種情況，與家庭教育有很大的關係。父母是孩子的第一級人際交往對象，親子間的交往具有很強的遷移性，也就是說如果孩子與父母交流比較順暢，那麼在與別人的交往中往往也會比較順暢。

經了解，以上兩位母親在教育孩子時都表現得比較嚴厲，對孩子的一些探究性的行為，常常簡單地告知「可以」或「不可以」，很少給孩子話語權，讓孩子來表達自己內心的想法。所以，家長在教育孩子時，一方面要尊

第一章　是誰偷走了孩子的優秀

重孩子的求知欲，一方面也要尊重孩子的自由，鼓勵孩子表達自己的內心想法，對於與自己的意願不符的要求，可以多問一個「為什麼」，也可以允許孩子說「不」。

傳統父母是喜歡老實的孩子。父母總希望孩子規規矩矩、百依百順，孩子稍一調皮就不能容忍，往往是管得過死，限制過多，扼殺了孩子的創造性。其實調皮、好動是兒童的天性，也是創造力發展的幼芽，只要不犯大錯，就不要限制太多。什麼都看著大人的眼色行事，唯唯諾諾，將來注定是個沒出息的孩子。

你對孩子是否過於嚴厲？這個測驗可以給你回答。請根據自己的情況，在「是」和「否」中選擇一項。

1. 你是一個常常煩惱而又得不到幫助的家長。是（　）；否（　）。
2. 當你生氣時，常把孩子當作發洩怒氣的對象。是（　）；否（　）。
3. 你對自己身為父母的行為和教育方式感到困惑和不安。
   是（　）；否（　）。
4. 你認為自己小的時候，父母對你比較苛刻、冷淡。　是（　）；否（　）。
5. 你和孩子的關係經常比較緊張。是（　）；否（　）。
6. 你要孩子幫你做事時，孩子總不痛快地去做。是（　）；否（　）。
7. 你覺得孩子給你帶來了很多麻煩。是（　）；否（　）。
8. 你對孩子盡了最大努力，但常常無濟於事。是（　）；否（　）。
9. 和孩子打交道很難。是（　）；否（　）。
10. 常感到緊張，壓力大。是（　）；否（　）。
11. 有時無緣無故地對孩子發怒，甚至打罵孩子。　是（　）；否（　）。
12. 經常教訓孩子。是（　）；否（　）。
13. 經濟壓力讓你很煩惱。是（　）；否（　）。

說明：選擇「是」加 1 分，選擇「否」不加分。

分數：

1～3：你盡到了做父母的責任，與孩子關係融洽。

4～6：你是一位不十分完善的父母。

7～9：你常對孩子顯示你的威風，這是不對的。

10～13：你的行為會對孩子的身心造成危害，必須改正。

過分處罰重創了孩子的心靈

自古流傳「棍棒底下出孝子」、「不打不成器」的說法，直到今天，體罰孩子仍是許多父母的「法寶」。有一些家長認為：孩子是自己生的，打自己的孩子天經地義；打孩子是家庭內部的事，「外人」沒有權力干涉。事實上，父母們「打孩子有理」的錯誤認知，都是站在家長立場上的所思、所想，完全沒有考慮孩子的感受，不知道孩子受到打罵後會產生怎樣的心靈創傷和情感扭曲。

劉先生一看見 12 歲的兒子 —— 劉洋洋就煩，如果兒子表現稍有不好就想動手打他。兒子走路姿勢不對，他上去就是一腳；出差回家後看到兒子不理睬他，他也會用打罵的方式教育孩子。

在這種高壓教育下，劉洋洋變得越來越孤僻，成天低著頭，全無少年兒童的朝氣！在家裡，他一見到爸爸就畏畏縮縮，就躲在角落裡一聲不吭，就怕爸爸又要打自己！而劉先生非但沒有檢討自己的過錯，還一直抱怨說「這小兔崽子就是沒出息！」

故事中，劉洋洋正是在父親的棍棒教育下成長的！這種殘酷的教育方式嚴重地傷害了他的自尊心與自信心，限制了孩子獨立性和創造性的發展，使其變得懦弱、膽小。這是一個多麼慘痛的例子呀！

第一章　是誰偷走了孩子的優秀

　　但在現實生活中，這樣的悲劇仍在不斷上演！凡是打孩子的家長，往往都有自己的理由，認為打孩子、罵孩子是出於對孩子的愛。的確，家長在對孩實施子知識教育和品德培養時要求應該要嚴格，但透過打孩子達到教育目的卻是不可取的，這樣做的結果只能是「兩敗俱傷」。

　　孩子如果經常挨打，性格會變得比較孤僻，不願意和其他孩子玩耍。等到孩子長大步入社會後，與別人相處時就會遇到很大的心理障礙。家長動不動就打孩子，會使孩子出現不同程度的心理問題，比如說謊。有的家長一旦發現孩子做錯事就打，孩子為了避免皮肉之苦，能瞞就瞞，能騙就騙。但孩子說謊，往往站不住腳，易被家長發現。為懲罰孩子說謊，家長態度更加強硬；為逃避挨打，孩子下一次做錯事更要說謊，於是就形成惡性循環。另外，常挨打的孩子害怕家長，不管家長要他做什麼，也不管家長的話是對是錯，都乖乖服從。在這種絕對服從的環境下成長起來的孩子一般都比較自卑、懦弱、被動。尤其是家長當眾打孩子，會使孩子的自尊心受到傷害，懷疑自己的能力，會自覺低人一等。

　　所以說，打罵孩子所遺留下來的弊端顯而易見，不僅不能讓他們心服口服，更會讓孩子的內心感覺不到家庭的溫暖，感情會變得麻木，並且在心理上疏遠父母。長此以往必將影響正常的親子關係。另外，遇到挫折，還可能選擇離家出走的方式解決，甚至被壞人利用，走上犯罪的道路。

　　蘇聯教育學家蘇霍姆林斯基曾經這樣說過：「不用理智、溫柔的良言善語，用皮帶抽和打耳光，如同對雕塑對象不用雕刻家的精巧雕刀，而動用了生鏽的斧頭。」體罰教育是一種「無能的教育」，它是父母對子女的粗暴態度，也是造成兩代人內心產生隔閡、水火不容的根源之一。體罰是兒童形成不良個性心理品格的催化劑。兒童需要安慰、需要同情、需要在溫暖的環境中成長，如果缺乏了這些因素，便只能自己默默地沉浸在孤寂裡，形成孤僻

的性格，同時也容易形成自卑、膽怯、畏縮等不良心理品格。兒童經常處於體罰的壓力中，內心會產生惱怒和憤恨，形成固執和對抗的心理品格。

如果孩子做了特別不好的事情時，父母可以採取「事不過三」的原則。第一次是溫和地告知，讓孩子明白自己為什麼錯了，錯在哪裡，所帶來的嚴重後果是什麼；第二次是嚴厲的批評，除了再次警告孩子之外，還應該好言相勸、耐心教導；第三次就要給予相應的懲罰了。懲罰一定說到做到，不給孩子任何的僥倖心理。

孩子還處於發展和成長階段，對於是非曲直有時缺乏正確的評判，難免會犯錯誤。即便是成人，有時犯錯誤也是難免的，所以對孩子第一次犯錯誤，無論多麼嚴重，也要好言相勸，耐心教導。如果同樣的錯誤還犯第二次，那就不是無意而為了，因此一定要重視，即使是很小的錯誤也不能輕視。這樣，孩子會知道，同一個錯誤不能犯兩次，並盡力朝這個方向努力。一般情況下，孩子會在第二次的時候就向父母承認錯誤：我這次記住了，絕不會再犯了。懲罰的措施可以扣掉孩子一個月的零用錢，可以明令禁止孩子接觸電腦，也可以用做家務來懲罰孩子，這些都是比較合理的懲罰方法。

▌消極的態度塑造出消極的孩子

日本腦科專家七田真教授說過：「每個孩子都會成長為父母們想像中的樣子，積極的態度塑造出積極的孩子，而消極的態度，也一定會塑造出消極的孩子。」如果家長總認為「這個孩子發育太慢」、「沒有任何才能」、「沒有一點長處」……那麼，孩子就會忠實地按照父母的這種想法成長。也就是說，孩子有出息或者沒出息，其原因就在於他們的父母，他們呈現出的狀態正是父母教育的結果。因此，若想自己的孩子「優秀」、「有出息」，父母們就應該停止用消極的態度來對待自己的孩子。

第一章　是誰偷走了孩子的優秀

　　但令人遺憾的是，並非所有家長都能意識到這一點。因此，在現實生活中，我們總是在有意或者無意中對孩子採取消極的態度，使用了負面語言。

　　下面，讓我們來看看以下的幾個案例：

　　門鈴響起，亮亮的媽媽打開門，進來的是同事張阿姨。媽媽請張阿姨進門。這時，4歲的亮亮正高興地玩著遙控汽車。他拿著遙控器，追著玩具汽車跑，從阿姨和媽媽之間穿過。媽媽一把拽住他：「你這孩子，這麼不懂禮貌！快，向阿姨問好！」

　　亮亮嚇了一跳，傻傻地站住了，一時不知怎樣開口打招呼。

　　媽媽很尷尬，一直抱歉地對張阿姨說：「這孩子就是這樣，見到陌生人都不敢說話，嘴上像貼了封條似的。」說著兩人進了屋，留下亮亮一個人愣愣的，沒心思玩了。

　　以後，只要有客人來到家裡玩，亮亮都一聲不吭地回房間去了！這讓媽媽覺得非常失敗！

　　亮亮的媽媽與很多注重禮節卻不知道教育方法的父母一樣，把孩子嚇了一大跳，更讓孩子在客人面前「丟了臉」。亮亮小小年紀就遭受這樣的打擊，又聽到媽媽消極的語言暗示「這孩子就是這樣，見到陌生人都不敢說話，嘴上像貼了封條似的。」所以，他就會覺得自己天生就是這樣，見到客人不問好理所當然！與亮亮的媽媽做法不同的是青青的媽媽。

　　門鈴響起，青青的媽媽打開門，進來的是同事小陳阿姨。媽媽請小陳阿姨進門。這時，5歲的青青正高興地玩著遙控汽車。他拿著遙控器，追著玩具汽車跑，從阿姨和媽媽之間穿過，匆匆地問了聲阿姨好後，就追自己的玩具汽車去了。媽媽叮囑他：「慢點。」

　　稍遲，客人離去後，媽媽把青青叫到面前，給他講了一個不講禮貌的故事，其中就有今天來客人時的場景。然後，媽媽問青青：「你說這種做法對

不對呢？」青青有點不好意思地回答說：「不對，我以後再也不會這樣了！」媽媽一聽這話，欣慰地笑了，並且趁機鼓勵孩子：「我就知道青青是一個懂禮貌的好孩子！」

以後，只要家裡有客人來，青青都會上前很有禮貌地問好！客人們都誇獎青青是一個懂事、有禮貌的好孩子！還羨慕青青的媽媽教育得好！

同樣是孩子不講禮貌的表現，但青青的媽媽卻採取了積極的教育態度。先用故事教育孩子，讓孩子能夠理性地分析、判斷自己的做法，之後又抓住時機給孩子「戴高帽」，讓孩子覺得自己就是一個「有禮貌」的好孩子，以後，孩子自然就會表現得更好！

以上的兩個故事告訴我們家長，如果你希望自己的孩子表現得更加出色，那麼就應該給孩子積極的引導與暗示！這樣，孩子才能長成出色的模樣！具體的做法是：

不要過於看重孩子的錯誤

在我們的生活中，常有一種有偏差的認知是：「找出錯誤，才能進步。」在這種錯誤觀念的推動下，許多「恨鐵不成鋼」的家長們似乎都成了專門從雞蛋裡挑骨頭的專家，動不動就指責挑剔孩子，造成很多孩子不必要的挫折和信心喪失；更有一些孩子非常害怕犯錯，但越是害怕犯錯，就越容易犯錯！如果孩子感覺不到自己的「進步」，時間久了，他們自然就開始自暴自棄，一錯到底了！

因此，身為家長，如果你希望自己的孩子成長進步，就不要盡挑孩子的錯誤，也不必對孩子的錯誤耿耿於懷，相反，你應該鼓勵孩子把錯誤當成成功的一塊跳板，這樣，在錯誤中，孩子學會的是總結與跳躍！一個善於從「錯誤」與「失敗」中總結經驗的孩子，怎麼可能不成功呢？

相信孩子，給孩子以積極的期待

　　成人積極的期待會導致兒童積極的發展趨向；反之，消極的期待則會導致兒童發展趨向於消極。如果一個家長認為自己的孩子不可能做好某件事，得到的結果通常就是如此。

　　趙明想參加學校足球隊的選拔，爸爸覺得他才三年級，各方面的條件還不夠，於是對趙明說：「明明呀，我覺得你今年是選不上的，為什麼不等明年再參加呢？等到明年的時候，你的年紀大一點，技術更成熟一點，選上的可能性就很大了。」

　　但是，固執的趙明不聽爸爸的話，他堅持今年一定要參加。

　　爸爸見趙明這麼堅決，只好無奈地說：「好吧！那你想參加就參加吧，不過你可別說我沒有事先提醒過你。」

　　到了選拔時，趙明「果然」如爸爸預料的沒有選上，他因此非常沮喪，覺得自己不是踢足球的料，從此，對足球失去了興趣！

　　其實，故事中的爸爸並不是要洩他的氣，他只是希望趙明準備好以後才參加。然而，趙明卻覺得爸爸是在暗示自己沒有能力！在這種消極情緒的影響下，趙明失敗是意料之中的事情！

　　事實上，家長的期望對孩子的影響很大，當家長不相信孩子的能力，預期孩子會失敗時，孩子就會在心理或者言行上表現出沒有信心，最終導致失敗！反之，如果家長相信孩子的實力，鼓勵孩子，給孩子積極的期待，那麼孩子就有可能成功！因此，相信孩子，給孩子積極的期待吧，別讓你的孩子成為負向期望的犧牲品。

以身作則，做孩子的榜樣

這是兩個經歷相似、學歷相同、社會地位同等的父親。

然而，面對生活中不如意的時候，第一個父親往往是樂觀、公正地看待它，分析造成眼前不利的原因；而第二個父親表現出來的則是麻木和消極抵抗。

兩個父親各有一個男孩，他們一樣的健康、聰明。上學後，他們卻不可避免地在生活和學業中，面對著老師的誤解和考試成績的不理想。這時候第一個父親往往靜下心來，幫孩子一起尋找癥結，教他解決的方法。第二個父親則是當著孩子的面狠狠地詛咒社會和老師，彷彿所有的挫折都是有意讓他們父子難堪。

一次，發生了地震，兩個孩子都被埋在廢墟下。他們周圍沒有人，沒有食物，只能等外面的救援。第一個孩子表現得很冷靜，他盡量減少活動，保持體力和足夠的氧氣，然後用磚頭不斷地敲擊樓板，發出救援的信號；而第二個孩子當時就嚇傻了，他絕望地哭了起來。等救援隊找到他們時，第一個孩子還頑強地活著，第二個孩子卻離開了這個世界。

你看，家長的處世態度對孩子有著多麼大的影響呀。一個心態消極、總喜歡抱怨的家長也會潛移默化地影響到孩子的成長，給他們的心理帶來陰影，讓自己的孩子變得和自己一樣消極，而心態積極樂觀的家長，也會讓孩子變得更加積極、樂觀、向上！

因此，身為家長，尤其是心態消極的家長，一定要從孩子的角度出發，重新塑造自己的人格，力圖調整好心態，使自己具備達觀的人生態度，發揮好的榜樣作用！這樣才能給孩子一個塑造優秀人格的溫床。

第一章　是誰偷走了孩子的優秀

第二章
做開明的家長，和孩子一起成長

一位出色的園丁必然能培育出美麗的花朵，同理，一個優秀的家長也一定能夠培養出優秀的孩子，但其前提是開放、開明、善於學習。

家長應扮演好自己的角色

談起角色的扮演，我們首先想到的就是舞臺、電影、電視裡的那些演員，認為只有演員才有角色扮演一說，家長就是家長，哪裡需要扮演什麼角色呢？其實，這種認知並不全面。

在社會心理學中，同樣也有「角色」的概念。社會心理學中的「角色」是指個體在特定社會條件下、在一定群體（包括家庭）中，所處的地位、身分和相應的行為規範、行為表現。一個人在與人交往時，只有扮演好屬於自己的社會角色，才能得到周圍人的認可，才能使自己的生活和諧、事業順利。

比如，身為子女，對父母和長輩要尊重，否則就是沒大沒小、不懂禮貌；身為下屬，就不能表現得像個主管，那就犯了職場中「越位」的錯誤……同理，身為家長，也應該扮演好自己的角色。

那麼，一位成功的家長應該如何扮演好自己的角色呢？專家以為，一個成功、合格的家長一定會扮演好以下幾種角色：

✧ **家長是孩子的長輩，不是孩子的領導者**：身為家長，我們撫養孩子成長，確定了各自的不同身分，但這並不代表孩子就處於絕對服從和被支配的位置。如果家長總以一種領導者的絕對優勢俯視孩子，只會讓孩子產生敬而遠之的心理，這對親子間的溝通與交流是無益的，也不利於孩子成長。因此，家長與孩子只有建立起平等的關係，才能實現思想上的交流、感情上的交融，對孩子的心智成長有積極的影響。

✧ **家長是孩子的朋友，不是孩子的監視者**：在現實生活中，相當一部分家長自覺或不自覺地扮演了監視者的角色，對孩子的任何事情都要監視、過問，不准孩子做這個，不准孩子做那個……孩子在家長的嚴厲監

控下，與家長玩起了「躲貓貓」的遊戲，養成了「明裡一套，暗裡又一套」的不良習性。這對孩子的身心健康與良好品格的養成是不利的。

其實，一個成功的家長應該學會做孩子的朋友，走進孩子的心裡，在生活上關心孩子，在心靈上感應孩子。理解孩子，寬容孩子，平等地對待孩子。這樣，才能讓孩子樂於與自己交流，有利於幫助孩子解決他們心理、生活乃至學業、工作等方面的問題。

✧ **家長是孩子知識的啟蒙者、行為的引導者**：這裡所說的知識範圍比較廣，既包括科學文化知識，也包括社會生活方面的知識，如自我管理、自我保護、與人交往、承受挫折、聰明理財、心理調節等。

家長是孩子知識的啟蒙者，這就意味著要扮演好家長這個角色，家長必須根據社會規範的要求和孩子的成長特點，給予孩子知識的啟蒙、行為的引導、能力的培養，使孩子在德、智、體、美、勞等方面得到全面發展。忽視了任何一個方面的指導，都不能算是稱職的家長。

若要做好知識的啟蒙者，家長不僅要給孩子做好衣食住行的各項供給工作，還應該在學業上給孩子信心、激勵、用方法指導，放手讓孩子做他們自己該做的事情，這樣才能讓他獨立行走，使他對自己負責，形成自己的生活學習態度。

✧ **家長是孩子心理的保健師**：家庭是孩子成長的園地，它更廣泛地影響孩子心理的發展。因此，身為孩子的家長，不僅自己要有健康的心理，還要懂得相關的心理保健知識，以維護孩子的心理健康。當孩子心理出現問題時，父母應該積極幫助孩子矯正心理上的各種異常，問題嚴重的則要求助於心理醫生。

唯有心理健康的孩子，才能有健康的未來！因此，家長一定要扮演好孩子心理的保健師這一重要角色。

✧ **家長還應該是孩子成功時的喜悅分享者**：每個孩子在獲得成功的時候，都渴望有人與自己一起分享成功的喜悅，而家長是他們最尊敬的人，他們最大的心願就是能與家長一起分享自己成功的喜悅。身為家長，如果我們能做到讓孩子享受成功的樂趣，和孩子一起分享成功的喜悅，那麼我們的教育也就成功了！

小莉與媽媽一起玩搭積木的遊戲，孩子心靈手巧，可以搭出很多形狀各異的東西來。媽媽非常高興，總在孩子搭好一個形狀以後高興地叫起來：「天哪，太厲害了，這麼難的都能搭得出來！」

小莉在媽媽一次又一次的歡呼聲中，獲得了成功的體驗與行為的動力，她搭得更開心了。

總之，與孩子一起分享成功的喜悅，不僅能拉近親子間的距離，讓孩子與你一起享受親情與幸福的時刻，還能讓孩子變得更加有動力、有激情！更渴望成功！

另外，父親和母親由於性別不同，在教養孩子的角色任務上有一定的差異，要採取適當的的分工。在孩子處於嬰幼兒早期時，母親身為生活的照料者，往往扮演著養育、保護、撫愛孩子的角色，構成孩子的母愛世界。在這個階段，如果孩子缺少母愛，將來就會產生心理缺陷。孩子 6、7 歲後，接觸外部世界越來越多，這時，父親的角色往往代表這個新世界的道德規範、信念、價值取向和生活準則，成為孩子認知、適應母愛之外世界的指導者。這時，孩子在學習態度、興趣愛好、價值觀、社會規範等方面，更容易受父親影響。

同時，家長的角色分工，對孩子性別角色的形成也很重要。研究表明，男孩與女孩在成長中，往往表現出不同的特點：男孩容易模仿和參與男性角色的各種活動，顯示「物體定向」，就是傾向於物質世界的意向；女孩偏於

模仿和參與女性角色活動，顯示「人物定向」，也就是傾向於情感世界的意向。這兩種傾向不僅由生理特徵決定，也由社會文化中性別行為模式的學習、模仿所形成。而父母角色的分工，對於孩子性別角色的形成，會發揮重要的示範作用。

▎別做越位的家長

「媽媽總喜歡什麼都替我安排好：衣服應該這麼穿，出去玩應該帶什麼吃的，每天應該幾點睡覺……總之，我做的好像都不對，要是沒有按她的做，她就會很生氣」。

12 歲的劉東怎麼都想不明白媽媽為什麼老愛替自己做決定，並且一切還得按照她的意思去做。

家長喜歡給孩子安排一切，初衷是希望把自己的經驗教訓教給孩子，讓孩子少走彎路，這是一種保護心理使然。在家長眼裡，孩子總是弱小的，而自己幾十年的人生經驗可以幫助他們少走彎路，可以間接減少孩子在生活中的困難和挫折。然而，對孩子來說，他們有時更願意透過自己的親身體驗來獲得對事物的看法和處理事情的方法。這裡就有這麼一個發人深省的故事：

一位年輕的父親抱著 2 歲多的小男孩，走到一處多級臺階下面。父親放下孩子，想休息一下。男孩好奇地順著臺階向上爬，每爬一級都特別費力。父親看著孩子爬了兩級，就受不了了，抱起孩子蹬幾步走到了最高處。孩子又哭又鬧，父親一臉茫然，罵道：「臭小子，你不是要上去嗎？我把你抱上來，你哭什麼？」

一位老人走過去，對那位父親說：「你把孩子抱下去，讓他重新爬，他就不哭了。」

父親一臉不相信的樣子，但是孩子在哭，沒辦法，只好照做了。他把孩

子抱到臺階下面時，孩子馬上止住了哭聲，開始重新爬臺階。這位年輕的父親感覺很奇怪。

看了這個故事，你有什麼樣的啟發呢？2 歲的孩子都希望透過自己爬行來獲得生活的體驗，更何況是一些大孩子呢。身為家長，如果一味地要求孩子按照自己的意願行事，剝奪了孩子自己的親身體驗，對孩子非但沒有幫助，還可能引起孩子的叛逆心理。更有甚者，會因為家長的越位讓我們的孩子失去了自己本該擁有的能力。黃甯就是這麼一個例子：

黃甯已經是小學三年級的學生了，個子長得也高，儼然像個小大人，但是他做作業卻從不認真、不細心。黃甯完成作業後情景經常是這樣的：匆匆忙忙飛快地將作業寫完，不管對錯，將鉛筆往桌上一扔，就急急忙忙跑向電視機前或者是奔向門外。

書桌上滿攤著他的作業本、練習冊、課本以及鉛筆、橡皮擦。通常是黃甯的媽媽，先將書桌整理整齊，把他的課本、鉛筆盒等一一放入書包，然後再將他的作業從頭至尾檢查一遍，用鉛筆將錯誤的地方勾畫出來（通常總會有錯誤，而且不會太少），再將孩子叫回來改正。

對於媽媽指出的錯誤，黃甯連想都不想，也不問為什麼錯了，拿過來就改。改過的作業時常還是錯的。當他再被叫來改錯時，他就會不耐煩，大聲地嚷著說：「你說應該怎麼做？」

在這個例子中，媽媽的代勞非但沒有讓黃甯改掉不認真、馬虎的學習習慣，還助長了黃甯的依賴心理，抹煞了孩子原本應該有的責任心。一個缺乏責任心、對自己的事情毫不在意的孩子，今後怎麼可能在社會上立足呢？因此，若想讓孩子能在紛繁複雜的社會中堅持自己的信念，能對自己對社會負責，並能相信自己，悅納自己，家長就應該給孩子自己體驗生活的機會，培養孩子的自理能力、獨立能力。身為家長，只要守好自己的「位置」就可。

孩子的責任感和責任能力是透過鍛鍊形成的。鍛鍊就意味著孩子獨立參與活動，並且明確活動的目的、步驟以及要求等。這種鍛鍊機會最初應該由家長來提供，並提出恰當的要求，加以正確的引導。孩子對於自己能夠勝任的活動或者具有挑戰性的活動總是樂意承擔，並表現出高度的積極性。透過活動，孩子在能力、意志、意識等方面得到不斷的提升和發展。

當孩子入學成為一名小學生時，隨之而來的便是與學生角色相對應的角色行為。這些角色不僅使孩子有一種角色感，而且能使他更好地完成角色形象。

孩子渴望成為一個獨立的人、一個出色的學生。但是家長剝奪了孩子成為一名獨立學生的某些權利和義務。

✧ 家長剝奪孩子某些權利和義務的主要方式

· 擔心孩子檢查作業不認真，整理書包不整齊，於是替孩子完成。

· 過於關心，想讓孩子有更多的活動時間，主動代替孩子做這些事情。這種做法讓孩子對自己喪失信心。家長不是能做好嗎？乾脆讓家長做好了。這樣，孩子就不會把這些工作再納入自己的範圍。

✧ 家長這樣做的原因

無論是哪種做法，最終結果是一樣的 —— 造成孩子責任意識和責任能力的缺失，喪失了自主活動的信心與能力。家長為什麼會這樣做呢？

· 關注孩子的課業成績，並且只是對孩子可以看得見的分數來要求。

· 家長為孩子提供一切有利條件，保證孩子能夠有更多的時間用於讀書。

· 對孩子的學業過分地苛求，對孩子的各種表現總不滿意。

· 希望孩子在各個方面都出色，為父母爭光。

- 不知道孩子的學習是各方面相互促進、共同提升的。
- 沒有意識到知識學習只是孩子成長中很小的一部分，重要的是透過學習知識，學會從事其他活動的能力。

比如我們上面提到的那位母親，最後的結果肯定是事與願違：孩子對學業越來越不上心，作業越來越馬虎，家長感到越來越力不從心，孩子越來越不聽家長的話。

✧ 遇到這樣的情況時家長該怎麼辦

- 提議孩子與家長一起檢查作業。
- 就某些作業問題，讓孩子說明是否正確以及他自己的理由。
- 逐漸表現出對孩子的教學內容不太熟悉的樣子。
- 對孩子作業中的錯誤，不要表達自己的修正意見，建議孩子自己重新思考。
- 放手讓孩子自己檢查作業。
- 至於整理書包，家長大可不必擔心孩子會丟三落四。即使他可能忘了裝一本書或忘了帶橡皮擦，也不會太影響他的學業。而且，從此他就有可能會細心、認真檢查自己的每一樣東西，對自己的事情認真負責起來。

只有家長不越位，孩子才能真正成長為優秀的人！

家長應該以身作則

有這麼一個典故：

有一農婦老來得子，對兒子百般寵愛，孩子不管做什麼事情，做母親的都會大加「讚賞」、積極「鼓勵」。

有一次，兒子從鄰居那偷了一根針回來。母親一看非常高興，稱讚她的兒子很聰明、很有出息。兒子得到母親的認可，就把「偷」當作一件樂事，經常從外面偷東西回家。

終於有一天，兒子因為偷東西被官府抓到，因為案情嚴重，兒子被當場判斬。

行刑時，監斬官問他還有什麼要求。兒子淚流滿面，他要求再吸媽媽的一次奶。

母親走上刑台，將乳頭放入兒子嘴中時，兒子一口將媽媽的乳頭咬下，並說：「媽媽，我是吃你的奶長大的，如果在我開始偷東西時，你好好地教育我，哪怕就是打我，我也不至於今天落得被殺頭的下場！」

母親一聽此話，悔恨交加，痛哭不止。

這個典故對我們每位家長教育自己的子女應該是一個很好的啟示。

家長是孩子言行的示範者，是孩子人生道路上的第一任老師，家長舉手投足間都在潛移默化地影響著孩子品德的形成。若要教育好孩子，家長必須時刻注意自己的言行，做好自我教育，這樣才能當好孩子的榜樣。

有這樣一則公益廣告：

第一個鏡頭，是一位年輕的媽媽替年邁的婆婆端來洗腳水，為婆婆洗腳。

跳過鏡頭，則是一個可愛的小男孩，端著一盆水，很費力、卻很開心地朝自己年輕的媽媽走去。然後是從幕後傳來的旁白：中華美德，代代相傳。

廣告中的媽媽用自己的實際行動告訴孩子該怎樣對待父母，該如何尊敬老人；孩子也就立即從媽媽的行動中，學到了孝敬父母的良好品德。「好雨知時節，當春乃發生。隨風潛入夜，潤物細無聲」，家庭教育的好壞，就如這春雨一般，都是「潤物細無聲」的。

所以身為家長，我們在平時的生活中就應該特別注意自己的一言一行，用自身良好的行為去引導孩子，就能更多體會到這種「此時無聲勝有聲」的效果了。遺憾的是，並不是每一位家長都知道這個道理。

家長的常見不良習慣

生活中，我們的很多家長非但不能為孩子樹立好的榜樣，正面的引導困惑中的孩子，還因為自己的壞習慣，影響到孩子的成長。具體有以下幾種情況：

✧ 懶惰庸俗，不文明語不離口，動不動就粗言穢語。

✧ 有打牌嗜好，經常在家裡開牌局，讓嘈雜的麻將聲干擾琅琅的讀書聲。

✧ 教育孩子的方式是說一套，做一套，要求孩子做到的，家長自己卻沒有做到。比如，要求孩子不要看電視，但自己卻在客廳裡把電視開得很大聲，影響到孩子讀書……

✧ 帶著孩子一起闖紅燈，在孩子面前隨地吐痰，在與人交談的時候很不禮貌地嚼著口香糖……

家長的這些不良習慣，孩子耳濡目染，看在眼裡記在心裡，不知不覺中已經被污染了。

孩子本無過，家長的影響和教育是孩子成長過程中的助推力，至於向哪個方向推，就取決於家長的自身素養、教育觀念和教育方法了。一個成功的家長必然懂得，即便我們培養不出曠世英才，至少也應透過自己模範的言行，從小為孩子奠定一生的品德基礎，逐漸形成在知識經濟社會能夠終身受益的良好品格，讓勤奮、進取、理性、公正、民主、誠信、理解、同情、團結等成為孩子自我完善的目標。這就要求家長首先自我完善、自我約束。

　　小女孩小安把幼稚園的玩具悄悄帶了回家，但她告訴爸爸是幼稚園發的，爸爸知道實情後很生氣，對著孩子說：「妳這種不誠實的行為，爸爸很不開心。妳必須接受懲罰。」

　　爸爸做出了三項決定讓孩子選，第一，取消一週吃霜淇淋的權利；第二，取消周日到公園遊玩的資格；第三，接受體罰。對這三項，孩子必須選取一樣，小安感到很無奈，既不想取消吃霜淇淋，又不想取消盼了很久的去公園玩，她只得選擇了第三項。但她提出，必須有人當監刑官，以保證她的權利和自尊不會受到損害，爸爸沒辦法，只得等到中午孩子媽媽回家，媽媽一進門，孩子便飛快跑到沙發邊，趴在沙發上，讓爸爸對她實施體罰。

　　沒過幾天，爸爸同樣也受到了女兒的懲罰。原因是爸爸原本答應送小安去學校的，但因為晚上加班太累了，所以多睡了一陣子，導致小安上學遲到。到學校後，爸爸對小安的老師解釋：「孩子早上貪睡起晚了，所以遲到了，真對不起呀！」這句謊言引起了小安的不滿，小安認為，既然自己不誠實受到了懲罰，那麼，爸爸不誠實也理應受到懲罰。

　　爸爸向小安承認了錯誤，且願意受罰。

　　對這件事，小安記憶很深刻，她覺得爸爸是自己最好的榜樣。

　　家長們試想，如果你對孩子的教育同樣如此公平、公正，同樣能為孩子樹立一個很好的榜樣，那麼，我們的孩子又怎麼可能不朝著你希望的方向發展呢？

　　孩子的心靈是張白紙，要靠他們在日常生活中塗上顏色。家長身為他們人生中第一個老師，其言行對孩子的影響深遠。家長想使孩子成為怎樣的一個人，自己就得先成為那樣的人，至少，應當向那個目標努力！

家長要做到以身作則，應達到以下 10 點要求

✧ 孩子在場，父母不要吵架。

✧ 對每個孩子都要給予同樣的愛。

✧ 父母之間互相謙讓，相互諒解。

✧ 任何時候，父母都不要對孩子撒謊。

✧ 父母與孩子之間要保持親密無間的關係。

✧ 孩子的朋友來做客時，父母要表示歡迎。

✧ 對孩子提出的問題，父母要盡量予以答覆。

✧ 在孩子朋友面前，父母不要講孩子的過錯。

✧ 注意觀察和表揚孩子的優點，不要過分強調孩子的缺點。

✧ 對孩子的愛要穩定，不要動不動就發脾氣。

　　以上 10 條要求，即有孩子對父母以身作則發揮榜樣作用方面的要求，也有孩子對父母教育方式方法上的要求。家長只要在自己的一言一行中給孩子做好表率，孩子才能跟在家長後面學習他們的優點，因而變得更加優秀！

▎學會尊重，每個家長都應上好的一課

　　在我們生活中，往往看到這樣一種現象，成年人之間的交往常常強調彼此的尊重，以尊重對方為交往的前提，當缺乏尊重時，也就沒有了交往。但成人與孩子之間，卻很難有這種雙向的尊重。

家長不尊重孩子的行為表現

✧ 不重視孩子的看法和觀點；沒有耐心傾聽孩子要對自己說的事；漠視孩子的需要；忘了履行自己許過的諾言。

✧ 用不耐煩口吻回答孩子的提問；忽略了孩子的情感；冷落孩子。

✧ 自己心裡有事，藉罵孩子來出氣；對孩子大聲嚷嚷；不給孩子機會解釋。

✧ 打斷孩子間的交談；為趕時間而中斷孩子正在進行的活動。

✧ 雖花了時間和孩子在一起玩，但卻沒有投入感情；舉止顯得很不耐煩；挖苦嘲笑孩子。

✧ 對孩子動輒採用體罰方式，而並未使孩子真正認知到問題的實質。

✧ 對孩子寄予過高的期望；當孩子的需要與自己的期望產生衝突時，不能冷靜對待。

✧ 辱罵孩子是「笨蛋」；老是看到孩子的缺點；阻止孩子做他們真心喜歡做的事情。

✧ 使用與嬰兒說話的腔調與孩子交談；代替孩子回答客人提出的種種問題。

✧ 什麼事情都自己說了算，不給孩子自己選擇的機會。

✧ 孩子想做的事情，家長不讓孩子做，也不告訴孩子為什麼。

✧ 決定孩子的事情，家長沒有商量，更沒有站在孩子的角度上考慮問題就自己決定了。

以上這些都是家長不尊重孩子的表現，長此以往，家長在教育孩子的問題上就可能會出問題。

不尊重孩子可能出現的問題

✧ 衝突：父母的過分照顧或反覆說教、命令、斥責，使孩子感到是對他的不尊重、不信任，因而表現出對立情緒和抗拒行為。孩子的反抗又引起父母的憤怒和不滿，因而進一步去斥責孩子，而斥責越烈反抗就越烈，這樣循環下去影響父母與孩子的感情，造成關係緊張。

✧ 對家長敬而遠之：有的父母給孩子壓力太大，孩子無法反抗，就採取你說你的，我做我的，敬而遠之的方法或另找知心朋友。使父母與孩子情感交流很差。

✧ 屈從於父母的壓力，唯唯諾諾，唯命是從，壓抑了孩子獨立性的發揮，孩子可能成為庸才，沒有發展前途。

✧ 會對孩子個性造成壓抑，讓孩子形成羞恥感，降低孩子的自信指數。

這些情況的出現，都是教育的失敗。其實，這些家長並沒有真正意識到孩子固然是自己生下來的，但他（她）自出生那一刻起，就是獨立的個體，他們同樣需要尊重。而家長對孩子的尊重，表達的是家長對孩子更深層次的愛。當家長對孩子表現出自己的尊重時，會強化孩子對家長的尊重，使孩子變得更加懂事，更加善解人意，也更願意與家長交流、談心，讓家長了解自己。因此，愛孩子，首先應該先學會尊重孩子。

家長該如何尊重孩子

家長要學會尊重孩子，就必須隨著孩子獨立意向的增長變化改善自己的管理和教育方式：

✧ **給孩子平等的發言權**：耐心傾聽孩子的想法、觀點，不管這個想法和觀點在你看來多麼的可笑和不現實，都一定要很耐心和很認真聽完，一定要尊重孩子的人格。不要隨意指責和草率地否認和評論孩子的觀點。要對孩子的想法和觀點做一個積極反應，讓孩子充分地表達完自己的想法，做出積極的姿態：「你這個想法不錯，要是再加一點或改變一點就更完善。」家長積極反應可以讓孩子心情愉快，充滿成就感。

✧ **尊重孩子的隱私**：家長們不要總希望控制孩子們的一舉一動，要真正了解孩子，必須首先給孩子們尊重，孩子們應該有自己的祕密。很多家長

抱著傳統的觀念，把自己擺在權威的角色。這種不把孩子當一個擁有完整權利個體的錯誤觀念，導致個人和社會的很多不良的後果。

所以，家長進入孩子房間應該先敲門，移動或使用孩子的東西應該得到他的允許，任何牽涉到孩子的決定應該先和他商談，不要隨意翻看孩子的日記，應該尊重孩子的所有權，把他當一個成人一樣尊重。這種尊重應從給孩子換尿布時就開始，換尿布前先和顏悅色告訴他要換尿布了，請他忍耐一下。家長不尊重孩子，將導致社會缺乏服務和尊重的觀念，因為不被尊重的人也不會知道尊重別人。

✧ **信任孩子，不要武斷地否定他、嘲笑他**：例如當孩子對父母暢談理想未來時，家長不要因為覺得孩子「異想天開」就武斷地打斷孩子的話，嘲笑他的幼稚無知。這對孩子的自尊是一種很大的傷害。正確的做法應該是家長認真地傾聽孩子的「理想」，必要的時候，家長可以提出自己的意見供孩子參考，鼓勵孩子為理想而奮鬥。

✧ **要平視孩子，不要俯視孩子**：很多家長因為孩子「說不出」，就以為孩子也「聽不懂」，因此常常採取「俯視」的姿態和孩子講話。而恰當的說話方式應該是一種「平視」的姿態 —— 從孩子可以理解成人的話語意圖開始，就把孩子當成和自己一樣有語言理解能力的人和他們交談；當孩子處於旁聽者的角色時，也要像尊重和自己有同等認知能力的成人那樣，顧及孩子的感受和想法。

平視的視角和語言更有利於塑造孩子良好的個性品格。只有平視才能比較清晰而準確地洞察孩子的語言發展、語言風格、個性氣質，而在平視的基礎上的恰當評價則對孩子的心智成長有積極的影響。

✧ **放下家長的架子，接受孩子的批評**：要建立一個民主型家庭，不能因孩子小就忽視他的家庭地位，與孩子有關的事要與他商量，使他感到自己

是家裡的小主人。每天盡量抽出一點時間跟他聊聊在學校裡發生的事，這樣不僅加深了同孩子的感情，而且還可以發現孩子的長處和不足。另外，孩子犯錯誤時要允許他申辯。

✧ **喚醒孩子的權利意識**：家長的責任是喚醒孩子們的權利意識，而不是將它扼殺在萌芽的狀態。一個明確自己的權利的孩子才會懂得捍衛自己的權利。

總之，我們做家長的，應該學會尊重孩子的權利，尊重孩子童真的天性，才能讓孩子自由快樂地成長起來！

▌對孩子換位思考

近日，在雜誌上讀到柳亞子回憶魯迅的這樣一件小事：

有次，魯迅有一次在家裡宴請幾位作家。席間，魯迅的獨子海嬰將一顆丸子咬了一口又吐了，說是變了味，而客人們當時都沒有覺得。許廣平便怪海嬰調皮，客人們也都在想，這孩子怕是被慣壞了。魯迅卻不然，他夾起海嬰丟掉的丸子嘗了嘗，果然是變了味的，他感慨地說：「小孩總有小孩的道理……」

讀到此時，心裡是一份感動，而且久久不能平靜。從此小事可感受到魯迅先生深沉的愛。在眾人面前魯迅沒有擺家長的架勢，沒有照大人的常情，勃然大怒，伸出大手在海嬰的屁股上猛擊幾下，或是橫眉冷對，幾聲呵斥，嚇得海嬰有言難辯。我深感魯迅那句「小孩總有小孩的道理。」可是，並不是所有的家長都懂得這個道理。

數學單元考試的試卷發下來了，一臉喜悅的陽陽回到家裡，一踏進房門就興高采烈地對媽媽說：「昨天我們班數學單元考試，今天試卷就發下來了，您猜我考了多少分？」

「猜不出來，你到底考了多少分？」媽媽問。

「82 分，比上次單元考試的成績高出 10 分呢。」陽陽有幾分得意地說。

「哦，你知道鄰居家的婷婷考了多少分嗎？」媽媽又問。

「大概是 90 分吧。」陽陽滿臉不高興地回答。

母親似乎並沒有察覺到孩子臉色的變化，接著說道：「怎麼又比她考得差呢？你還得努力追趕人家才行啊！」

「您憑什麼說我沒有努力呢？這次考試成績比上次提升了 10 分，老師都表揚我進步了，而您總是不滿意，永遠不滿意！」陽陽生氣了，他提高嗓門沖著媽媽大聲地喊起來。

「你怎麼這樣不懂事，我這樣說也是為了你好。你看人家婷婷，每次都考得那麼好，哪像你時好時差，也不知道爭氣。」媽媽喋喋不休地說。

「我哪裡不爭氣啦？您嫌我丟您的臉是不是？人家婷婷好，那就讓她做您的女兒好啦，免得您總是嘮叨。」陽陽怒氣沖沖地走進自己的房間，「砰」的一聲把門關上了。「就知道分數、分數，您關心過我嗎？您知道我內心的感受嗎？我都被您煩死啦！」就這樣，母子間的一場隔著門的爭吵又開始了。

類似這樣的事情在很多家庭也時有發生，本來很平常的對話，說著說著兩代人就吵起來。孩子為什麼這樣不聽話呢？與孩子對話為什麼就這麼難以溝通呢？孩子怎麼就不能理解父母的心呢？像陽陽的母親一樣，很多父母不止一次地自問。這樣的家庭教育，問題到底出在哪裡呢？

就上例而言，母子倆對話不歡而散主要原因是雙方都站在自己的角度考慮問題，缺乏換位思考。這樣就很難體會到對方的內心感受，導致雙方心理活動的錯位。母親想的是陽陽應該馬上提升課業成績，卻不知道孩子此時最需要的是媽媽的表揚和鼓勵；陽陽覺得媽媽應該為孩子課業成績的提升而

感到高興，卻不懂得母親把自己的孩子與鄰居家的孩子比是希望自己的孩子能有更大的進步。由於母子倆內心的想法不同，彼此都沿著自己的思維方向與對方談話，所以就出現了對話雙方的不滿甚至反感。由此，一場母子間的「舌戰」自然就不可避免了。

家長想要與孩子溝通，學會換位思考很重要，即站在孩子的角度考慮問題，站在孩子的角度去理解他的內心感受，站在孩子的角度去說好每一句話。但現實生活中，家長並沒有意識到換位思考的重要性，因此，在不經意間說錯了一些話。仔細回想一下，我們是不是經常說下面一些話：

✧ **孩子：媽媽，我累了。**

　　媽媽：你剛剛睡過了，不可能累的。

　　孩子：（大聲的）我就是累了！

　　媽媽：（有點生氣）你不累，就是有點無精打采，快換衣服吧。

　　孩子：（哭鬧）不，我就是累了！

✧ **孩子：媽媽，這兒好熱。**

　　媽媽：這兒冷，快穿上毛衣。

　　孩子：我不，我熱。

　　媽媽：我說過了，穿上毛衣！

　　孩子：（大聲的）不！我熱！

✧ **孩子：這個電視節目真無聊。**

　　媽媽：不會吧？它多有意思啊。

　　孩子：這個節目真傻。

　　媽媽：別亂說，它很有教育意義。

　　孩子：這個節目真爛。

　　媽媽：（有點生氣）不許你亂說話！

這是我們生活中經常發生的事情。在生活中，很多家長自以為自己是成人、是家長、自己「走過的橋，比孩子走過的路都多」，因此，總用大人的眼光看問題。用自己成長中累積的生活經歷來評定孩子的是是非非，對於孩子的世界，孩子的感受不屑一顧。這就導致很多時候與孩子的交談不歡而散。

因此，家長在指責孩子不聽話的時候，是不是也應該考慮一下孩子們內心的想法？是不是應該經常做一做「換位思考」：如果我是孩子的話，我會怎麼做？只有換位思考，設身處地地為孩子著想，才能避免和減少對話雙方的戒備和猜疑，弱化和消除對話過程中的不愉快情緒。家長學會換位思考，能更好地了解孩子和教育孩子，因而使對話朝著家長期望的方向發展。

一位父親和兒子為一件小事發生了爭執，誰也無法說服誰。父親靈機一動，不再和孩子爭執了，而是對他微微一笑說：「孩子，你能和爸爸爭執，說明你長大了，你能有自己的獨立思考方式，爸爸感到很高興。你這樣做肯定有你的理由，該怎麼做你自己決定吧！」父親這樣一說，兒子反而不好意思了，說：「爸爸講的也有道理，你的意見我會認真考慮的。」

你看，這就是換位思考的魅力。只有做到換位思考，讓孩子將心比心，孩子的心靈才會向你敞開，教育才能得心應手。

要做到換位思考，其實很簡單，放下架子，站在孩子的角度上，理解和尊重孩子的想法，耐心地溝通交談。我們就會發現，孩子的內心世界和我們的一樣精彩。而換位思考所帶來的，不僅是家長與孩子之間的理解、和諧，還能在潛移默化中讓孩子也養成換位思考的好習慣，這有利於提升孩子的 EQ。

當然，家庭教育沒有現成的模式，因為每個孩子都有其獨特性。對於家長而言，在家庭教育方面始終面臨著新的問題和考驗，單靠簡簡單單學習教育理論和生搬硬套其他家長的經驗是不能解決問題的。必須活學活用，因材施教，探索出一套適合自己孩子的行之有效的辦法。

▌學會聆聽,為人父母的法寶

　　每逢冬天來臨,父母都會給孩子穿得暖暖的、遮得緊緊的,以抵禦寒風暴雪的襲擊。可是,身為父母,在為孩子的身體保暖同時,可曾想到孩子的內心世界 —— 那裡是否一樣溫暖如春?

　　其實,每個父母對孩子的愛都是毋庸置疑的,為了孩子的健康成長,為了孩子將來比自己生活得更好,家長們小心翼翼地呵護著孩子,為孩子的學業、生活操心。在家長們看來,孩子最大的任務就是讀書了,因此,他們關心孩子的吃住穿行,關心孩子的課業成績,唯獨忽略了孩子與大人一樣也有七情六欲,同樣也要承受壓力與挫折,同樣也會有苦痛與悲傷……

　　因為家長從來沒有考慮過孩子的內心需求,把孩子的情緒變化看做是「無理取鬧」,看做是孩子的「不懂事」而加以訓斥,很多孩子只好把自己的傷心、困惑、不安與憤怒深深地埋在心中,不敢對他人傾訴。長此以往,對孩子良好性格的培養、對孩子人生觀的培養、對孩子的健康成長都是有害無益的。其實,孩子也有情緒的波動,他們也需要發洩情緒,需要理解,需要安慰,更需要交流。而傾訴是孩子內心獲得平和的一種發洩方式,傾聽孩子的傾訴則是家長了解孩子的最好途徑。

　　然而,不會傾聽卻是很多家長的常見通病,因此,學習傾聽就成為父母的必修課。在家長與孩子的溝通中,有幾種常見的錯誤方式:一是家長不用耳朵只用嘴,把孩子的頭腦當作無底洞,每天喋喋不休,塞進去無數的訓誡,不管他們是否能消化、吸收。二是家長在對待孩子時,要求孩子只用耳朵不用嘴,只准他們用耳朵聽,不理會或不准他們表達自己的意見。三是有些家長會說:「我不是不聽他們的話,但越聽越生氣!」這是家長犯的另一種錯誤:用不正確的態度傾聽。

事實上，傾聽不僅僅是一種簡單的行為，它也需要一定的技巧。尤其是家長傾聽孩子說話，更要注意掌握好聽的方法：

對於孩子的話，家長應用心聽

用心聽的意思是真心實意地聽孩子說話，而不是形式上的用耳朵聽，一定要讓孩子感到「爸爸媽媽正在認真聽我講」。這就要求家長做到：

✧ 孩子交談的時候要暫時放下手上的事情，專心地交談。只有這樣，孩子才會感受到父母的愛心。

✧ 看著對方的眼睛聽。尤其是聽小孩子講話時要蹲下來，和孩子的眼睛平視，看著他聽。

✧ 邊思考、邊感覺地聽，不要帶上自己既有的觀點去聽。

✧ 帶有回饋地聽，讓你的表情、動作像鏡子似的反映出對方的話，用哦、啊、是、噢、喔、好等或點頭表達你的回應，讓說話者感覺到你的認同。

別打斷孩子的話

我們時常能看見孩子剛剛要說話，媽媽就在一旁打斷孩子，自己說自己的。比如，孩子剛說一句「媽媽，在學校裡，我和小朋友一起玩『老鷹捉小雞』的遊戲，真有意思。」媽媽馬上打斷孩子說：「玩『老鷹捉小雞』的遊戲了？媽媽也喜歡玩……」媽媽的打斷有可能讓孩子忘記自己剛才想說什麼了。

在孩子說話的時候，不要讓孩子難堪

些家長因為沒有注意自己的聽話習慣，難免讓孩子尷尬、難堪。

有一次，月月從外面跑進來興奮地對媽媽說：「媽媽，我剛才去了文具店，看到一種神奇的組裝機器人。」

月月的媽媽馬上認為孩子想要買那個機器人，趕緊打斷孩子說：「媽媽沒有錢，你該知道吧。」結果，孩子不高興了，他撅起嘴巴氣憤地說：「我又沒有說我想買，你每次都沒聽完別人說什麼就發表意見，我討厭妳！」

頓時，月月的媽媽也愣住了！

其實，即便孩子想買，家長也應該等孩子把話說完了，再提出自己合理的建議，用自己的理由說服孩子，而不是武斷地阻斷孩子的幻想，這對孩子來說也是一種傷害。

不要輕視孩子說的話

還有一些家長，因為覺得孩子幼稚，對孩子的話持輕視或旁觀的態度。這在生活中很常見：

珍珍 13 歲時，有一天她告訴媽媽，她「愛」上一個男孩，並且要跟他結婚。

母親用略帶嘲笑的眼神聽女兒敘述，似乎是聽童話故事。但是珍珍講得很認真，她把自己的「愛情」第一次講給她最親近、最信賴的人聽。

然而，有一天放學回家時，她卻聽到母親正和一位朋友在電話中談到她：「妳猜我家發生了什麼事？珍珍告訴我她在戀愛了，她認定那個男孩就是『白馬王子』，妳說好不好玩？」

不管這位母親怎樣看這件事，實際上她傷害了珍珍。對母親來說，這件事不過是很好玩；但對 13 歲的珍珍來說，這絕對是一件嚴肅認真的事。媽媽的輕視讓珍珍從此以後不再相信自己的媽媽，因為媽媽不懂得尊重她的隱私和她的感情。

家長可以學會重複孩子說的話

有時候簡簡單單地重複一下孩子的話尾，也能讓孩子打開心扉說出心裡話。如：

A：我昨天去看電影了。

B：看電影了！

A：人真多呀，我朋友說，前天排了一個晚上的隊。

B：排了一個晚上？

重複孩子的話，可以讓孩子覺得爸爸媽媽是在認真傾聽自己講話，這能激發孩子傾訴的欲望。使孩子更願意與你溝通和交流！

家長在傾聽的時候還應該善於發現

只有傾聽孩子的心裡話，知道孩子想什麼、關注什麼和需要什麼，才能有針對性地給孩子關心和幫助，也會使以後的溝通變得更加容易。如孩子向你訴說高興的事，你應該表示共鳴；孩子告訴你他在學校得到了老師的表揚，你應該用欣賞的口吻說：「哇，真棒，下次你一定會做得更好！」

在傾聽的過程中，不但要認真傾聽，而且要善於思考，注重在談話中發現孩子的優點。比如，發現孩子能夠獨立地講述簡短的故事時，要及時給予讚賞：「你講得真不錯！」這樣，不僅使孩子樂意向你傾訴、溝通，也可以提升孩子的語言表達能力。

此外，在孩子緊張、不安或者苦悶的時候，家長的傾聽還能讓孩子感覺到父母的理解，在內心產生欣慰之感，進而使緊張情緒得到緩解。

總之，傾聽是家長與孩子有效溝通的最佳策略。高明的家長會傾聽，有機會傾聽孩子的心聲也是家長的幸運，因為它說明了孩子對您的信任，而讓孩子信任的家長一定是合格、成功的家長。

▌和孩子一起成長

　　某著名教育家曾經說過：「沒有父母的成長，就沒有孩子的成長。」一個優秀孩子成長為優秀人才的背後，總能找到溫馨和諧家庭的影子，總能看到父母與孩子共同成長的痕跡。一個認真求教的、謙虛的家長比高高在上、發號施令的家長更易於讓孩子接受，也更容易與孩子建立起快樂、平等、和諧、融洽的親子關係。因此，要維持親子關係，父母與孩子同步成長很重要。

　　然而，在現實生活中，很多家長在傳統教育觀念的影響下，總認為家長就應該高高在上，孩子就應該服從家長，聽家長的話。在這種觀念的影響下，別說讓家長與孩子一起成長了，就是跟孩子進行平等的溝通都很難。這裡就有這麼一個例子：

　　老嚴是個商人，他平時應酬多，工作又很忙，所以很少與孩子溝通交流，兒子今年上高中了，住到學校裡，直到週末才回家。這樣一來，他們間的交流就更少了。

　　這段時間，老嚴發現兒子總是一個人躲在房間裡玩電腦，一玩就是大半天，有時候甚至連吃飯都管不了。老嚴的妻子說，孩子平常讀書很緊張，週末讓他放鬆放鬆也未嘗不可。但老嚴卻非常反感，於是，只要他一看到兒子玩電腦，就不免要上去批評兒子，讓兒子少玩點電腦，可是兒子不僅不聽他的話，還經常頂嘴。

　　一次，兒子甚至對他說：「玩電腦沒有什麼不好，而且非常有意思，我知道你不會，要不我來教你吧！」聽到兒子要教自己，老嚴更加生氣，他咆哮著對兒子說：「笑話！還有兒子教老子的！簡直無法無天了。你的事我不管了，你愛怎麼做就怎麼做吧！」

兒子見老爸這麼無理而且還這麼「老土」，索性就不搭理他了。父子之間的「代溝」也越來越深了。

心理學家黑爾加・吉爾特勒說過：「如果您放棄權力，放棄您的優越感，那麼您得到孩子的信任和尊敬的機會就更大。」因此，在教育的過程中，家長應該把自己與子女擺在平等的位置上。

當孩子遇到不明白的事情或出現錯誤時，家長應該透過教育讓孩子明白事理，改正錯誤和改進缺點。如果家長發現孩子的長處和優點，而自己卻不具備時，父母就應該主動扮演受教育者，向孩子請教，向孩子學習。

特別是在當今社會，新生事物層出不窮，家長已經不再是知識的權威，在一定程度上，孩子獲得的資訊量比父母大出很多倍。孩子比父母學得快、記得快、閱讀速度快。孩子們的英語、電腦、美術、音樂、體育都比大多數家長強。此時的家長就應該放下架子，明智地拜孩子為師，向孩子學習自己不懂的知識。家長虛心向孩子學習，就是給孩子最好的讚揚、鼓勵、賞識和尊重，只有這樣，家長才更容易走進孩子的心靈世界，成為孩子的朋友，因而更好地教育和引導孩子。

一個媽媽在家長學校聽完教育專家的課後，她決定採納專家的建議，向孩子學習，與孩子一起成長。

回到家後，這個媽媽對自己國中一年級的兒子說：「我想學習英語，我們部門要求每個人都必須英語過關，否則不調漲薪資。我這些年沒動英語，都忘光了，你來幫助我，教我英語好嗎？」

兒子聽到這話，既覺得新鮮，又有些誠惶誠恐，他不好意思地對媽媽說：「我的英語不好呀，我怕教不好。」

媽媽說：「你總比我強呀，我就從你們國中一年級的開始複習，有不會的就問你，等到我補到和你一樣的進度了，就由你教我。好不好？」

兒子說：「試試吧！」

媽媽的部門也的確要求學會英語，於是，她真的開始認真學習。她每次問兒子都表現得很虛心，而且還時不時地誇獎或感激兒子，這讓兒子非常上心。他覺得自己有責任要教好媽媽。

為了能更好地教媽媽學習英語，他的學習態度有了很大的改變。還專門請教了自己的老師，學習英語越來越努力了，成績也不斷提升。

拜孩子為師不只是激發孩子學習熱情的好方法，同時還是讓孩子接受我們的好方法。在拜孩子為師的過程中，家長與孩子就像多年深交的老朋友，無話不講。更可喜的是當孩子是你的老師時，他的自我控制能力會增強，同時還可為家長提供有價值的、有創造性的意見和建議。

陳先生在一條繁華的馬路上開了一家小型超市。他很會做生意，每天都有很多顧客光顧小店。經常會有一些外國遊客來買東西，由於語言障礙，他只能透過手勢溝通，互相理解都很困難。

兒子聽父親說起這件事，興致勃勃地要教爸爸學習英語，還建議爸爸進一些「外國貨」到自己的店裡，老外見到英文商標，可能會更加願意到店裡買東西。

陳先生聽從兒子的建議，認認真真地學起英語來，而且還真的進了一批「美國貨」，這讓這些旅居在外的「老外」覺得非常貼心。從此，來這裡買東西的外國朋友更多了。

賞識孩子的知識，尊重孩子的建議，主動向孩子學習，和孩子一起成長，不僅可以實現家庭情感的互動交流，營造家庭溫馨的學習氣氛，而且可以建立暢通無阻的親子溝通管道。家長與孩子平等對話，可以促進子女對長輩的尊重體諒，因而跨越代溝，實現兩代人心靈上的雙向互動。

除了和孩子一起學習，陪伴孩子成長外，在日常生活中，家長也完全可以邀請孩子做自己的小幫手，讓孩子幫忙做一些家事。看到他們做得好的地方，就向他們請教，讓孩子來教你，這時孩子會非常得意，會做得更起勁。當孩子和你一起做完事情後，應當真誠地表示感謝，讓孩子知道他的幫助對你是非常重要的。父母千萬不能因為孩子能力不足，認為他越幫越忙而拒絕他或敷衍他，這樣最容易打擊孩子的熱情和積極性。孩子是在鍛鍊中成長的，與父母合作的愉快經驗，有助於指導和培養孩子與他人的合作，培養他們良好的團隊精神和合作能力。

在向孩子學習的過程中，家長經常會遇到兩種情況：

✧ **我們的教育方式遭到孩子的拒絕**：比如說家長很想了解孩子的學習和思想情況，但如果以質問的口氣去問孩子，孩子往往會三緘其口，不願交流。這時候，家長不妨採取向孩子討教問題的方法。比如可以問孩子：「我在工作中有一個難題，能不能幫爸爸解決一下？」或者「我同事的小孩，跟你差不多年齡，他現在出現了一個問題，你能不能幫忙出出主意？」這時候，孩子感覺自己得到了父母的賞識、信任和尊重，會非常高興地來幫忙；家長也就可以透過與孩子的交流，發現孩子內心的想法，進而「因地制宜」有針對性地教育和引導孩子。

✧ **孩子在某個領域確實強於家長**：因為孩子學習和適應新生事物的能力一般都會強於家長，這時候家長應該虛心向孩子學習，因而更快地接受新的觀念和新的事物。這樣，不僅自己能夠更新知識、跟上時代發展，還能透過向孩子學習，讓孩子獲得成就感，因而有利於與孩子的溝通和理解。

美國家庭的教子法則

美國《華盛頓郵報》提出的 12 條教子基本法則

美國《華盛頓郵報》在一篇文章中對父母如何教育子女使他們健康成長提出了 12 條基本法則：

- ◇ **歸屬法則**：保證孩子在健康的家庭環境中成長。
- ◇ **希望法則**：永遠讓孩子看到希望。
- ◇ **力量法則**：永遠不要與孩子鬥爭。
- ◇ **管理法則**：在孩子未成年前，管束是父母的責任。
- ◇ **聲音法則**：儘管孩子在家裡沒有決定權，但一定要傾聽他們的心聲。
- ◇ **榜樣法則**：言傳身教對孩子的影響是巨大的。
- ◇ **求同存異法則**：尊重孩子對世界的看法並盡量理解他們。
- ◇ **懲罰法則**：這一法則容易使孩子產生叛逆和報復心理，慎用。
- ◇ **後果法則**：讓孩子了解其行為在現實世界可能產生的後果。
- ◇ **結構法則**：教孩子從小了解道德和法律的界限。
- ◇ **20 碼法則**：尊重孩子的獨立傾向，與其保持至少 20 碼的距離。
- ◇ **4w 法則**：任何時候都要了解孩子跟誰（who）一起、在什麼地方（where）、在做什麼（what）以及什麼時候（when）回家。

美國學者總結的教育孩子 40 法

美國學者總結的教育孩子 40 法，反映了西方的家教觀：

- ◇ 對孩子提出的所有問題，都要耐心、老實地作出回答。
- ◇ 認真對待孩子提出的正經問題和看法。
- ◇ 建一個陳列架，讓孩子在上面充分展示自己的作品。

❖ 不因孩子房間裡或者桌面上很亂而責罵他，只要這與他的創作活動有關。

❖ 給孩子一個房間或房間的一部分，供孩子玩耍。

❖ 向孩子說明，他本身很可愛，用不著再表現自己。

❖ 讓孩子做他力所能及的事情。

❖ 幫助孩子制訂他的個人計畫和完成計畫的方法。

❖ 帶孩子到他感興趣的地方去玩。

❖ 幫助孩子修改他的作業。

❖ 幫助孩子與來自不同社會文化階層的孩子正常交往。

❖ 家長養成合理的行為習慣並留心使孩子學著去做。

❖ 從來不對孩子說他比別的孩子差。

❖ 允許孩子參加計劃家務和外出旅行的事情。

❖ 向孩子提供書籍和資料，讓孩子做他自己喜愛的事情。

❖ 教孩子與各種年齡的成年人自由交往。

❖ 定期為孩子讀點東西。

❖ 讓孩子從小養成讀書的習慣。

❖ 鼓勵孩子編故事，去幻想。

❖ 認真地對待孩子的個人要求。

❖ 每天都抽出一些時間和孩子單獨在一起。

❖ 不用辱罵來懲治孩子。

❖ 不能因孩子犯錯誤而戲弄他。

❖ 表揚孩子會背詩、講故事和唱歌曲。

❖ 讓孩子獨立思考問題。

❖ 詳細制訂實驗計畫，幫助孩子了解更多的事情。

✧　允許孩子玩各種廢棄物。

✧　鼓勵孩子發現問題，隨後解決這些問題。

✧　在孩子做的事情中，不斷尋找值得贊許的地方。

✧　不要空洞地和不真誠地表揚孩子。

✧　誠實地評價自己對孩子的感情。

✧　不存在家長完全不能與孩子討論的話題。

✧　讓孩子有機會真正作決定。

✧　幫助孩子成為有個性的人。

✧　幫助孩子尋找值得注意的電視節目。

✧　發揮孩子積極認知自己才幹的能力。

✧　不對孩子的失敗表示瞧不起，且不對孩子說：「我也不會做這個。」

✧　鼓勵孩子盡量不依賴成年人。

✧　相信孩子的理智並信任他。

✧　讓孩子獨立完成他所從事的工作的基本部分，哪怕不會有積極的結果。

美國孩子對父母的 9 條告誡

美國孩子對父母的 9 條告誡也值得家長深思：

✧　我的手很小，無論在什麼時候，請您不要要求我十全十美；我的腿很短，請慢些走路，以便我能跟上您。

✧　我的眼睛並不像您那樣見過世面，請讓我自己慢慢地觀察一切事物，並希望您不要對我加以過分的限制。

✧　家務總是繁多的，我的童年是短暫的，請您花一些時間為我講一點有關世界上的奇聞，不要把我當作取樂的玩具。

✧ 我的感情是脆弱的，請您對我的反應敏感一點，不要整天責罵不休，對待我應像對待您自己一樣。

✧ 我是「上帝」賜給您的禮物，請愛護我，抱我的時候要經常教我做運動，指導我靠什麼生活，訓練我對人的禮貌。

✧ 我需要您不斷地鼓勵，不要經常嚴肅地批評和威嚇。但要記住，您可以批評我做錯的事，不要批評我本人。

✧ 請給我一些自由，讓我自己決定有關的事情，允許我做錯事或不成功，以便從錯誤中吸取教訓。總有一天，我會隨心所欲地、正確地決定自己的生活之路。

✧ 不要讓我經常重做某件事情，我知道做事是困難的，請不要試圖把我與別的大哥哥大姐姐們相比較。

✧ 不要怕我與您一起去度週末，小孩需要從父母那裡得到愉快，正像父母需要從小孩那裡得到歡樂一樣。

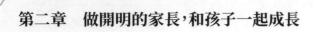

第二章　做開明的家長，和孩子一起成長

第三章
讓孩子成為他自己

　　每個孩子都是一個獨立的個體，他有權利受到尊重，也應該讓他成為他自己！只有受到尊重後，他才能尊重自己，並可能學會尊重別人，進而成長為一個具有健康人格的人。

第三章　讓孩子成為他自己

▎尊重孩子的成長規律

　　法國著名思想家、教育家盧梭曾說過這樣一番話：「大自然希望兒童在長大以前就要像兒童的樣子。如果我們打亂這個次序，就會造成一些果實早熟，它們長得既不豐滿也不甜美，而且很快就會腐爛。」這句話值得所有望子成龍的家長們深思。

　　每個孩子在漫長的成長過程中，都有自己的身心發展規律，每個階段都有其不同的特點。出生時一個樣，出生後一個月又一一個樣，3歲時和4歲時不一樣，學齡前和小學階段也不一樣。

　　就拿思維來說，0~3歲是靠直觀的動作思維來引導自己的活動，4歲則從動作思維向形象思維過渡，5~6歲開始向抽象邏輯思維過渡。如果孩子上小學較早，他的抽象思維還非常弱，那麼學起數學來就比較吃力。因為數學是以抽象邏輯思維為主的活動。再比如，很多家長說，孩子做作業拖拖拉拉，動作慢，字寫不快，寫得歪歪扭扭。從生理上來說，有一個原因就是：寫字是一種精細且持久的高難度勞動，需要手腕的精細動作達到一定水準，還需要視知覺和動作協調得好。如果孩子的手部肌肉力量不夠強，沒有發育到能夠完全勝任寫字的水準，寫起來自然就吃力多了。如果家長不了解這一點，認為是孩子讀書態度不端正、不認真，豈不委屈了孩子？再有，剛上一年級的孩子上課坐不了多久就不能專心聽課了。有一個原因是因為一二年級的孩子有意注意保持時間一般為10~15分鐘。隨著孩子年齡的增長，有意注意保持時間會有所延長。這時有的父母總以為孩子對讀書沒興趣，好動嬉鬧，甚至當成了是注意力不足過動症。聽到太多的父母說孩子考試太粗心，不該錯的會出錯。其實有時並不是孩子有意犯錯，而是小學低年級的孩子由於大腦和神經系統還沒有發育成熟，記憶的瞬間性、注意的短暫性、思考的不周密等因素都會造成粗心。這些在成人看來低級而簡單的錯誤，會隨著大

腦和神經系統功能的成熟和完善而自動消除。

　　義大利教育家蒙特梭利說得好：「每個人的成長都有一個程式，他在某個年齡特徵段該領悟什麼樣的問題其實是固定的，你沒辦法強求，過分人為地加以干涉只會毀了他。」所以說，既然孩子的成長有自然發展規律，那就要順著它的「長勢」讓孩子自由地發展。像農作物必然要經過一定的時間才能成熟一樣，揠苗助長只能適得其反。它不能超越，只能等待，用時間等待孩子的成長。

　　同樣都是成長，但不同孩子的成長有快有慢。他們因個性氣質、智力結構、認知水準、知識經驗、心理特點等的不同而決定了每個孩子在同一發展階段上的不同，加之孩子吸收周圍環境、成人施加教育影響的不同，使有的孩子發育得快些，早早地鋒芒畢露；有的孩子發育得慢些，可能屬於大器晚成。

　　比如只要有語言環境，孩子遲早能學會母語，但有的孩子說話較早，有的則較晚；有些在小學階段不顯山露水的孩子到了中學可能一躍而起，令人刮目相看。就像運動員長跑，起點慢的不一定最後到達終點。成長過程中只有相對的而沒有絕對的快與慢。

　　比如有的孩子做事馬虎，人際溝通不暢，情緒多變，調皮搗蛋等，這些都是成長中的正常現象，隨著孩子年齡的增長、知識經驗的豐富、技能的嫻熟、閱歷的累積會逐漸克服的，現在看來的小毛病也許過兩年就不成為毛病了。

　　所以，對孩子有些事情是急不來的。不要因為看到孩子 3 歲了還不會說完整的話，就懷疑孩子智力是不是有問題；不要看鄰家孩子會背唐詩會計算，就埋怨自家孩子怎麼還不會；不要看到孩子上小學上課注意力不集中，屁股坐不住，大腦就亮起了「紅燈」：會不會是得了注意力不足過動症呀？

第三章　讓孩子成為他自己

於是四處求醫問藥；不看到孩子考了 80 多分，神經馬上繃緊，急忙網上求詢：我的孩子成績不好，怎麼辦呀！我都絕望了！

　　愛迪生上學才 3 個月就被老師責令退學，如果她的母親也和老師一樣對愛迪生失去信心和耐心，那麼就不會有後來的發明大王；愛因斯坦 4 歲多還不會說話，上小學後也被認為是低能兒，但他父親耐心地鼓勵推動著他不斷取得進步，後來成為了大科學家；美國歷任總統中，堪稱好學的威爾遜到 9 歲才學會 26 個字母，12 歲才識字；小時候的達爾文在父親的眼裡簡直是遊手好閒之輩，整天打鳥、玩狗、抓蟲子。這樣的例子很多。

　　孩子的希望不是毀在自己的手裡，而是最先毀在他父母手中 —— 因為他父母首先失去信心了。所以，永遠不要對孩子失去信心，要辯證地看待孩子成長道路上的得與失、成與敗，要接納眼前的現實，允許孩子犯錯，允許孩子之間的差別。何況這些只是相對而言的，孩子的發展也是處於動態之中的，是呈螺旋形上升的。

　　要以寬容的心態看待孩子成長長河中的觸礁現象，以信任的眼光欣賞孩子的與眾不同和獨特個性。相信孩子做得到！用欣賞的、信任的、鼓勵的、愛的眼光等待孩子成長。

　　個體的差異、先天的稟賦、後天的教育等都會造成孩子之間的千差萬別。就像人的手指頭有長短一樣，孩子也是各有千秋。美國哈佛大學霍華德・加德納教授（Howard Gardner）指出人有八種智慧：語言文字智慧、數學邏輯智慧、視覺空間智慧、身體運動智慧、音樂旋律智慧、人際關係智慧、自我認知智慧和內省智慧。這個理論告訴我們，不同的孩子有不同的智力結構和側重點。這就是為什麼有的孩子交際上如魚得水卻不擅長寫作，有的內向害羞但寫起文章卻妙筆生花，有的唱歌走音但數學卻很好，有的不喜歡畫畫卻擅長體育運動的原因。

　　有一位童書作家小時候是個「差生」，因為他總是調皮搗蛋，他的老師訓斥他：「這個班上，最沒出息的就是你！」他不服氣：「我作文好，我有想像力，哪裡沒出息？」後來果然從未上過大學的他成了當代頗有影響力的童話作家。當有人採訪他成功的祕訣時，他說了這樣一句話：「我找到了最佳才能區。每個人都有自己的最佳才能區，這是上帝賦予每個人的特殊能力，是任何人代替不了的。」

　　所以，每個孩子都是不同的、獨一無二的。父母們不要總是拿自己的孩子和別人的孩子比，期望值不能太高，希望孩子樣樣出色，當十項全能是不現實也是不可能的。過早地給孩子蓋棺定論容易失去客觀的判斷標準，容易偏離正常的教育軌道。

　　操之過急、期望過高除了讓自己徒增煩惱和焦慮不安外，還會在自己的負面情緒主宰下做出對孩子打罵、發脾氣、嘮叨不停、反復無常甚至歇斯底里的行為來。不管是你的不良情緒還是不良行為，都會影響到孩子心理的健康發展，最後只能讓孩子離你的期望越來越遠。

　　家長要做的是去發現他的長處，要多仔細觀察孩子的特點和優勢，積極尋找孩子身上的優點，找到孩子的最佳才能區，再提供適當的條件去培養發展這方面，做到揚長避短。如果不顧孩子的特點，不是孩子所願學而是家長所逼，或者說要孩子學的正是孩子之短，那麼只能費力不討好，給孩子增加心理負擔。因為，誰也不願忍受一次次的失敗與受挫。孩子並沒有成人想像得那麼有意志力，很多時候是憑著熱情和興趣學習的。

　　此外，家長還應該積極等待、主動尋找教育時機，選擇最適合的教育辦法。「沒有教不好的孩子，只有不會教的父母。」當一種方法不行時，再採用另一種方法。在積極等待的同時，要有一雙善於發現契機的眼睛、一顆積極思考的大腦，多想一種辦法，多設一種情境，以激發孩子的積極性，讓

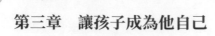

他朝著你預設的目標前進。要讓孩子做事,要實施自己的計畫,在此時不行時,就另外找時機。因為也許恰好當時孩子情緒不佳,影響了活動的興趣。

可以說,最好家庭教育應該是那種處於自然狀態的、遵循孩子身心發育和成長規律的家庭教育,而不是按照家長滿意的模子製造孩子的家庭教育!唯有尊重孩子的成長規律,孩子才能朝著良性的方向健康地成長起來!

▌維護孩子的自尊

每個人都有自尊和被人尊重的需要,而自尊、被人尊重是產生自信心的第一心理動力。孩子的自信首先來自自尊,一個沒有自尊的孩子是不可能有自信的。一個孩子若要成為一個傑出的人才,他就必須先接納自己、喜歡自己、尊重自己、認為自己值得他人愛和喜歡,這樣,他的內心裡才會產生一種自我價值,有了自我價值,孩子的生命之火就被點燃了,而他的精神生命也因此向外擴張。可以說,自我價值是孩子熱愛生活並為之奮鬥的理由,是孩子獲得成功的前提。而自我價值的核心就是自尊。

自尊心的下面有兩條深層的根:羞恥心和上進心。

羞恥心,使人在做了壞事時產生羞恥感而痛苦,因而遠離這些壞事。要知道是羞恥心促使我們大小便要避開其他人而到廁所裡進行。人如果沒有羞恥心,那麼他就會按動物的生存方式來行動而不會按人的生存方式來行動。對於一個沒有羞恥心的人來說,他的行為在別人眼中是什麼樣子根本就無關緊要。這樣他的行為就失去了社會制約,那麼動物的本性使他怎麼舒服怎麼方便就怎麼做。

上進心,使人不甘心在人群中居於落後的地位而奮起努力。人作為一種社會動物,他最重要的心理需求就是獲得他的同類的認同和羨慕,進而在他的同類中找到優越感。當一個人有了上進心,他就會去追求社會的承認和他

人羨慕的眼神。這樣他就會研究人類社會的法則，並自覺按社會法則所設定的正面方向去規範自己的行為，因為只有這樣他才能獲得社會的承認。與此同時，他必須努力去獲得別人也想要的東西，比如地位、權力、金錢、學問、美感以及健康等。因為只有得到了別人也想要卻沒有得到的東西，別人才羨慕他。

可以說，自尊是孩子成長的精神支柱，是孩子向上的基石，也是自我發展的內在動力。身為家長，如果真的愛孩子，就應該從維護、培養孩子的自尊意識開始。

家長如何維護孩子的自尊心和培養孩子的自尊意識

在日常生活中，家長應如何維護孩子的自尊心，培養孩子健康、適度的自尊意識呢？要維護孩子的自尊，培養孩子的自尊意識，家長應該做到：

✧ 尊重孩子。每個孩子都渴望被尊重，首先是被爸爸媽媽尊重。尊重孩子不分時間和地點，也不分孩子是優點多還是缺點多。如果一位家長在孩子有成績時就尊重他，在出現問題時就責怪他，任意褒貶，這就做錯了。家長不妨用心理換位的方法想一想，自己有了缺點、錯誤時，希望別人怎樣對待自己？因此，父母要把孩子當成與自己平等的人，有意識地讓孩子參與一些家庭的事務，與孩子討論一些家庭中的事情，讓孩子感覺到自己的能力和父母對自己的信任。

尊重孩子，就不能對孩子說有辱人格、有傷自尊的話。千萬不要經常對孩子說：「你真沒出息！」「小孩子懂什麼！」「大人的事，孩子知道什麼？」這樣，孩子就會覺得自己無法獲得父母的信任，因而無法獲得自信。尊重孩子，就不能隨意辱罵、懲罰和毆打孩子，辱罵、懲罰和毆打是最傷害孩子自尊心的。

第三章　讓孩子成為他自己

✧ 讓孩子學會尊重別人。因為尊重是人與人相處的基本條件，必須從小教導，因為有尊重才有自重，有自重才有自愛，自重、自愛才會交到朋友，才能在社會上立足。

✧ 孩子對新鮮的事物都充滿了好奇，他們對任何東西都想看一看、摸一摸。父母們應注意，當孩子做錯了事時，不要只是訓斥和責怪，應弄清其動機和緣由，再加以引導，幫助孩子找出原因。

✧ 對孩子要求適度，不要過分嚴格，應適當放鬆要求。在要求過分嚴格的背景下長大的孩子，往往缺乏自尊心、有過分依賴的心理；相反地，對待孩子的缺點也不能放縱和姑息遷就，在不損傷孩子的自尊心的情況下，應採取循循善誘的方法，使之克服缺點。

✧ 當孩子取得成績和進步時，對成人而言哪怕是多麼微不足道，也應及時給予表揚和肯定，增加其自信心，保護其自尊心。此外，還應該多給孩子創造一些成功的機會，讓孩子在滿足與自豪感中體驗到自尊的可貴。

✧ 對孩子採取個別引導、正面教育的方法。有些家長認為當著親朋好友的面批評，人多勢眾，可以給孩子製造壓力，促使他改掉缺點。事實上，孩子和大人一樣愛面子，這樣做只能損傷孩子的自尊心。所以家長要注意場合，不要在大庭廣眾之下粗暴地諷刺、挖苦和訓斥孩子，應多採取正面引導、個別談心的方法，以情動人，以理服人。

✧ 在教育孩子時，要注意針對性，就事論事，不要把從前的「歷史問題」和「陳年舊帳」抖出來，嘮叨不停，使孩子灰心喪氣、自暴自棄。

常見的家長不尊重孩子的行為

　　家長是孩子良好自尊心的重要培育者。家長的接納、尊重、關懷、無條件的愛以及真誠地讚美與肯定，對孩子來說都是很重要的。可是，在日常生

活中，很多家長因為不注意自己的言行，給孩子的自尊帶來了很多傷害。日常生活中，家長不尊重孩子的行為表現在以下幾個方面：

✧ **經常挖苦諷刺孩子**：有許多家長對孩子的期望值脫離實際，非要求孩子的課業成績排在班上前幾名。上小學，對「雙百」最滿意，98 分、99 分就得挨罵；上中學，要平均 90 分以上，不到 90 分的科目，視為課業成績不好。如果孩子的成績處在中等或中等偏下的狀態，一些家長的話就難聽了：「你不長進，沒出息」，「我看你是木頭腦袋，開不了竅了」，「你太笨了，這點功課都學不好，還指望你做什麼」，「老師教你的知識，你全當飯吃了」，「看你這德行，長大等著喝西北風吧」，「錢是白花了，好吃的白給你吃了，一點用都沒有」……這樣的諷刺挖苦會在孩子心靈上留下什麼？是使孩子擁有奮起的勇氣，還是難言的疼痛？是增強孩子做人的自信，還是使孩子感到越來越失望？此問題留待有此類言行的父母親去好好反省吧。

✧ **父母高高在上**：家長高高在上，一副威嚴的面孔，指揮孩子的一切：你必須好好念書，給我考大學；你必須給我上 ×× 班，不愛上也得上，沒得商量；假日聽我安排，上午做什麼，下午做什麼，晚上做什麼，不必商量；要你買什麼你就買什麼，否則不幫你出錢；你的前途，順從我的安排……這樣指揮，已經把孩子當成一架「小機器」了。

✧ **家長濫施懲罰**：有的家長不只口頭上對孩子精神虐待，還濫用懲罰。挨打的孩子，往往起初感到害怕，打過幾次後就被打「皮」了，更難教育了。觸及皮肉的結果，可能造成靈魂麻木，也可能造成怨恨反抗心理。更有甚者，一氣之下把孩子打成重傷甚至命喪黃泉，造成終生悔恨。

✧ **家長對孩子教訓過頭**：有的家長誤把「訓」當教育，天天訓孩子，有事沒事訓幾句。雖然沒有什麼新詞，訓不出什麼名堂，卻天天得過「訓

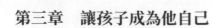

第三章　讓孩子成為他自己

癮」。孩子真的出了問題，或者考試成績不好或者犯了什麼錯誤，這些家長則更是滔滔不絕，大訓不止，大道理講了一大堆，要求提了一大串，不管孩子是否聽懂，也不管孩子是否能做到。最令人遺憾的是，還不允許孩子解釋，更不許提出不同意見，只能表態「懂了」、「是」、「我改」。在這種情況下，孩子沒有了尊嚴，也沒有了權利。

✧ **總與其他孩子比較**：父母總喜歡「比較」，在孩子還很小的時候，比身高、體重、皮膚，比先掉牙、先說話；孩子大點時，比的項目更多了。但是家長很少教導孩子「自己和自己比」、「看看自己進步的地方在哪裡」，也沒有教導孩子如何「向內看」，看到自己的力量。其實，跟別人比是很辛苦的，因為人與人是不一樣的，怎麼比得完？可是，如果孩子相信自己是特別的，他是會創造出自己所獨有的價值的。

以上列出的幾種現象，都是現實生活中存在的。家長們是否察覺到自己也有不同程度的不尊重孩子獨立人格的問題呢？出現這些問題有兩個基本原因：一是在部分家長身上殘留著封建家長制的餘毒，子從父命，「天下無不是的父母」，一切家長說了算；另一個則是情感沖淡理智，要不是嬌寵溺愛無度，就是施教言行無度。這些家長需要認真反思自己的教育思想和施教言行，認真想想「教育者必先受教育」的道理。

培養孩子的自我意識

小學一年級的小池提起學校的事情就興高采烈、得意洋洋，因為，他的成績非常優秀，經常考 100 分，所以，老師很喜歡他，同學也很羨慕他。

有一天，媽媽在教導他做功課的時候，小池開始煞有介事地介紹起自己同學的情況：「媽媽，我的同學好胖呀，他課業成績非常不好，跑步也跑不快，是我們班上的成績差的學生呢！」

「那你呢？」媽媽微笑著反問。

「我？」孩子提高了聲音：「這還用問嗎，我當然是班上的優等生了！老師經常誇我讀書很認真呢！」說完，孩子表現出很自信的樣子！

故事中，小池之所以把自己歸為優等生，是因為他已經有了強烈的自我意識，意識到了自身的優秀，這個時候，家長若能適當地加強這方面的調控引導，對孩子的成長將十分有益。

自我意識是指一個人對自己的認知，包括對自己和周圍人的關係的認知。自我意識在人的心理活動和行為中有著調節作用，是行為的強烈動機，他對孩子的心理發展意義重大。孩子怎樣認知自己，怎樣安排和處理自己同周圍世界以及同別人的關係，怎樣評價自己的能力，具有什麼樣的自我價值觀，樹立什麼樣的自我形象，直接地影響他們能否積極地適應社會、能否保持心理健康、能否在學業和生活中順利前進和發展。

培養與利用孩子的自我意識，可以有效地促進其學業與心理健康水準。一個具有良好自我意識的孩子，會在各方面表現出優秀的才能，更容易取得成功。反之，如果孩子在自我意識的發展中出現了不良傾向，又沒有及時調整，會使孩子的個性和行為發生偏離，以後矯正就困難了。所以家長應當注意培養孩子良好的自我意識。

要培養孩子良好的自我意識，家長應該做到以下幾個方面：

培養孩子的自我認知

通常來講，小學生要清楚準確地認知自我是比較困難的。儘管如此，也要逐漸引導孩子認知自己，因為童年時期的自我認知是成年後自我認知的雛形。家長引導孩子進行正確的自我認知，主要是要引導孩子解決兩個矛盾：孩子自己心目中的「我」與實際的「我」的矛盾；自己心目中的「我」與他人心目中的「我」的矛盾。

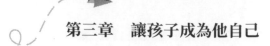

第三章　讓孩子成為他自己

　　引導孩子認知實際的「我」可以透過一些比較，使孩子逐漸對自己有準確的認知。家長可以讓孩子與過去的「我」比較，用筆記、攝影、錄音記下孩子的成長過程，過一段時間拿出來讓孩子看看、聽聽，讓孩子由此知道「我」的進步、退步或停滯。讓孩子與同齡的孩子比較，認知自己的發展狀況和能力水準，了解自己的長處和短處。讓孩子與成人和優秀人物比較，認知自己的差距，提升孩子進取的意識。讓孩子與比較活動前後的「我」，給孩子布置一些孩子做起來吃力，但經過努力可以完成的任務，使孩子了解自己潛在的能力。

　　引導孩子認知他人心目中的「我」，主要靠家長及時把聽到、看到的別人對自己孩子的評價和印象，以適當的方式告訴孩子，讓孩子知道他人對自己的看法。這些看法，孩子一般不易了解到，家長要做有心人，當好孩子的「耳目」。

培養孩子的自我評價能力

　　實驗研究表明：兒童形成自我評價能力的年齡在 3、4 歲之間。4 歲的孩子開始有一定的自我評價能力，能夠根據一定的行為規則來評價自己。5、6 歲的兒童絕大多數已經能夠進行自我評價。自我評價是自我意識的核心，它對於兒童道德品格的形成、道德行為的培養是極為重要的。家長應當為孩子創造自我評價的情境，促進孩子自我評價能力的發展。孩子的自我評價能力最初是根據成人對他的評價而形成的。

　　因此，家長對孩子的評價應當比孩子的實際情況略高一點，使孩子經過努力可以達到，這樣有利於培養孩子的自尊心和自信心，使孩子能夠用積極的、向上的要求來評價自己。另外，家長要安排一些孩子經過努力能夠取得成功的活動。成功的次數越多，孩子對自己成功方面的評價越高；成功的範

圍越廣，孩子對自己的全面評價也就越高。這樣有利於培養孩子自信、自我接受、勤奮、樂觀的個性，使自我意識中積極的成分占主導地位，因而促使孩子獲得更多、更大的成功。

教育孩子積極地接受與悅納自我

悅納自我是發展健全的自我意識的核心和關鍵。一個人先應該自我接納才能被別人所接納。只有在自我悅納的基礎上培養孩子自信、自立、自強、自主的心理品格，才能促進其發展自我和更新自我。

金無足赤，人無完人。無論是家長還是老師都可以透過古今中外的偉大人物在對待不足與缺陷時的事例，啟發孩子思考如何對待自己的不足與缺陷。應該讓孩子懂得：積極悅納自我就是要無條件地接受自己的一切，無論是好的還是壞的，成功的還是失敗的，有價值的還是無價值的，凡是自身現實的一切都應該積極地悅納，並且平靜而理智地對待自己的長短優劣和得失成敗，做到樂觀開朗，以發展的眼光看待自己。

創造條件、培養強烈的自信心

自信心是對自己積極、肯定又切合實際的自我評價與自我體驗，它在兒童日常生活中的重要性是不言而喻的。自信與自卑都存在著一種累加效應，越自信的孩子，越容易成功，越成功就會越自信。反之越自卑的孩子則越會導致更大的自卑。

◇ **透過集體活動逐漸培養自信心**：任何人都有被激勵的願望，這願望像一扇門，是從裡面反鎖的，鑰匙在每個孩子的心中，而教育者只有採用一定的措施讓孩子主動參與，才能使孩子打開心門，這些措施之一就是集體活動。利用週末讓孩子多參加集體性的活動，這些活動可大可小，因

地制宜，只要能做到「讓每個孩子都抬起頭來走路」即可。

✧ **讓孩子體驗成功**：從個人發展的角度來說，要創造一些可以達到成功的機會，使孩子相信自己的能力。這要從孩子的實際出發，用「低起點、小步子」的方法逐步實施。所謂「低起點」就是根據孩子的知識基礎和學習能力的水準，把孩子努力一下就可以達到的水準，確定為起點。我認為實驗小學的期中、期末考試出題的難易度把握就很好地展現了這一點，它使絕大多數學生在考完後都產生了一種積極的、成功的體驗。「小步子」就是把事情要求，按由易到難、由簡到繁的原則，分解成循序漸進的層次，把產生挫折事件的頻率減少到最低程度，因而使孩子層層有進步、處處有成功，不斷提升自信心和學習的動機。

引導孩子有效地控制自我

自我控制是人主動定向地改變自我的心理品格、特徵和行為的心理過程。有效地控制自我是健全自我意識、完善自我的根本途徑。因此，應該從小就要發展孩子的自我調節與自我控制能力，使他們儘早實現有自我教育的能力。培養孩子自我控制的能力應該做到兩點：

✧ **幫助孩子合理地定位理想自我**：理想自我是個人將來要實現的目標，在確立其內容時，要立足現實，從孩子自身實際出發，既不好高騖遠，也不將目標定得唾手可得，而應該是透過一定的努力可以實現的適宜的目標。

✧ **培養孩子健全的意志品格**：意志健全的人，在行動的自覺性、果斷性、自製力和頑強性等方面表現出較高的水準。而對自我的有效監督和控制，也離不開意志的力量。只有意志健全的孩子才能真正做到對自我的有效控制，因而最終實現理想的自我。因此自我意識的完善應該從培養

孩子的意志品格做起，這更多的是採用鼓勵的辦法，以增強他們承受挫折的能力，提升自控能力。

總之，自我意識在個體的成長和發展中有著十分重要的作用。採取行之有效的方法培養和提升孩子的自我意識將使他終身受益。

讓孩子自己選擇興趣

蕭衍對自己的同事說這幾天心煩極了，說是在與兒子生氣。

原來，這幾天北京來了幾個頗有名望的國畫家，蕭衍費盡周折托關係想讓一直學國畫的兒子與國畫家見個面，也好得到當面指導。可是，兒子說什麼也不買他的帳，竟然當著他的面把自己過去的作品撕了個粉碎，還嚷著說爸爸耽誤了他的大好時光……

蕭衍說著說著，氣得嘴唇都哆嗦起來了。

待蕭衍平靜下來，同事問他：「為什麼你兒子會這樣做呢？我覺得不應該是單方面的原因。」

蕭衍搔了搔頭，若有所思地說：「想想也不能全怪他，兒子小時候想學跆拳道，我沒同意。因為學跆拳道有什麼用呢？難道以後去打架？學畫畫怎麼說也是一門技能。但這孩子就是不懂事，學畫的時候老是跟我唱反調。」

其實，從不顧孩子的意願來安排他們未來這一點上說，對孩子就有失公平。

身為家長，我們應該尊重孩子的意願，從孩子的興趣出發，讓他們自由選擇學習方向，勇於對自己的選擇負責。否則，非但不能為孩子創造健康的成長空間，反倒會讓孩子遭到親情的「摧殘」。

事實上，每個孩子都有成功的可能，關鍵在於尊重孩子的興趣，及早培養孩子具備對事物的權衡能力，並幫助孩子找到自己的最佳才能區。孩子只

有選擇自己感興趣的學習方向，找到了最佳才能區，才能發揮最大的潛能。

　　有一位父親，當他看到自己的女兒不喜歡讀書，成績老是無法進步，就主動跟女兒商量：「孩子啊，看來妳得好好想想，看看自己將來究竟適合做什麼樣的工作。」

　　就這樣，女兒最終選擇讀高職，畢業後做了會計。現在，她成了行業內小有名氣的財會能手，生活得很快樂。

　　這個故事告訴我們，興趣是讀書的內驅力，一個人只有對所學的活動感興趣，才能產生無窮的力量，最終獲得成功。

家長如何幫孩子選擇自己的興趣

　　孩子要選擇自己的興趣，家長不妨參照以下幾個方面，放手讓孩子自己作決定。

- ✧ **坐下來和孩子談一談**：想要了解孩子的內心世界、知道孩子真正的想法，就要先坐下來和孩子一起商量、討論，看看孩子的興趣在哪裡。也許你會發現自己其實並不十分了解孩子。孩子會有自己的想法和主意，應該尊重孩子。

- ✧ **鼓勵孩子學習一樣新的技能**：比如你的孩子特別擅長體育運動，那麼不妨勸他學學音樂或者繪畫。告訴孩子，一個人應該有多方面的發展，不同領域會帶給你不同的知識和技能，應該盡量讓自己成為一個多面手。

- ✧ **觀察孩子的興趣所在**：年齡比較小的孩子可能還說不出來自己到底對什麼感興趣，那麼家長應該在平常注意觀察，透過一些課外活動，可以看出自己孩子的興趣所在。

家長如何幫孩子培養自己的興趣

因為孩子的可塑性強，所以，對於孩子來說，興趣還是可以培養的。而要培養孩子的興趣，家長應該做到：

- ◇ **創設環境，培養興趣：** 家長要尊重兒童的自然發展規律，為兒童的充分發展提供條件。兒童的潛能如同種子，只要有適宜的外部條件，它就會生根、發芽、長大。環境是孩子萌發興趣的基地，因此家長要多製造機會、創設環境讓孩子萌生、培養他們的興趣。不定在給孩子一支蠟筆、一架琴的瞬間就造就了一位藝術家呢！

- ◇ **開發潛能，培養所長：** 每一個正常人都具備多種潛能，只是發展的程度和組合的情況不相同。如果在孩子早期能發現其潛能的長處與不足，並適度的發展或彌補其能力，就能幫助他發展個人潛能、激發興趣、培養能力。因而早期教育非常重要，開發潛能、培養興趣多是在幼兒時代。家長應注重引導，孩子是自己塑造自己的，要讓兒童自己開發自己的潛能，展現兒童的主體地位和家長的引導作用，側重培養孩子的真正興趣愛好。

- ◇ **循序漸進，適度發展：** 育人如同種農作物，不能急功近利，追求速度。培養孩子的興趣應循序漸進，不能違背兒童成長的自然規律。在這個過程中，要看到孩子的進步，一點一滴地表揚他鼓勵他；同時還要讓孩子感受到自己的進步，多採取一些方法，如把作品保存下來，讓他自己看看、聽聽，自己比較，體驗進步；讓孩子給家長或別的小朋友當小老師，促進其興趣的發展；在適當的場合給孩子一個展示自我的機會。讀書的過程中，要注意保護孩子的自尊，讓孩子樹立自信心。

✧ **持之以恆，注重性格、品德的養成**：不論學什麼，都必須經歷一個過程，不應過分追求成材的速度。在培養孩子興趣的過程中，同時應注意孩子性格、品德等的養成，訓練孩子的恆心和毅力，培養孩子虛心好學的品格及戒驕戒躁的品德。

✧ **期望值不要太高**：很多家長對孩子的期望很高，認為培養孩子的目的就是為了成名成家。家長應該走出迷思，從培養孩子的底蘊出發去培養興趣，比如學習音樂應以音樂為手段，培養孩子心靈的美感、對音樂的興趣和欣賞的能力，陶冶其情感，激發智力和創造性，以發揮音樂活動對兒童身心兩方面發展的特殊功能。

每個孩子都有自己的理想

曾看過這麼一個故事：

一艘貨輪卸貨後返航，在浩瀚的大海上突然遭遇巨大風暴。

老船長果斷下令：「打開所有貨艙，立刻往裡面灌水。」

水手們擔憂地問：「往船艙裡灌水是險上加險，這不是自找死路嗎？」

船長鎮定地說：「大家見過根深幹粗的樹被暴風刮倒過嗎？被刮倒的是沒有根基的樹。」

水手們半信半疑地照著船長的話做了。雖然暴風巨浪依舊那麼猛烈，但隨著貨艙水位越來越高，貨輪漸漸地平穩了。

船長告訴那些鬆了一口氣的水手：「一隻空木桶，是最容易被風打翻的。如果裝滿水負重了，風是吹不倒的。船在負重的時候是最安全的，空船才是最危險的。」

如果把孩子比作人生大海的一艘航船，那麼，孩子的理想就是船裡的

「水」，有了理想的孩子才能在人生的大海中乘風破浪，馳向成功的彼岸！身為家長，我們的責任應該是幫助孩子確定他們的人生目標和理想。

青少年期是孩子理想最活躍和尋求實現理想道路最積極的時期，在青少年期孩子們可塑性很強，在現實複雜的環境中，可能奠定各式各樣理想的根基。因此，家長應與學校配合，了解孩子的理想，珍惜孩子的美好願望和追求，鼓勵孩子實現理想。具體的做法如下：

為孩子樹立正面榜樣

由於孩子最初的道德理想是從英雄榜樣身上得到的，再加上少年期的孩子有較強的模仿性，所以為孩子樹立正面的榜樣十分重要。

大物理學家赫茲（Heinrich Hertz）從小在叔叔身邊接受了很好的啟蒙教育。不幸的是，小赫茲 8 歲那年，年僅 37 歲的叔父就去世了。出殯那天，世界上許多著名學者不遠千里前來弔唁，甚至連皇帝、皇后也親自趕來送殯。母親拉著赫茲的手，指著長長的出殯隊伍說：「你叔叔獻身科學事業，受到全世界人們的無限敬仰。你要好好地向叔父學習呀！」

赫茲把母親的話銘刻在心。從此，他一有空暇就閱讀叔父遺留下來的書籍和日記，每遇挫折時不屈不撓。功夫不負有心人，他最後終於成為著名的物理學家。

在今天社會中，因為我們的社會和家庭樹立正面榜樣不力，流行文化無孔不入，許多青少年把港臺歌星作為偶像，願望和追求出現了較大的盲目性。因此，為了給孩子樹立一個正面的榜樣，家長可以引導孩子閱讀英雄模範、先進人物的書籍，觀看有關影視劇，讓這些英雄模範和先進人物成為孩子的榜樣，從中樹立起要成為這樣一個人的願望，以推動孩子努力學習。

第三章　讓孩子成為他自己

讓孩子明白理想要符合社會和個人的實際

　　少年期的孩子富於想像，理想較為浪漫，幻想的成分較多，且往往「見異思遷」。今天讀了某位科學家的傳記，就立志要當科學家；明天覺得世界冠軍很了不起，又希望成為運動員；聽了一場某歌星的演唱會，又發誓要當歌唱家。對於孩子的這些願望，家長千萬不要潑冷水，更不要去嘲諷，而要不斷地去啟發引導，讓孩子明白理想的實現是受社會政治、經濟和個人的自身素養制約的，只有那些符合個人和社會實際的理想才可能實現，否則就只能是空想。

鼓勵孩子去實現自己的理想

　　對孩子的美好願望和追求要多鼓勵和支持，切忌諷刺、挖苦。

　　一天晚上，萊特兄弟在大樹下玩耍，他們看到天上有一輪圓圓的月亮，覺得又亮又好玩，就商量要把月亮摘下來，放在房裡當燈用。

　　於是，兄弟倆就開始脫掉鞋子，爬上高高的大樹，希望站在樹上把月亮摘下來。但是，當他們快爬到樹頂的時候，一陣風吹動樹枝，把弟弟從樹上搖落下來。幸運的是，他被一根樹杈鉤住了衣襟，後來是爸爸把弟弟抱了下來。

　　爸爸一邊給孩子包紮傷口，一邊對他們說：「你們想摘下月亮的想法很好，但月亮並不是長在樹梢上，而是掛在天空中。想要摘到月亮，你們就應該造出一種會飛的大鳥，騎上它到空中去摘月亮。」

　　父親的鼓勵在年幼的萊特兄弟心裡留下了深刻的印象，後來，他們果然造出了會飛的「大鳥」 —— 飛機。可見，家長的鼓勵對於孩子理想的實現有著重大的意義。

　　正所謂「千里之行，始於足下」，身為家長，要把遠大的理想和當前的

行動連繫起來，幫助孩子制訂出各階段切實可行的小目標，一步一個腳印地去實現自己的理想，以增強他們對於學業的責任感、迫切感。

家長不要把自己的理想強加到孩子身上

生活中，有一些家長在自己年輕的時候，因為某些原因不能實現自己的願望。現在終於有了自己的孩子了，於是，總有意無意地把自己的理想嫁接到孩子身上，希望孩子能夠代替自己實現願望。這種做法只會適得其反。

王彥是高三學生，他的課業成績不錯，但他對畫畫更有興趣，他的理想是考入美術系。這原本是一件好事，但王彥的爸爸無論如何不同意王彥學藝術，他認為男孩子應該學理工，只有那些沒有出息的人才會選擇做藝術。最重要的是王彥的爸爸心中有一個未盡的理想，他年輕的時候成績也不錯，但高考的時候因為身體不適，與自己理想的大學 —— 清華大學失之交臂。按照王彥爸爸的意思，王彥應該考清華大學。為此，父子倆鬧翻了。

為了反抗父親的專制，學測前夕王彥離家出走了。

最終，王彥的理想沒有實現，而王彥爸爸欲將自己的理想強加到王彥頭上的希望也落空了……

生活中，像王彥爸爸這樣的家長不在少數，他們認真工作，再苦再累，只要孩子能完成自己未盡的夙願，要他們做什麼都願意。可是，這些家長忽略了一個事實：你曾經的理想是你自己的，你的理想不代表孩子的理想，家長沒有權利把自己的理想強加到孩子頭上。這種做法對孩子來說是非常不公平的。畢竟，孩子也有屬於他自己的理想與抱負，他們沒必要因為背負上一代的理想與希望，而放棄自己的理想與希望。因此，身為家長，不管你曾經的夢想有多麼輝煌與崇高，都不要強加在孩子身上，讓他們為自己的理想去努力吧！

在親身經歷中培養孩子的理想

對於孩子來說，再沒有什麼比自己親身體驗、親身經歷更有說服力了。因此，要讓孩子實現遠大的理想，家長應該讓孩子親身去體驗實現理想帶來的榮耀與震撼。

畢卡索 3 歲半時，父親的朋友、歐洲著名畫家安東尼奧抵達他們所在的馬拉加市，馬拉加市為他舉行了盛大的歡迎儀式。身為市立博物館館長的父親專程帶上了小畢卡索參加歡迎儀式。從此畫家的神聖地位在小畢卡索心中留下了深刻印象，他因此喜歡上了繪畫。

此外，家長還應該告訴孩子，實現理想不會總是一帆風順，會遇到各種困難。家長要教育孩子在困難面前勇於說「我能行！」培養孩子帶著微笑看世界的心理品格。

「我行」與「我不行」雖然只有一字之差，卻有本質區別。因此，家長的責任不僅僅是幫孩子點燃理想的火花，還要培養他們戰勝困難的自信和勇氣，讓他們勇敢地迎接肩負未來的重擔。

▌培養孩子的責任心

責任心是指一個人對自己、對家人乃至對社會應盡的責任的認知和態度。它是一個人成功路上必不可少的品格，更是當今人才選擇的一項重要指標。加強孩子責任心的培養，對孩子將來事業成功、生活幸福是有很大幫助的。前蘇聯教育家馬卡連柯（Anton Makarenko）就曾明確指出：「培養一種認真的責任心，是解決許多問題的教育手段。」

一個有責任心的孩子，才會去努力，也才會有發展。有了責任心，孩子做事才會慎始而善終，不會因一點小挫折就產生懈怠的情緒，導致半途而廢或事事依賴家長，這對於培養孩子的獨立性，具有舉足輕重的作用。然而，

責任心的缺乏卻是現在孩子在成長過程中普遍存在的問題。

趙樂樂是家中的獨生子，在家百般受寵，從小過慣了「飯來張口，衣來伸手」的日子。

現在，樂樂已經是小學四年級的學生了，可是，他依然什麼事情都不會做，連削鉛筆、整理書包、穿衣服、綁鞋帶這樣的小事都還由媽媽和奶奶代勞。

樂樂把這種惡習帶到了學校中，班上的事情，他從來都不管、不顧，有什麼事情問他，他也總是一問三不知，有些時候甚至不知道自己當天的作業是什麼。輪到他當值日生，但他還沒放學，就已經跑得不見蹤影了，老師批評他，他也總是擺出一副滿不在乎、不負責任的模樣，翻了翻白眼，漫不經心地說：「關我什麼事情呢？我是來學校讀書的。」

由於樂樂太沒責任心，所以同學們都不喜歡他，而他的成績更是差得讓人吃驚……

對此，爸爸媽媽困擾極了，他們不知道為什麼自己的孩子會是這個樣子。

其實，每個孩子的成長都深深地烙印著成人教育的痕跡，孩子之所以沒有責任心，與家庭的教育有很大的關係。歸納起來，導致孩子養成不負責任的性格有以下幾個方面的原因：一是家長們過度的代理控制和過分保護。家長們過度代理控制孩子，讓孩子習慣於讓父母替自己做決定，沒有為自己負責的意識；而家長們的過分保護同樣讓孩子因為缺乏鍛鍊，所以喪失了自己負責的能力。二是父母不良、消極的行為榜樣的影響。父母自己缺乏責任心，喜歡推卸責任。孩子的責任心是從家庭的環境中來的，一個孩子在缺乏責任心的環境中成長起來，他又怎麼可能有責任心呢？三是孩子對責任心認知不清，甚至錯誤地認為所謂的責任，那是別人的事情，跟自己無關。

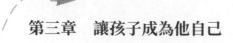

第三章　讓孩子成為他自己

　　對孩子來說，什麼事情跟自己有關呢？比如作業認真完成，上課專心聽講，班上的日常事務要做好，家裡自己能做的事情自己做，這些都是責任。如果沒有完成好，就說明沒有責任心。

　　故事中的樂樂之所以缺乏責任心，是以上幾個原因綜合而成的。因此，若要你的孩子變得有擔當，變得優秀起來，家長應該從小培養孩子的責任心。而要培養孩子的責任心，家長必須讓他們養成對自己的行為結果負責的習慣。具體的做法如下：

◇ **讓孩子學會自己的事自己做**：培養孩子的責任心首先就要求家長放棄對孩子的溺愛，讓孩子去做一些他力所能及的事情，讓孩子去為自己多承擔一些責任。

◇ **讓孩子品嘗挫折、學會承擔**：孩子處於成長之中，對一些事情表現出沒有責任感也是正常的，因為許多時候他不知道責任是什麼，所以為了培養孩子的責任感，家長可以適當地讓孩子品嘗一下辦事情不負責任的後果，教孩子如何去面對並接受這次失敗的教訓，從中獲得成長。如孩子在學校違規受罰，一定要支持老師的做法，不要想方設法去替孩子解圍。孩子接受到懲罰的後果，同時承擔能力也就增強了。

◇ **給孩子一個好的榜樣**：孩子對自己喜歡和崇拜的人有模仿的心理傾向，而父母在小孩子心目中一般都具有絕對的權威。父母的言行舉止對孩子的影響是深遠的、巨大的。家長的一些所作所為，孩子是看在眼裡、記在心上。父母只有在生活中嚴於律己，給孩子做好表率，才能更好地去影響和教育孩子。

◇ **約定責任內容**：家長應該和孩子約定責任的內容，讓孩子明白該做什麼、怎樣做，否則將會受到哪些懲罰。孩子做事往往是憑興趣的，要讓孩子對某件事負責到底，必須清楚地告訴他做事的要求，並且與處罰連

繫在一起。如把洗青菜的家務全權交給孩子，要是沒做好便不能吃所有的菜。這樣，孩子才知道一個人是要對自己的行為負責的。

✧ **不要讓孩子逃避推卸責任**：要培養孩子的責任感，家長應當要求孩子勇於對自己的言行負責，不論孩子有什麼樣的過失，只要他具備承擔責任的能力，就要讓他去勇敢地面對，不能讓他逃避和推卸，更不能由大人出面解決。比如孩子損壞了別的孩子的玩具，家長就應要求孩子自己去幫人修理或照價賠償；孩子一時衝動打傷了人家，家長就應要求孩子自己去登門道歉，並鼓勵孩子去照顧被打傷的孩子等。

✧ **要求孩子做事有始有終**：良好的責任心是要靠堅強的意志力和持之以恆的態度來維持，而這恰恰是許多孩子所缺失的。孩子好奇心很強，興趣愛好很廣泛，但是缺乏堅持性、自製力，遇到一點困難和挫折就容易打退堂鼓，不願意再堅持下去。這是孩子在成長中的問題，而非孩子沒有責任心。因此，為了增強孩子的責任心，家長平時就應當注意培養孩子做事有始有終、負責到底的良好習慣。

總之，責任心並非與生俱來，它需要在長年累月的生活中逐漸培養。無論在何時、何地，家長都要學會在點點滴滴的小事中培養孩子的責任心，讓孩子充當一些有意義的角色，使他們感到自己的行為對集體所產生的重要性，增強孩子的主人翁責任感。這樣，孩子才會變得越發有責任心起來！

▌給予孩子選擇朋友的權利

每個孩子在成長過程中，都是需要朋友的，朋友是孩子童年時期最重要的夥伴。在群體中成長起來的孩子，比那些只生活在個人小圈子裡的孩子往往更健康、更活潑，也更加開朗、自信。

第三章 讓孩子成為他自己

　　然而，許多家長出於「近朱者赤，近墨者黑」的顧慮，再加上現今社會上小團體、黑社會及青少年問題日益嚴重，很多家長在孩子結交朋友一事上都甚為擔心，生怕他們交上壞人，影響一生。因此，總是百般限制孩子與其他孩子交往。

　　事實上，社會的情況令人憂慮是可以理解的，然而家長因自己惶恐而盲目限制孩子交朋友的做法是不明智的，更不能從根本上解決問題。因為，孩子需要透過接觸朋友，學會分享及適當地競爭。而青春期的孩子，更需要透過朋輩相處建立其自我形象。因此，要求孩子放學後立刻回家或禁止孩子在假日與朋友交往，都直接剝奪了他們學習獨立、建立自我及磨練社交技巧的機會。再者，青少年渴望獨立，也需要從生活中累積經驗，因而為將來進入成年期奠定基礎。若父母過分壓抑他們，結果只會引來更大的反叛或更多的依賴。

　　其實，讓孩子自己選擇朋友，有很多好處。

　　首先，給孩子自己選擇朋友的權利，不僅可以讓孩子感覺到父母對他的尊重而更加信賴父母，而且還可以促進孩子之間的友誼和交往，促使他們互相學習，克服自己的缺點。

　　毛小丹有一個壞毛病，就是自己的東西總是亂扔，結果到用的時候怎麼都找不到。後來，她認識了鄰居家一個叫芊芊的小女孩，兩個人經常在一起玩。小丹的媽媽發現芊芊非常愛乾淨，自己的東西從來都是整理得井井有條。於是，媽媽問小丹：「妳和芊芊是好朋友嗎？」

　　「當然是啊！」小丹回答媽媽。

　　「好朋友就應該互相學習，妳看芊芊多愛乾淨，總是把自己的東西收拾得整整齊齊，妳能做到嗎？如果妳做不到，芊芊可能就不會和妳做好朋友囉！」

後來，小丹果然改掉了亂扔東西的壞習慣，自己的東西也收拾得整齊多了。

其實，孩子之間的互相學習跟大人在交往中互相學習是一樣的，只不過孩子們的學習比較簡單和直接罷了，而這恰恰是孩子們所需要的。

其次，讓孩子自己選擇朋友，可以培養孩子的社會適應和交際能力。

在孩子們的遊戲中，常常透過「手心、手背」的方法決定由誰「當皇帝」、「當大將」、「當壞蛋」……這是一種簡單的機會均等的民主手段，卻可以培養孩子們「少數服從多數」的民主思想。孩子們常在一起玩「扮家家酒」的遊戲，扮演不同的角色，再現家庭生活中的各種情景，買菜、做飯、睡覺、掃地以及娶媳婦、拜訪親戚等。這是成人社會現象在兒童社會中的反映，孩子們在「扮家家酒」中了解了很多社會知識，也鍛鍊了初步的社交能力。再如，孩子們常常為了一個問題爭論得面紅耳赤、不可開交，不管問題解決得是否合理，他們的認知總會前進一步，這也是學習社會的一個過程。如果孩子沒有朋友，這一切都是不可能的。

再次，讓孩子選擇自己喜歡的朋友，可以克服孩子過強的個體意識。

朋友之間的群體生活可以克服孩子以自我為中心的毛病，讓他們遵從群體活動規則，了解到每個人的權利和義務。如果只顧自己，就會受到朋友的排斥，小朋友會看不起他，不跟他玩，這將會促使孩子最終向群體規範「投降」。合群是人的重要品格和能力，這是家長無法口授給孩子的。

總之，在孩子成長的過程中，朋友發揮非常重要的作用。

在孩子交朋友的時候，家長不妨從以下幾個方面入手：

✧ **不要刻意地為孩子選擇朋友**：父母為自己的孩子選擇的朋友多半是老實、聽話、膽小的孩子，和這些孩子玩，父母似乎可以放心一些，不必過分害怕什麼石頭砸傷了腦袋之類的事故。但是如果自己的孩子在環境

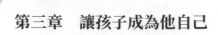

中遇到了那些胳膊粗、力氣大、甚至是好欺負小孩子的大孩子時，他們會怎樣呢？他們會不知所措，不知如何保護自己。而且會因此對外界的環境感到害怕，有的孩子甚至會因此封閉自己，不敢結交朋友，寧願自己一個人玩或請大人陪自己玩。

✧ **要讓孩子自己結交夥伴**：對成人來說，和朋友的關係以及友誼的形成，表示一個人是否適應社會，是否成熟。如此說來，孩子就更要從小學習結交朋友。父母應該引導他們進入一個愉快而又適宜的團體，而不要代替他們。當孩子在與小朋友們發生糾紛時，父母尤其不要代替他們思維，代替他們分析，代替他們和夥伴「算帳」，否則無疑將把自己的孩子推到孤立的地位，使孩子產生依賴性，覺得有父母為堅強後盾，遇到什麼麻煩都可以回到父母身邊尋求庇護，這對孩子極為不利。

✧ **要歡迎孩子的朋友到家裡來玩**：對孩子的朋友要像對自己的朋友一樣，採取熱情歡迎的態度。當小朋友來家裡時，家長應該說「我們家有客人來啦，歡迎歡迎」，或者說「真高興我的孩子有你們這樣的朋友，你們能來太好了！」而且要鼓勵孩子認真接待，讓孩子的朋友感覺到你們對他的支持和賞識。孩子缺乏朋友的時候，可以帶孩子一起到外面旅行或者一起參加某項活動來擴大孩子的交友範圍。

✧ **給孩子多一點關心**：當孩子在結交朋友時受到了冷淡，遭到嘲笑、排斥時，父母應該及時地給予關心，並解除孩子心理上的懷疑等，讓孩子勇敢地再次接觸朋友，並從結交朋友的過程中增長才智！

孩子的社交生活是他們自己的一片天地。家長儘管大膽地放開你的雙手吧！孩子會在你的幫助下，從一個個朋友身上汲取友愛的營養，並從錯誤中學會如何選擇真正的朋友，信心十足地把持好自己今後的社交生活。

▋責備不如跟孩子講道理

　　一位兒童心理學家曾對父母的責罵是否對孩子成長有所影響進行過研究，他把父母責備孩子的不良態度分為下列幾種，並且舉出了一些會使孩子變壞的責備方式：

◇ **難聽的字眼**：傻瓜、騙子、不中用的東西。

◇ **侮辱**：你簡直是個飯桶！垃圾！廢物！

◇ **非難**：叫你不要做，你還是要做，真是不可救藥！

◇ **壓制**：不要強詞奪理，我不會聽你的狡辯！

◇ **強迫**：我說不行就不行！

◇ **威脅**：你再不學好，媽就不理你了！你就給我滾出去！

◇ **央求**：我求你不要再這樣做了，行吧？

◇ **賄賂**：只要你聽話，我就買一輛自行車給你；或者只要你考到 100 分，我就給你 100 元。

◇ **挖苦**：洗碗，你就打破碗；真能幹，將來還要成大事呢！

　　這種惡言惡語、強迫、威脅，甚至挖苦，都是父母在氣急了的時候，在恨鐵不成鋼的情況下，訓斥子女時常採用的方法。但是，它們通常也是最不能被孩子，尤其是被那些反抗性或自尊心強的孩子所接受的。它們不但不能把孩子教好，反而會把事情弄僵，在不知不覺中給予孩子不良的影響。至於央求和用金錢來誘惑的方法，更是只會把孩子引上邪路。

　　心理學研究表明：破壞性的批評與責備是扼殺孩子自尊心和自信心的最重要的殺手。在父母一次次的斥責聲中，孩子會漸漸習慣這些詞語，因而變得麻木不仁，缺乏自尊心，成了所謂的木頭人。這種人最容易被大眾所遺忘、無視甚至踐踏，人緣自然是奇差無比。這正如有人指出的：「那些被認

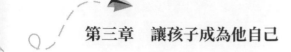

為沒有自尊心的孩子,是外界沒有給他們提供使自尊心理健康發展的良好環境。他們的自尊心是殘缺的、病態的,他們是斥責教育的受害者。」

我們很多家長總認為批評、斥責孩子是為了管教孩子,而管教孩子就是為了讓孩子聽話,因此,經常強迫孩子照父母的話去做,否則就開始聲討。這很容易使孩子變得被動、依賴,遇事只會等待大人的指令,不敢自行做出判斷,唯恐做錯事情遭到斥責,這不僅會影響孩子獨立性的發展,對孩子的思維能力和創造力的培養也極其不利。

從表面上看,遭到斥責的孩子很快表示服從,似乎問題得到了解決。但事實上,孩子記住的只是斥責給自己帶來的痛苦體驗,而對自己的過錯行為本身卻很少自我反思,因此斥責反而會削弱孩子自我教育的能力。

斥責孩子時的注意事項

為了避免斥責帶來的負面效應,父母要盡量少斥責孩子,確有必要斥責時應注意以下幾點:

✧ 讓孩子知道自己錯在哪裡。由於孩子年齡小,知識經驗少,能力有限,因此常常會惹出這樣那樣的事端來,父母應實事求是地加以評價,講講道理,同時更應幫助孩子分析原因,引導他自我反省自己到底哪裡做得不對。

✧ 批評孩子要就事論事。批評孩子時,不要讓孩子有一種新帳老帳一起算的感覺。說話要切合實際,避免說教,掌握好分寸。因為及時處理,有助於條件反射的建立,刺激的強化,教育效果顯著,不要等過了時候再處罰,此時孩子可能已經忘了自己曾做了什麼。

惡語相譏、打罵等方法只能讓孩子作出服從表象,而不能做到心服口

服。另外，經常受打罵的孩子長大後往往會表現出暴力傾向。

✧ 告訴孩子正確的做法。負責本身只是一種教育手段，而不是教育的目的，教育的目的是為了使孩子今後不再犯同樣的錯誤。因此，父母在斥責孩子的同時還要耐心地教孩子做事的方法，最好的方式是暗示，讓孩子自己去思考、去判斷，透過自己的努力加以改進。

✧ 尊重孩子的人格。在大人眼裡，往往覺得孩子小，什麼都不懂，其實他們對周圍的人和事會有自己的認知方式和情感傾向，也需要別人的理解和信任。我們只有尊重孩子，用科學民主的方法對待他們，才能把他們培養成有高度自尊心和責任感的人。因此，斥責孩子時一定要注意場合和分寸，切莫在大庭廣眾之下訓斥孩子，也不要說粗魯、譏諷孩子的話。

✧ 對於孩子的評價，家長應做到不事聲張。有這樣一個故事：
戰國時期的官員黃喜微服私訪，路過田間，看到農夫駕著兩頭牛正在耕地，就大聲問：「這兩頭牛，哪一頭更棒？」農夫一言不發，到了地頭，農夫才在黃喜耳邊小聲說：「邊上的那頭牛更棒些。」黃喜很奇怪，問他為何這麼小聲說話？農夫回答：「如果我大聲說這頭牛真棒，它們能從我的眼神、手勢、聲音裡分辨出我對它們的評價，那頭雖然盡了力但不夠優秀的牛心裡會難過。」
這則故事頗令人反思，對於一頭牛的評價農夫都能做到不事聲張，那對於我們的孩子呢？是否更應該如此？如果我們的家長能夠關注到孩子的「自尊心」，對於犯了錯誤的孩子能抱一種寬容的態度，那麼，我們的孩子是否會變得更加自尊呢？事實是肯定的。

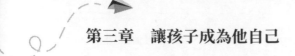

第三章　讓孩子成為他自己

給孩子講道理的注意事項

對於那些犯了錯或者表現不好的孩子，家長與其責備，不如跟孩子講道理！跟孩子講道理應注意以下幾點：

✧ **要充分肯定孩子的長處**：俗話說：「數子十過，不如獎子一長。」跟孩子講道理，應充分肯定孩子的長處，對孩子的進步給予及時的表揚和鼓勵，在此基礎上再對孩子的過錯予以糾正，這樣孩子就容易接受大人的意見。如果一味地數落孩子，責怪孩子這也不是那也不對，只會讓孩子產生自卑心理和叛逆心理。

✧ **所講的道理要合理**：跟孩子講的道理應合情合理，不能信口胡說，也不能苛求孩子。因為大人信口胡說，孩子是不會服氣的；大人的要求過分苛刻，孩子是辦不到的。比如生活中有的父母自己喜歡吃零食，卻對孩子大講吃零食的壞處，如此，孩子是不會聽從的。

✧ **要給孩子申辯的機會**：跟孩子說理時，孩子可能會對自己的言行辯解，大人應給予孩子申辯的機會。應該明白，申辯並非強詞奪理，而是讓孩子把事情講清楚講明白。給孩子申辯的機會，孩子才會更加理解你所講的道理，使教育收到良好的效果。

✧ **要了解孩子的情緒狀況**：孩子和大人一樣，情緒好時比較容易接受不同的意見，不高興時則容易偏激。因而跟孩子講理，要充分了解孩子的情緒狀況，在其情緒較好時，對其進行教育，若在孩子情緒低落時跟他說理，是不會奏效的。

✧ **在實際情境中給孩子講道理**：對於年紀比較小的孩子，跟他講道理他可能會聽不懂，而對於大一點的孩子，道理太多反而讓他覺得心煩。因此，家長可以在實際情境中給他們講道理，他們才會越來越懂事，例

如，孩子搶小朋友的玩具時，問問他：「如果別人搶你的玩具，你會不會不高興？」讓他明白自己的行為會如何影響別人。對年紀大一點的孩子，家長可以直接問：「如果我也是這樣做的，你會覺得如何呢？」讓孩子學會換位思考，站在別人的立場上考慮問題。在實際情境中跟孩子講道理比單純地說教效果更加。

此外，透過故事跟孩子講道理也是一種效果較好的教育方式。

第三章　讓孩子成為他自己

第四章
有學習力的孩子才有競爭力

「學習力」指的是學習動力、學習毅力、學習能力和學習創新力的總和，是人們獲取知識、分享知識、使用知識和創造知識的能力，是動態衡量一個組織和個人綜合素養和競爭力強弱的真正標準。

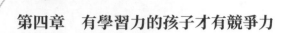

孩子為什麼拒學

　　每一位家長都希望自己的孩子聰明好學、學有所成，但現實是不少孩子一上課就無精打采，一寫作業就發愁，一提到讀書就頭痛，更有甚者到了曠課、翹課的地步。為此，家長們苦惱不已，好好的孩子為什麼會產生拒學的情緒呢？到底是哪一個環節出了錯？

　　其實，孩子因課業壓力大等方面的原因產生拒學的情緒並不可怕，可怕的是這種情緒的持久性，如果孩子總被拒學的情緒困擾，那麼不但會直接影響到讀書的品格和課業的成績，而且還會影響孩子的前程。想要幫孩子擺脫拒學情緒，當務之急是要找到孩子拒學的癥結所在，然後根據原因來採取對策。

孩子拒學的常見原因

　　那麼，造成孩子拒學的原因究竟都有哪些呢？據專家研究分析，主要有以下幾個方面：

◇ **孩子的生理原因**：孩子生病、女孩的生理期等都可能成為拒學的原因，但這時不是表現為對整個上學過程的厭倦，大多是暫時的或者是週期性的，只要稍加關懷、體貼、指導，拒學情緒就會減輕或消失。

◇ **缺乏學習興趣**：學習興趣是學習需要的情緒表現形式，是個體對學習活動或學習對象的認知或傾向，是直接指向於學習活動本身的學習動機，是影響學習動機的內部價值因素之一。缺乏學習興趣表現為對學業沒有內在的需要，因而導致拒學。但是，缺乏學習興趣並不是孩子與生俱來的，而是在學習過程中感受到學業對自身的價值而逐漸形成的。

◇ **缺乏正確的學習目標和學習動機**：學習動機不正確、內驅力不足、沒有目標等是引起拒學的重要因素。因為缺乏正確的學習目標與學習動機，

孩子讀書沒有動力，他們不知道自己為什麼而讀書、該怎樣去學，更有甚者，還有一些孩子認為自己是為父母而讀書的，讀書就是為了完成父母交給自己的任務。這樣一來，學業就成了他們的一種負擔。在這種情況下，他們只要一遇到一點點困難與挫折，就會喪失信心，對學業產生逃避的想法！

✧ **缺乏良好的學習習慣和學習方法**：某些孩子的基礎差，學習自覺性低，同時又缺乏良好的讀書方法與讀書習慣，這導致他們的課業成績差。因為課業成績差，他們經常遭到同學的嘲笑、鄙視，家長、老師的責怪與不諒解，如此惡性循環，孩子對讀書產生了厭倦的心理，拒學就成了情理之中的事。

✧ **挫敗感導致拒學**：多次的失敗使得孩子認為無論自己怎樣努力卻總是失敗，因而使得孩子產生一種無助感的心理，導致自我效能感低下。這裡的自我效能感是指人們對自己是否能夠成功地完成某項活動的主觀估計。一旦孩子出現這種心理狀態，就會採取「無所謂」、自暴自棄的態度，表現出消極情緒，導致拒學。

✧ **沒有體驗到讀書為自己帶來的成就價值**：成就動機是指個人為力求成功地完成某種有價值的活動的內部動力，而成就價值就是在這種動力上建立起來的對於某種活動的成就體驗。拒學的孩子對失敗感到羞愧的程度偏高，而對成功卻不怎麼感到驕傲，不能正確認知和評價自己在學習過程中的波折，讀書缺乏信心。

✧ **因厭其師而倦其道**：現實中，有不少學生的總體素養較好，但由於教師的教學不當、態度粗暴、說了刺激的話、處理事情不公正等方面的原因，引起孩子反感，使孩子因反感老師而討厭上這位老師的課，極力迴避與老師的接觸，最終發展到對某一科目的拒學。這種拒學往往具有學

科特點，不具有整體性。但時間久了，同樣會影響到其他學科的學習，所以值得家長們注意！

✧ **家長要求不當**：家長要求太嚴、太高或太鬆，都可能導致孩子拒學。而大多數家長對孩子的要求通常都是太高、太嚴格，為了孩子有一個好的前程，許多家長拚命給孩子施加壓力。繁重的學習任務和精神壓力，以致孩子不能承受，最終對學習失去興趣，產生了拒學的情緒！

✧ **人際交往問題**：有些孩子由於性格的原因，在人際交往方面較差，不能正常地與同學交往，經常與同學之間產生衝突又不能很好地處理，最後導致同學們都不喜歡與他交往，缺乏同齡夥伴的關心，因而感到在學校沒意思，因此產生了拒學心理。再者，有些年齡較小的孩子因受到大同學的威脅而又不知該如何處理，因而對學校生活產生了恐懼，開始逃避上學，最終也會產生拒學的心理。此外，結交不良朋友也是導致孩子拒學的原因之一。

✧ **外界的誘惑**：交友不當、黃色誘惑、不良迷戀等也是構成孩子拒學的主要因素。這要引起各位家長的足夠重視，及時消除隱患，正確引導，以防止孩子萎靡不振。

以上種種因素都是導致孩子拒學的根源，嚴重干擾著孩子對知識的學習和對人生的追求，阻礙和影響著孩子的健康成長。對孩子的拒學情緒，放任自流和粗暴對待都是極不理智的，甚至還可能會激化這種情緒。建議家長們要以關心、信任和尊重代替冷漠、壓制和強迫，在積極引導中讓孩子們擺脫拒學情緒的困擾。

家長對有拒學情緒孩子的正確做法

◇ **幫助孩子制訂出透過努力所能實現的目標**：學習動力來源於學習目標、
興趣、動機，目標越大、興趣越濃、動機越強，動力就越大，這是學習
的動力來源。孩子有一個適合自己的學習目標，就能在實現目標的過程
中逐漸體會到成功的喜悅，因而產生自信心。

在幫孩子制訂目標的時候，要注意目標的難度適中，可以近期達到。這
就要求家長不要給孩子施加過大的壓力。根據孩子的具體情況設置恰
當的學習目標，逐漸培養學生的自信心。

◇ **教給孩子好的學習方法，培養孩子良好的學習習慣**：學習能力來源於學
習方法，主要包括閱讀力、記憶力、理解力、判斷力、學習效率等，是
學習是否有成效的關鍵。好的學習方法會為孩子帶來事半功倍的效果，
而不好的學習方法則會為孩子在學習上增加許多的阻力，不斷的挫敗感
會降低孩子的自信心。

身為家長，我們的目的不僅僅是讓孩子「學會」什麼，而是應該讓孩子
「會學」。在孩子學習的過程中，家長對孩子學習方法的優點應及時給
予表揚、激勵，對現有的問題及時矯治並給予幫助，使孩子改正不良的
學習習慣，形成良好的學習方法，促使孩子在不斷的成功中增長自信。

◇ **適當降低對孩子的期望**：家長要知道「第一」只有一個，而努力是人人
可以做到的。應了解孩子讀書的困難所在，幫助孩子制訂切實可行的讀
書計畫並為此而努力。此外，家長要多與孩子在學習方法、人生理想等
方面進行溝通與探討。

◇ **幫孩子樹立自信心**：孩子都很在意別人對他的評價，他也按照別人的評
價去認知自己，所以幫孩子樹立自信心是幫助他們克服拒學心理的一個
關鍵。家長要讓孩子樹立「別人能學會，我也能學會」的觀念，面對困

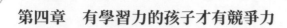

難時，只有不斷去克服才能走向成功，讓他們在心理上不懼怕學習。比如可以為孩子選一門他最想學、最有把握學好的學科，多下工夫，首先突破，證明他具有學習的能力，並讓他從中體驗到學習的快樂，因而激發他學習的熱情。同時，家長要讓孩子遠離消極情緒。如果孩子因為怕學習失敗或對學校環境有恐懼心理，家長就要採取行動讓孩子消除這種情緒。

✧ **加強對孩子的挫折教育**：學習毅力來源於學習精神、心理素養、智力、意志和價值觀等，認知有多深，毅力有多強，學習就會有多持久，這是學習力的核心。現在的孩子大都是獨生子女，獨自面對挫折的機會很少，一旦遇到困難，往往無所適從，自暴自棄，因而家長要適當對孩子採取一些挫折教育，以磨練和提升孩子的受挫折能力，要在尊重、理解、關心的前提下，多與孩子有思想感情方面的溝通，讓他們明白在學習中遇到困難是難免的，只有不斷克服困難才能不斷取得進步。

為孩子營造求知的氛圍

談到孩子的學習，就不能不涉及家庭的基本氛圍。

家庭氛圍是什麼呢？家庭氛圍是種植孩子美好感覺的土壤，是一種綜合的教育力量。它是思想、生活習慣、情感、態度、精神、情趣及其他心理因素等多種成分的綜合體。家庭氛圍影響著孩子的心靈，塑造著孩子的人格。如果家庭氛圍良好，孩子成長的「土壤」的營養就豐富，他們就能長得「枝繁葉茂」，如果家庭氛圍不良，孩子成長的「土壤」沒有營養，他們就有可能生長得不好！

一個和睦、和諧、溫暖、快樂的家庭氛圍，有益於孩子熱愛學習、健康成長，並為孩子的未來成長打下一個良好的培養基礎。而不良的家庭氛圍則

恰恰相反，不僅會讓孩子過早地告別歡樂時光，還會使他們經常處在緊張、憂慮、困惑等心理狀態之中，甚至會導致他們厭煩課業、成績下降，繼而引發價值觀、人生觀等方面產生一系列的問題。因此，不良的家庭氛圍容易使孩子在學習和人生發展中產生種種偏差。

那麼，家長應如何給孩子營造一個良好的家庭氛圍呢？

一個良好的家庭氛圍應該是充滿愛的

愛不僅是家庭教育的一部分，而且是家庭教育的前提。家庭教育必須要在愛的基礎上建立，少了愛就無法實施教育。

一家人相親相愛，必然會產生很好的家庭氛圍。一旦產生了良好的家庭氛圍，教育就會進入良性循環狀態。這個時候，孩子學習主要不是靠父母的教了，而是靠這種美好的家庭氛圍的滋潤。在這種氛圍中，孩子的心態必然是良性發展的，他們樂觀而又積極向上，求知欲望也得到空前發展！

一個良好的家庭氛圍應該有高尚的精神情趣

想要給孩子一個良好的家庭教育氛圍，家長就應該追求高尚的精神情趣，帶頭讓家裡的精神生活充實、高雅、豐富，防止精神污染。

在生活中，有些家長讓低級趣味充斥家庭，對孩子的影響極壞：

「我爸媽天天找來一幫人在家打麻將，吵吵鬧鬧的不說，看看他們那副德行，真讓人噁心：一個個敞胸露懷，捶桌、跺腳，一雙雙血紅的眼睛盯著對方手裡的鈔票……」

「爸爸媽媽一打牌我就煩，稀裡嘩啦的洗牌聲，『叭叭』的拍桌聲，吵得我心煩意亂，我強忍著用手搗住耳朵背課文，但爸爸還不斷地叫我給他的牌友遞菸倒水……」

試想孩子生活在這樣的環境裡，怎能健康成長？

因此，父母要以身作則，熱愛學習。家長是孩子的第一任老師，身教重於言教。若父母督促孩子要努力學習，而自己卻常常通宵達旦地打麻將，那麼孩子感興趣的恐怕不是如何讀好書而是如何玩好牌，學習的恐怕不是科學知識而是玩牌竅門了；若父母飯後捧一本書，伴一杯清茶，端坐書桌前學習，孩子耳濡目染，也會經常看書、學習。

家庭要為孩子營造一個良好的讀書環境

家庭的環境對孩子有潛移默化的作用！為了讓孩子受到良好的薰陶，家長可以在家中空出一個專門讓孩子看書的地方，分門別類將書籍擺放整齊，易於取閱。家長還要和孩子共同參與讀書。最好家人有共同的時間一起看書，讓孩子感受到濃郁的讀書氣氛。父母與孩子一起閱讀時，孩子能在此過程中從父母身上獲得許多認知上的東西、語言上的進步，還可以增進親子之間的感情！天長日久，孩子便會形成良好的閱讀習慣。此外，要善於利用圖書資源。家長和孩子可以經常到圖書館、書店借閱購買一些書籍，增加閱讀書籍的種類，培養孩子買書、愛護書籍的習慣。家長可以提供孩子每年訂閱報刊的合理建議，讓孩子自己選擇訂閱。還要充分利用 DVD、電腦等現代工具觀看或閱讀知識性光碟、有聲圖書、電子圖書等。

如此，不僅能夠豐富孩子的知識儲備，形成和增進孩子的專注力，更能讓孩子有創造及思考的空間。

濃厚的學習氣氛

資訊時代要求我們建立學習型家庭。無論父母做什麼工作，都應該熱愛學習，崇尚知識，讓家庭充滿學習氣氛。

有個孩子作文比賽得了第一名，人們以為他當編輯的父母一定為他修改過作文，做過指導。可是一了解，這個孩子父母根本就沒給他特別待遇：「我每天忙得不可開交，哪有時間輔導他呀！」那麼，祕密在哪兒呢？就是學習氣氛！

每天媽媽伏案改稿，爸爸埋頭寫作，家裡有客人來了，談論的也都是如何修改文章，論「結構」，談「中心」，家庭中的這種「文風」薰陶著孩子，久而久之，孩子也就喜歡上了寫作文。

從小培養孩子的閱讀習慣

讀書是獲取知識的主要管道，因此從小就培養孩子愛看書的習慣對孩子一生的求知都很重要。

為了讓孩子從小養成讀書習慣，家長可以經常購買一些適合他們閱讀的書給孩子看或者講故事給他們聽。時間長了，孩子受的薰陶多了，自然而然就會對書產生興趣。當家長自己讀到好文章時，也可以向孩子推薦閱讀。

總之，提供好的精神食糧並與孩子共同閱讀可以養成孩子良好的讀書習慣對孩子獲取知識養料、增長知識大有裨益。

家長要不斷反思自己對孩子的教育與影響

家長在教育孩子熱愛學習的時候，一定別忘了要不斷審視自己，反思自己營造的家庭氛圍對孩子會有怎樣的影響。現在大多數家長認為自己對孩子擁有無上的權力，孩子的一切都被他們設計好了，而不管這樣的設計是否正確。孩子都沒有任何選擇的餘地，只能被迫接受。他們認為自己創造了孩子，就得唯我是從。在這樣的情況下，哪能奢望這類家長理解那顆幼小、脆弱的心呢？

得不到成人的理解，孩子的心靈就會失去力量、就會乾涸，直至變成沙漠，這也是為什麼現在的孩子普遍缺乏人格力量以及精神支柱的緣由所在。

良好的家庭氛圍應該不過於嚴苛

父母對孩子的期望，能使孩子感受到父母的關心和愛，是激發孩子積極向上的動力。但脫離孩子實際水準的過高期望，會造成家庭教育對孩子的一種高壓狀態，一旦孩子達不到父母的要求，父母便失望、埋怨甚至打罵，影響家庭的和諧氛圍。因此父母應實事求是地調整對孩子的期望，為孩子的幸福成長著想。

總之，孩子在家庭中受到父母的關心、指導越多，就越有利於良好個性的形成與發展，也越有利於學習興趣和學習能力的提升。有了良好的家庭氛圍，孩子的學習、生活都會向好的方面發展。所以，家長不能一味地只關心孩子的成績，還要關心為孩子的學習創造一個良好的家庭氛圍，並以科學的教育方法及自身的示範榜樣來培養孩子願意學習、樂於學習的好習慣。

▌激發興趣，讓學習變成快樂的事

六年級的王剛非常喜歡文學，但爸爸媽媽卻偏偏讓他學習數學，他們認為數學學得好，才能為中學的學習奠定一個好的基礎。因此，爸爸替他報名數理班且對他嚴格要求，幾乎連玩的時間都沒有了。有時候，王剛想看一下電視，媽媽就會斷然拒絕道：「不行，你這樣的成績上第一志願還是有一定的難度的，應該再做一些題目……」

在爸爸媽媽的嚴格控制下，王剛不但對數學恨之入骨，連對他喜歡的文學也變得索然無味了。以前，他還能抽空看看文學作品，但現在他恨不得把所有的時間都拿去玩。

為此，王剛的爸爸媽媽很頭痛：「王剛這孩子太不懂事了，家裡為他提供這麼好的學習條件，卻一點學習興趣也沒有。」

生活中，類似王剛這樣的例子還有很多，許多家長一提到這些問題就苦惱，而孩子更苦惱。快樂的事情大家都願意去做。學習也是一樣的道理！如果能讓學習變得一件快樂的事情，那麼，誰還會不熱愛學習呢？

歌德說：「沒有興趣，就沒有記憶。」《論語》中也提到：「知之者不如好之者，好之者不如樂之者。」如何讓孩子對學習產生興趣，這是教育孩子的一個根本著眼點。對於孩子來說，興趣是一種動力，它對孩子所從事的事情發揮支持、推動和促進的作用。如果孩子對某一事物有了興趣，他就會展開豐富的聯想，全身心去探求它，他不僅會熱情地投入到這項活動中去，還會最大限度地發掘自己的創造潛能出色地完成它。因此，若要你的孩子獲得優異的成績，身為家長必須善於激發孩子學習的興趣。孩子一旦對學習有了興趣，就能自覺自願、主動愉快地去學習。

那麼，應如何激發孩子的學習興趣呢？教育專家認為，對孩子學習興趣的培養，應著重於以下幾個方面：

讓孩子從學習中不斷感受到樂趣

有許多家長受傳統觀念的影響，老是喜歡用「學海無涯苦作舟」、「頭懸樑，錐刺股」來形容學習，讓孩子們視學習為畏途，這樣的做法是錯誤的。正確的做法應該是，家長一開始就應該讓孩子接受「學習是一件非常快樂的事情」這樣的一種資訊，同時讓孩子在學習上找到快樂。

學習若能給孩子帶來快樂，那麼孩子一定會喜歡學習，年齡越小的孩子，學習興趣越是以直接興趣為主。例如有的孩子喜歡畫畫，可能是他喜歡用五彩的蠟筆在紙上塗抹，看著五彩的線條在紙上延伸、擴展，他的思維、

想像也跟著任意遨遊、旋轉；也可能是老師經常表揚他，雖然他畫得並不怎麼樣。那麼，怎樣才能使學習變為快樂的事呢？

✧ **多表揚，少批評**：要善於發現每個孩子的優點。如果家長開口閉口就是「這麼簡單都不會，光知道玩」，本是恨鐵不成鋼，卻不知好鋼已在批評中鈍化了，時日一久孩子總覺得自己很差，在學習中有壓抑感，於是厭惡學習。

✧ **讓孩子一開始就有成功的體驗**：成人要盡可能使孩子掌握好知識，一開始就讓孩子學懂，這樣既增強孩子的自信心，又讓他體驗學習的快樂。

✧ **家長應該教導孩子讀書**：父母和孩子一起學習，當孩子解答出難題後，與孩子分享快樂；當孩子不懂時，與孩子共同探討。這也能讓孩子覺得學習是件愉快的事。另外，家長的情緒、學習的環境等也能影響孩子學習的情緒體驗。

要幫助孩子在奮鬥中不斷瞄準新的目標

家長是不是有過這樣的經驗：帶孩子登山時，我們總會指著前面某一處說：「加把勁爬到那裡休息一會。」孩子一聽此話就躍躍欲試，往往話音未落他們就勇往直前，直衝向目標。這就是目標的動力。學習同樣需要有目標。

在孩子學習的過程中，在孩子每次寫作業、考試、比賽之前，家長都可以按照孩子的實際水準，給孩子制訂一個可行的目標。這樣，不但能提升孩子的學習效率，給孩子一定的學習動力，還能讓孩子在學習的過程中體驗到成功的快感！

當然，值得注意的是，家長不要隨意給孩子增加負擔，比如孩子按照家長的要求在規定的時間內完成了作業，但家長不但沒有因此鼓勵孩子，還讓

孩子多做幾道題目才去玩。這樣做的結果，只會讓孩子覺得自己努力了反而會有更多的作業等著我，與其這樣還不如邊學邊玩。

挑戰困難，循序漸進

　　學習是個循序漸進的過程，對學習既要知難而進，又要做到從易到難。在學習中遇到困難是很正常的現象，關鍵是要處理好它。有的孩子喜歡向困難挑戰，在戰勝困難時感到其樂無窮，這樣就形成了自己的學習興趣；有的孩子不喜歡困難重重的感覺，那就可以在學習中選擇從易到難的方法，不要急於求成，讓自己在每前進一步中都體會到一種成就感，這同樣也能培養學習興趣。任何學科都有它的樂趣和意義，可是真正學習起來都有枯燥的一面。學習要有耐心，也要有吃苦精神，能做到這些，課業成績才會提升。

發展孩子多方面的興趣

　　一些孩子由於受家庭和周圍環境的影響，在 3 歲左右就開始對畫畫或樂器產生興趣。特別是孩子進了幼稚園以後，在老師的誘導下，他們的興趣愛好出現了第一次飛躍。最先使孩子產生興趣的一般是畫畫、唱歌和表演，當然這些都是模仿性的。對鋼琴、電子琴、手風琴的興趣都可以在幼兒期喚起，這時不是要求孩子能達到什麼水準，而是以喚起他們對各種樂器的興趣為主。父母只要做有心人，為孩子們提供一些條件，準備一些簡單的器具，多給孩子講講自己的見聞，多與孩子一起玩，孩子多種學習興趣就會逐漸培養起來。

積極鼓勵，適當引導

　　在學習的過程中，孩子所取得的每一點成績，不管家長還是老師都應該積極採用多種形式給予適當的鼓勵，讓他們獲得一種被人承認、被人接受

的感覺。水滴石穿，量的累積達到了一定程度，就會發生質的變化。同樣，鼓勵這個助推劑，累積到了一定的程度也會收到意想不到的效果。孩子對某一問題、某一學科的興趣也就在這一次次的鼓勵中得以形成、得以發展。但另一方面，我們也應該看到，孩子接受新事物的能力比較強，世間的萬事萬物都能引起他們的興趣，而他們由於生活閱歷的欠缺，對真善美、假惡醜的分辨能力有限，不良的興趣和習慣也會乘虛而入。這時候，家長或老師就應該適當地加以引導，告訴他們哪些是對的、哪些是錯的，哪些該做、哪些不該做。

帶孩子到大自然、社會中去開闊眼界，提升學習興趣

　　家長可以經常有意識地引導孩子到大自然中觀察日月星辰、山川河流。比如春天可帶孩子去觀察小樹以及其他植物的生長情況；夏天帶孩子去游泳、爬山；秋天帶他們去觀察樹葉的變化；冬天又可引導他們去觀察人們衣著的變化，看雪花紛飛的景象。孩子透過參加各種活動開闊了眼界，豐富了感性認知，提升了學習興趣。家長最好還能指導他們參加一些實踐，如讓孩子自己收集各種種子做發芽的試驗，栽種盆花，也可飼養些小動物。隨著孩子年齡的增長，可以啟發他們把看到的、聽到的畫出來，並鼓勵他們閱讀有關圖書，學會提出問題，學會到書中找答案。這樣，孩子的興趣廣泛，知識面擴大了，學習能力也在不知不覺中提升了。

　　總之，每個孩子對知識的學習和掌握，都是被興趣牽引著一步一步地實現的。身為父母應當珍惜孩子求知的興趣，並積極地給予保護和鼓勵，從小引導孩子在自主求知中快樂學習。

珍視孩子好奇的學習天性

　　好奇是孩子的天性。對於孩子來說，周圍的事物無一不充滿了神祕感。因為對神祕世界的好奇，他們不管看到什麼事物都要問一問、摸一摸，試圖弄個明白。孩子的這種天性恰好是創新的源頭和探索的動機，在這種動機的支配下，他們充滿了求知的熱情和孜孜不倦的探索精神。

　　很多著名科學家從小具有超出常人的好奇心和旺盛的求知欲。牛頓發現萬有引力離不開對蘋果自由落地的好奇；紐科門（Thomas Newcomen）面對水滾了蒸汽會頂起鍋蓋而感到疑惑，結果發明了蒸汽機；法布爾（Jean-Henri Casimir Fabre）從小就對昆蟲有濃厚的興趣，最終成了著名的昆蟲學家；地質學家李四光因為對來歷不明的石頭充滿了遐想，因此發現了第四紀冰川的遺跡，糾正了國外學者斷定中國沒有第四紀冰川的錯誤理論。

　　凡此種種，都說明好奇是一個人探索未知領域的開端。好奇能激發人們去積極思考，並引導人們去對那些不了解而又渴求知道的事物和現象產生疑問，提出「是什麼，為什麼」等問題，進而去創新、發明。

　　對於我們的孩子來說，好奇使他們的心靈深處充滿了探索，求知的欲望，這寶貴的好奇心既是他們智慧的火花，更是促使他們學習求知的原動力。一個缺乏好奇心，對什麼事物都覺得平淡無奇、麻木不仁的孩子，是不可能有強烈的求知欲望，更不可能做出偉大事業的。

好奇心強的孩子一般具有的行為表現

（1）好奇心強的孩子通常都比較愛問問題

　　一些在大人看起來非常幼稚可笑的問題，孩子總是問個不停，如寶寶是從哪裡生出來的？小弟弟為什麼有「小鳥」？天上真的有神仙嗎？……

第四章　有學習力的孩子才有競爭力

　　著名的科學家愛迪生出生在美國北部一個叫米蘭的小鎮上，他一生擁有1,200多項發明，是世界上最為知名的科學家之一。他之所以能取得這麼大的成就，從某種意義上來說，正是由於他母親的正確認知和引導。愛迪生母親教育最成功之處就是善於發現、挖掘和保護孩子的天賦，以及對孩子的事業充分的理解和支持。

　　愛迪生從小就表現出強烈的好奇心和求知欲，在一般人眼裡他是個怪孩子，在老師的眼裡他是個糊塗蟲，只有母親意識到這是孩子的天性，是最寶貴的品格，這也就是愛迪生所呈現出來的和別人不一樣的地方。愛迪生母親緊緊抓住這些「不一樣」，因勢利導地開展教育。

　　愛迪生母親是怎樣引導愛迪生的呢？針對孩子好問好思考的特點，她總是循循善誘地開導，注意開發他的潛能。愛迪生7歲時，母親發現他對自然科學很感興趣，於是就借來一些淺顯的自然類書籍供他閱讀。當孩子由於愛問問題被恩格爾老師看成糊塗蟲而被趕出學校的時候，母親並沒有責怪他，她深知兒子的性格，兒子不是什麼糊塗蟲，只不過是好奇心強罷了。

　　愛迪生母親甚至在家獨自挑起教育孩子的重擔，親自為他講課，為他講解歷史的興衰，讓他讀《魯賓遜漂流記》、《悲慘世界》等古典名著。在自然科學書籍中，介紹義大利偉大科學家伽利略生平事蹟的書深深地吸引著愛迪生，伽利略透過實驗來探求真理的科學態度使他深為欽佩。從此，「實驗」一詞一直沒有離開過愛迪生的腦海，他的一生都在為實驗而忙碌。

　　正是在母親的關心和支持下，愛迪生憑著對科學技術的熱愛和癡迷，堅持不懈地探索和實驗，一生獲得1,200多項專利，為人類的文明和進步做出了巨大的貢獻。

(2) 好奇心強的孩子注意力不太集中，他們容易受到外界的誘惑

小豆豆今年已經上小學三年級了，從小豆豆念幼稚園開始，媽媽就沒少接收到老師的批評。老師經常找媽媽告狀：「豆豆今天把蚯蚓放進了女同學的書包裡。」「豆豆上課沒有專心聽講，而是轉到了後面觀察班上同學的表情。」「豆豆蹲在廁所裡不出來，因為想看看其他同學進廁所見到他時的表情。」「豆豆寫作業太慢了，原因是他要看同學怎麼寫」……

類似的事例數不勝數，小豆豆的媽媽覺得自己已經是筋疲力盡了。

(3) 好奇心強的孩子還經常充當小破壞分子的角色

他會用力砸開收音機或玩具機器人，想看看那些會唱歌、說話的小人；他會把媽媽的化妝品弄得亂七八糟，為的是給自己抹香香……因此，在大多數人的眼裡，過於好奇的孩子有時候還是「小破壞分子」。

小辛最近覺得忍無可忍了，她的寶貝兒子鬧鬧真是名副其實，一天內能把抽屜亂翻八次底朝天，光碟扔得滿地都是，5 分鐘換一張光碟，剛買幾天的光碟就讀不出來了，鬧鬧還一直追著問：「光碟為什麼壞了？你說呀！你說呀！」小辛如果有什麼東西找不到，肯定是在垃圾桶裡，那時只能慶幸還沒有倒掉。往日的窗明几淨變成了如今的垃圾場。最令人生氣的時候是吃飯，據保守估計，鬧鬧平均每頓飯最少 10 次擅自離開座位，磨蹭半天還是剩了半碗冷飯不肯再吃，最後還連帶翻了碗筷。鬧鬧還有一個愛好 —— 收藏垃圾。每次出門，他總是帶回大量的石頭、樹葉、爛木頭、碎紙片……並且當寶貝似的收在床上、沙發上、抽屜裡，甚至窩藏在被子裡。從此，那些無休無止源源不斷來自骯髒角落的垃圾成了小辛的心腹大患。讓鬧鬧睡覺也是難題，小辛好言相勸，放了兩遍催眠曲、聽了三遍唐詩、講了四個故事後，小辛早已疲憊不堪，鬧鬧卻在嘻嘻哈哈地翻滾，還精神抖擻地從小辛頭上跨過……

第四章　有學習力的孩子才有競爭力

　　好奇心強的孩子精力充沛、調皮好動，經常闖出一些禍端來，讓家長們總是防不勝防。

　　家長若不了解孩子的特點，把這看成淘氣、搗亂，對孩子採取批評、不理睬的態度，就會損害孩子智慧幼芽的生長，挫傷他們求知的積極性。對孩子的提問要回答，如果不會則可告訴他如何查詢或者弄明白後再告訴他。父母要尊重、保護和正確引導孩子的好奇心。

　　因為好奇，孩子才想去學習知識、探索未知的領域，因此，滿足孩子的好奇心就是激勵孩子去學習新知識，就是滿足他們的求知欲望。

　　英國當代最傑出的哲學家、思想家、文學家柏特蘭‧羅素（Bertrand Russell）是從他祖父的書房裡開始他的學術生涯的。

　　羅素 4 歲失去雙親後，跟隨祖父母生活。其祖父曾數次出任英國首相，家有萬卷藏書。在祖父家，小羅素最愛去的地方便是祖父的圖書室。尤其是他 6 歲那年祖父去世後，這兒就成了小羅素的書房。他在這裡瀏覽各類圖書，無論是歷史、文學、哲學還是數學，對各種知識他都如饑似渴地吸取。他常瞞著家人偷偷地學習到深夜，一聽到有大人來，就吹熄蠟燭悄悄鑽進被窩裝睡。他的哲學興趣正是從童年時代養成的對知識的好奇和渴求開始的。

　　日本有一位在 50 年間有 2,360 項科研成果問題，平均每年發明 63 項的「發明大王」中松義郎。他孩提時出於好奇，曾趁家人不備，把家裡買來的一輛嶄新的汽車全部肢解成各種零件。但他的父母教子有方，不但沒有批評他，反而認為他好奇、探索有理，積極鼓勵引導他，這更增強了他的好奇心。

　　由以上兩例可以看出，保護好孩子的好奇心理，並加以正確引導，就能培養孩子的強烈求知欲，因而使孩子能夠有所作為。

父母該如何呵護孩子的好奇心

◇ **抽時間多為孩子介紹周圍的世界**：父母不管多忙，都應該盡量多抽時間為孩子介紹周圍的世界。與大人不同的是，孩子對周圍了解得越多，對世界的好奇感就越強烈。因為孩子的求知欲很強，在掌握一定的知識技能後，能注意到、接觸到的新事物更多，反而會大大地激發孩子的好奇心。孩子喜歡做沒做過的事，嘗試玩沒玩過的遊戲，並能從中表現出他們的創造力。因此，父母在各種可能的場合，盡量多給孩子介紹周圍的世界。父母在對孩子介紹一些新事物時，要相對簡潔，注意力要跟隨孩子的視線做一些調整，這是由於年幼的孩子注意力難以長時間集中於同一事物的原因。

◇ **充分利用家庭環境激發孩子的好奇心**：在家庭生活中，有許多事情可以激發孩子的好奇心，例如，當水燒開的時候可以問問孩子為什麼水壺裡會發出「嘟嘟」聲；可以讓孩子摸摸不同質地衣服的手感，讓他們比較出不同；可以在電視機圖像不清楚時，讓孩子看一看插頭是否插好⋯⋯家庭裡有許多事是孩子感興趣的，關鍵是抓住機會，讓孩子從看似平淡的生活中找到興趣點。

◇ **多為孩子講故事**：講故事能夠激發孩子的好奇心，孩子一般都愛聽故事，不管是老師或父母講故事，還是廣播電臺或電視臺播放故事，他們總是會專心致志地聽，繪聲繪色地講故事最能吸引他們。父母多為孩子講故事，不僅能夠激發他們的好奇心，開闊他們的想像空間，還可以利用故事對他們的吸引來幫助他們學習知識。

◇ **利用大自然誘發孩子的好奇心**：父母可以經常有意識地引導孩子到大自然中觀察日月星辰、山川河流。大自然千變萬化，是孩子看不完、看不夠的寶庫。春天可帶孩子去觀察小樹以及其他植物的生長情況，夏天帶

孩子去爬山、游泳，秋天帶他們去觀察樹葉的變化，冬天又可引導他們去觀察人們衣著的變化，看雪花紛飛的景象。父母可以和孩子一起猜雲彩的形狀會如何變化，聽鳥啼婉轉時猜唱歌的小鳥長什麼樣，分析為什麼螞蟻在搬家，思索為什麼向日葵總是朝著太陽等。

孩子透過參加各種大自然活動，既開闊了眼界，豐富了感性認知，又提升了學習興趣，學習能力也在不知不覺中得到了提升。

✧ **用書本知識誘發孩子的好奇心**：對於大一點的孩子，可以用書上的知識來誘發他們的好奇心，提升和激發孩子的好奇心。其實，孩子愛搞「破壞」屬天性使然，是其創造萌芽的一種展現。他們對各類陌生事物充滿新鮮、好奇並身體力行，欲用自己雙手探求這未知世界。合理利用孩子這種天性，多方引導、鼓勵，孩子的創造萌芽就會得到進一步深化。

✧ **不直接回答孩子的問題**：當孩子帶著問題去問父母的時候，父母不應該總是簡單地將結論告訴孩子。直接告訴孩子問題的答案，遠不如讓孩子自己思考「為什麼」來得重要。例如，當孩子問「鳥兒晚上睡在哪裡」時，你不必直接回答，你可以與孩子一起探討鳥兒在晚上的可能去處；當孩子問「黃色和藍色顏料混合後會變成什麼顏色」，你不要簡單地告知「會變成綠色」，你可以說：「是啊，那究竟會變成什麼顏色呢？你可以去試一下。」以此來引導孩子去試驗、去思考，讓孩子自己去得出結論。同時你還可以透過一些開放式的問題，激發孩子對事物的好奇心與探索的欲望。

✧ **鼓勵孩子多實際操作**：在實際操作的過程中，孩子會不斷有新的發現，他們的好奇心也得到保持和發展。而且，孩子在動手做事情的過程中，手的動作會在大腦支配下進行，這也是孩子觀察、注意等能力的綜合運用過程。同時，手的動作又刺激大腦的活動支配能力，促進觀察、注意

等能力的發展。動手做事不僅可以激發和滿足孩子的好奇心，也是開發孩子智力的基礎。

✧ **給孩子自由思考的空間與時間**：能否給孩子自由思考的空間和時間，是呵護孩子好奇心的關鍵。父母如果經常給孩子下達一些強制性的智力作業任務，那麼孩子會感到總是在一種有壓力的環境之中，他們便會將思考問題看做是一種額外的負擔，久而久之，他們的好奇心和學習的興趣就會消失殆盡。因此，對於強制性的智力作業，要少些再少些，多給孩子一些自由思考的空間和時間。

點燃孩子的學習熱情

每個人體內都有非凡的潛力，潛力如同一座奔湧澎湃的火山，這座火山一旦噴發，人生將會因此更加絢爛多姿。能激發這一非凡潛力的正是熱情。

熱情是成功的發動機、潛能的觸發器，孩子課業成績的好壞，往往取決於孩子對學習的熱情程度，一個擁有學習熱情的孩子能廢寢忘食地學習，即使在嘈雜混亂的環境中，也可以全心全意專注於自己的學業，因而最大限度地提升學習效率，取得更好的成績。在熱情的支配下，孩子會主動約束自己不利於目標實現的各種不良習慣，以積極的心態面對未來，以不屈的努力克服各種困難，以頑強的意志將奮鬥堅持到底，直到目標實現為止。在有學習熱情孩子的面前，永遠有一個看得見的靶子。

孩子學習缺乏熱情的原因

在生活中，有很多孩子對學習缺乏熱情，對他們而言，學習就像吃藥一樣苦不堪言，只要一提到學習，他們就情不自禁地皺起了眉頭。在學習時，這些缺乏學習熱情的孩子很難將注意力集中在所學的內容上，正因為如此，

他們的課業成績比較差。孩子缺乏學習熱情可能有先天的因素，但更多的是由後天環境的影響造成的。歸納起來，造成孩子缺乏學習熱情的原因有以下幾點。

✧ **願望太容易得到滿足**：如今的孩子生活條件優越，想要什麼很輕易就能得到，因此很多孩子看起來對什麼都不在乎，成績一般沒關係，對班級幹部競爭沒興趣，比賽得不了名次也無所謂。

✧ **缺乏學習的動力**：動機缺乏的孩子沒有學習動力，缺乏學習熱情，把學習看成是一件苦差事，在學習中沒有目標，得過且過，其學習行為完全是一種被動的應付。表現在學習方法上必然是死記硬背、投機取巧、沒有計畫。一個喪失學習動機的孩子，在學習上一定無精打采。

✧ **孩子缺乏上進心跟家庭教育有關**：爸爸媽媽本身缺乏上進心，工作不思進取，生活上平平庸庸，更忽視孩子情感與智力方面的需要，對孩子沒有明確的行為指導和要求，平時極少和孩子談話、做遊戲、講故事，壓抑了孩子的上進心。另外有些孩子則因為年齡較小，生性好玩，不能對自己做出正確評價，不能自我調節、自我監督，因此，不能自我教育、自我激勵。

美國教育學家布魯姆（Benjamin Bloom）說過：「一個帶著積極的情感學習課程的孩子，比那些缺乏熱情、樂趣和興趣的孩子，或者比那些對學習資料感到焦慮和恐懼的孩子，學習得更加輕鬆、更加迅速。」身為家長，我們有責任讓孩子熱愛學習，並把學習的熱情保持終身。但就如何去激發孩子卻沒有定式，針對每個孩子個性與特點的不同，家長應因材施教，以最大限度地激發孩子的潛能。

如何激發孩子的學習熱情

教育學家經過長期的分析、觀察得到結論：一個優秀的家長，同時也是優秀的導師，他必能在家長與師長之間巧妙地互換角色，因而在不知不覺中激勵著孩子不斷進步。具體來說，一個優秀的家長在激發孩子的學習熱情、催促孩子上進時，應該做到以下幾點：

✧ **和孩子討論將來，激發孩子學習的熱情：**每個孩子都會憧憬自己的未來。做父母的不妨讓孩子充分發表他們對將來的希望，不管是多麼不切實際的想法。父母和孩子一起討論為了實現自己的理想需要具備哪些知識，讓孩子了解為了自己的將來目前辛苦讀書是必要的，因而激發孩子學習的積極性。

沒有哪個孩子自甘落後和不求上進，幾乎所有的孩子都希望自己在學習上出類拔萃，只是因為種種原因造成了他們暫時的落後。一旦對症下藥，每個孩子的學習願望被強烈引發之後，他的進步也許會出人意料。

✧ **正面引導，提出目標，激發孩子的學習熱情，強化孩子的進取心：**孩子的進取心大多是由外在的要求進而轉化為自己的願望的。因此，目標教育是必須的。目標可以樹立孩子的雄心，雄心可以引導孩子的追求。

✧ **應該注意的是：**短期目標應按照孩子的能力來定，長遠目標是明天的，短期目標則是今天的。目標定得太高實現不了時，會挫傷孩子的積極性，因而影響孩子的上進心。

最恰當的短期目標是稍微高於孩子的能力，孩子經過努力能達到的目標。例如，學生過去一直考 15 ～ 20 名，那麼短期目標可以定在考到 10 ～ 15 名。

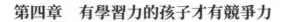

✧ **做孩子的榜樣，父母自己積極進取**：人們常說孩子把父母當作一面鏡子，對父母的一言一行、一舉一動都會有意無意地去模仿。因此，家長要培養孩子的求知欲，自己必須先做出樣子，這是教育孩子的一條捷徑。爸爸、媽媽坐在電腦前寫作，當爸爸、媽媽在一次一次接待學術來訪人員時，這就給了孩子無聲的召喚。

✧ **用表揚喚起孩子的求知欲**：任何人都需要鼓勵，需要表揚。在教育孩子的過程中，應經常為孩子提供或創造獲得成功的機會，諸如提些簡單的題目讓孩子思考，安排些力所能及的活動讓孩子操作，使孩子從中體驗成功的歡樂。對於孩子的成績，家長一定要看到。只要有進步，就要及時給以肯定、鼓勵和表揚，這樣才能激發孩子更大的熱情。

✧ **對孩子採取危機、挫折教育**：日本非常重視小孩子的危機教育，讓孩子從小就知道日本地少人多、資源缺乏，國家民族要發展只有靠人，靠高素養的人，否則就沒飯吃，就沒水喝。孩子也是這樣，沒有危機感，躺在安樂窩中是難以激發出強烈的上進心的。

▎讓孩子體驗成功的快感

心理學家曾做過這樣的一個實驗：

把一條梭魚放養在有很多小魚的魚缸中，讓牠隨時可以吞吃小魚。一段時間後，心理學家用一片玻璃把牠與小魚隔開。這樣，梭魚再想去吞吃小魚時自然就遭到一次又一次的失敗，隨著失敗次數的增加，牠吞食小魚的希望和信心也隨之逐漸下降，最後完全喪失了信心。在實驗的最後，心理學家把玻璃拿開了，但那隻梭魚對魚缸另一側依然無動於衷，最終餓死在魚缸裡。

接著，心理學家又做了同樣的一個實驗：

把一條梭魚放養在有很多小魚的魚缸中，在中間隔了一個玻璃板，當梭

魚第一次、第二次要吃小魚時，心理學家並沒有採取任何行動，而是認真觀察，等到梭魚第三次游向小魚的時候，心理學家悄悄地拿走了那塊玻璃。於是，梭魚吃到了小魚。這樣的實驗在繼續進行著，之後梭魚失敗的次數越來越多，但因為知道總有「吃到小魚」的可能，所以始終敗而不餒，充滿了旺盛的鬥志。

對許多孩子來說，學習本身就是一個苦差事，如果只是一味地苦讀，卻嘗不到一點成功的回報，時間長了勢必會像那隻備受挫折的梭魚一樣，對學習產生了厭倦。從教育學的原理來說，讓孩子喜歡學習一點也不難：所有的孩子都追求成就感，只要孩子能夠在學習中體驗到成就感，他就會很有興趣也會很努力地學下去，其努力程度會讓大人都吃驚。因此，若想讓孩子在學習的過程中有不竭的動力，家長必須讓孩子體驗到成功的快感。唯有體驗到成功的快感，才能激發孩子學習的信心與上進的勇氣，因而激勵自己再下苦工夫去爭取更大的成功。

那麼，怎樣讓孩子從成功中獲得快樂的體驗呢？家長們不妨從以下幾個方面入手：

為孩子創造學習成功的預感

心理學研究和生活經驗都告訴我們這樣一個道理：如果一件事情有很大的價值，透過我們的努力後又可以實現，那麼我們肯定會對它產生興趣，並願意做出努力。培養孩子的學習興趣時也應注意運用這規律，那就是為孩子創造學習成功的預感。

小璐今年上小學五年級，她在五年級上學期末的考試中國語成績不及格，以前她的國語成績在班上也處於最後幾名。小璐為此十分煩惱，她討厭國語課。

媽媽為了改變這種狀況為小璐安排了一項作業：每天把《格林童話選》抄寫一頁，並完成有關的字詞任務。家長告訴她只要耐心地完成這項作業，就可能取得有益的結果。孩子對這項作業很感興趣，因為它不同於平時完成的那些練習。她感到，父母對這項新作業寄予很大的希望，相信她的讀寫水準一定能夠提升。這就給孩子增添了力量，只過了一個半月的時間，就看出了初步的成績。她在童話原文裡發現了自己一直寫錯的詞並學會了許多新的語言表達方法，她現在也開始仔細地閱讀其他文藝作品，在裡面尋找好的詞、片語及句式。這樣，小璐終於在國語默寫方面取得了滿意的分數。這一點鼓舞了她，增強了她把國語學好的信心。

積極鼓勵孩子從事有興趣的活動

正常的嗜好與充分的運動，不但有助於調劑生活，而且可培養積極健康的人生觀。

所以，當孩子在假日要求父母陪同玩遊戲時，父母大可不必嚴肅地說：「不准玩，快去做功課！」因為，遊戲不但能訓練個人的思考力與臨場反應，亦可提升其理解力，對前途也有莫大助益。反之，若孩子因缺乏理解力的訓練而無法領會課業的內容時，必將隨年級的升高與課程的加深更難產生學習興趣了！

因此，當父母發現孩子興趣廣泛並喜愛運動時，應當積極地加以鼓勵。

讓孩子發揮自己擅長的學科

有一位教育專家認為：「大腦猶如一條包巾，只要提起一端，便可帶動全體。為何擁有一技之長的人，通常其他方面也會有優異的表現呢？正因頭腦有如包巾般的特性，只要有一端被開啟，其他部位也會相對地活躍起來。因此，若對某一課題產生好奇心，集中精力去做，必能促進全腦的活化。」

例如，有個學生數學方面的表現不理想，但是他語文成績獨占鰲頭，受到老師和同學們的讚賞。因此，他因擁有一門擅長的科目而充滿自信與快樂。

鼓勵孩子獲得成功

對孩子不提過高的要求，讓孩子獲得成功，體驗到成功的快樂，孩子才會對學習有興趣。比如，低年級的孩子學會拼音和常用國字後，可讓他們寫封信給外地的親戚，並請求遠方的親人抽空回信給孩子，讓他們嘗到學習的實際效用，這樣能培養孩子的學習興趣。

讓孩子做老師

家長可以讓孩子做老師教自己，試著交換一下教和被教的地位，孩子站在教方的立場，會提升其學習的欲望，同時，為了使雙方明白，孩子必須深入地學習並抓住學習內容的要點，這對他自身的學習有很大的幫助。

試著讓孩子創造問題

孩子是學習的當事人，被迫學習，被迫考試，學習處於被動狀態，時間久了，孩子對學習生厭是可以理解的。家長指導孩子學習時，可以換一種方法，不是經常讓孩子去解答問題，而是採取讓孩子創造問題的學習方法。這不僅會改變孩子的學習態度，而且會激發孩子的學習興趣。

試著讓孩子創造問題，孩子會考慮什麼地方是要點，父母也可以在指導孩子學習時以此為中心。另外，孩子一般會對自己理解非常充分或自覺得意的地方提出問題，這對父母來說，就很容易掌握孩子在哪些方面比較擅長，在哪些方面還有欠缺。如果堅持這種學習方法，孩子就會在平常的學習中準確地抓住學習的要求和問題所在。此外，這還有助於提升孩子的表達能力，滿足孩子的自尊心，學習自然就會取得良好的效果。

讓孩子先做力所能及的事

正像我們的工作有難易的差別一樣，孩子的學習任務也有程度難易之分，倘若一開始就好高騖遠，便容易因為備嘗失敗的苦惱而喪失自信與幹勁，最終一事無成。

正所謂「好的開始是成功的一半」，如果事情開始時就十分順利，便可令人全身心投入並且提升效率，還能因滿足感與充實感的產生，激勵孩子向更高遠的目標積極邁進。

▌培養孩子養成良好的學習習慣

談起孩子學習習慣的培養，許多家長必定感同身受。在生活中，我們的很多孩子因為沒有養成良好的學習習慣，學習時精力不集中，邊學邊玩；寫作業時馬馬虎虎、潦潦草草，應付過關；答題時，還沒看清題目就匆忙作答；明明會做的，可因為粗心大意，卻做錯了……類似的事情數不勝數，讓家長們不勝煩惱。

事實上，孩子想要取得優異的成績，獲得學習上的成功，身為家長，除了要為孩子提供一些必要的物質保證外，還應該培養孩子良好的學習習慣。

良好的學習習慣包括哪些方面

良好的學習習慣包括：

✧ 學習時精力集中、專心致志，不做小動作，不邊學邊玩。

✧ 獨立完成作業，知難而進，樂於思考，自己動手查閱資料解決難題。

✧ 熱愛學習，樂於學習，主動學習，不是被逼著被動地甚至委屈地學習。

✧ 具有自覺學習態度，自律性強，不用家長「陪讀」，不貪玩。

孩子只要養成良好的學習習慣，便可受益終身！

如何才能讓孩子養成良好的學習習慣呢

教育專家認為學習習慣的養成是一個長期的持之以恆的過程。想要讓孩子養成良好的學習習慣，家長應從以下幾個方面做起：

✧ **幫助幫助孩子制訂學習目標和計畫**：在學習過程中，許多不利因素都會影響到孩子的學習狀況，導致孩子課業成績下降或是無法安心學習等情況。有的孩子雖然能夠承受壓力，甚至對學習的興趣還很濃，但是當面對眾多的書籍和繁雜的學習任務時，常常摸不著頭腦，不知該從什麼地方下手。因此，家長應該及時幫助孩子制訂新的、正確的學習目標和計畫，積極地引導和鼓勵孩子學習。

✧ **養成以正確的姿勢看書、寫字的習慣**：在孩子剛剛學寫字的時候，家長就要協助老師認真地教。剛開始練習寫字時，不要讓孩子每次寫很多字，也不要求快，更不能催促孩子。練習寫字的初期主要應強調正確，寧可慢些、少些，一定要寫好。不少孩子到四五年級就想學大人寫連筆字，這是不可取的。

✧ **要讓孩子養成定時專心學習的習慣，以提升學習效率取得良好的成績**：家長應嚴肅正視孩子的學習，給孩子提供良好的學習環境和有規律的學習時間，不能因故分散孩子的學習精力。這樣孩子就會把學習當作生活中的必要程式來完成，養成定時專心學習的習慣。

✧ **養成課後複習和課前預習的習慣**：家長應注意孩子對新舊知識的掌握情況，有計劃有目的地指導孩子複習並做好複習檢查工作，培養孩子良好的複習習慣，使知識系統化、連貫化。孩子有了一定的自學能力後，即可指導孩了預習即將學習的課程，這樣教師講課時，孩子就能有的放矢地突破重點、難點，有利於接受新知識。

✧ **要培養孩子獨立完成作業的習慣**：不管孩子提出什麼理由和藉口，當天的作業必須讓孩子當天完成。孩子做作業遇到困難，家長只能講解和啟發誘導，鼓勵他自己去克服困難，找到答案，絕不能代替完成。

✧ **培養孩子廣泛閱讀的習慣**：蘇聯教育家蘇霍姆林斯基說：「讓孩子變聰明的辦法不是補課，不是增加作業，而是閱讀，再閱讀。」因此，做家長的要不斷挑選各種適合孩子閱讀的書籍，引導孩子認真閱讀，養成他廣泛閱讀的習慣這將使孩子終生受益。只要家長能持之以恆地嚴格要求孩子，必然能培養孩子良好的學習習慣。

✧ **培養孩子養成上課認真聽講的習慣**：上課認真聽講是學習好的第一步，也是最重要的學習好習慣。有的孩子上課不能長時間專心聽講、東張西望、做小動作、吃手、注意力分散；對老師講課的內容常常充耳不聞，心不在焉，不感興趣或無法理解老師課堂講授的知識；記不全或記不住老師口頭布置的作業和事情；複述老師所講內容時，顯得語無倫次……孩子這些上課不注意聽講的問題常常困擾著家長。

針對這些問題，專家提出以下建議：

✧ **幫助孩子做好上課的準備**：孩子在課堂上可能因為一件很小的事情就注意力不集中了，比方說某一門課的課本忘記帶了，老害怕老師會來點他的名，一上課就在想怎麼躲過這一關，這堂課就上不好了。所以，孩子上學前家長就應該讓孩子做好上課的準備，要督促孩子整理好書包，準備好上課需要的學習用具，讓孩子心情愉快輕鬆地去上課，這樣孩子就沒有後顧之憂。平時，家長對孩子要多一些關心，培養孩子的好習慣，讓他們精力充沛，保持良好的狀態。

✧ **保障孩子充分的睡眠時間**：有的孩子不能在課堂上認真聽講，原因之一是由於過度疲勞；有的孩子因為貪玩而導致作業花費時間過長，進而影響了正常的休息。孩子缺少足夠的睡眠與休息，自然影響到次日的正常學習。科學機構的研究表明，人長期睡眠不足就會造成腦供氧缺乏，損傷腦細胞，使腦功能下降。中學生要保證每天 9 小時的睡眠時間，小學生要保證每天 10 小時的睡眠時間。孩子如果睡眠不足，抵抗力會下降，課業成績會受到很大影響。父母要意識到睡眠對孩子的健康成長的重要性，不能任意剝奪孩子的睡眠時間。讓孩子養成定時睡覺的好習慣，是幫助孩子學習取得好成績的重要「法寶」之一。

✧ **家長要積極與老師配合**：教育孩子是學校和家庭的共同責任。家長要及時了解孩子上課能不能認真聽講、注意力是否集中，並經常與老師保持聯繫。如果發現問題就趕快採取措施，消除各種干擾，使孩子能在課堂上快樂地聽講。

孩子是未來，孩子是希望，身為家長，我們應拿出點精力和時間，努力培養孩子良好的學習習慣。孩子只有養成了良好的習慣，掌握了正確的方法，好成績才能延續下去。而且，更重要的是，良好的學習習慣還可以遷移到孩子的其他行為中去，使其終生受益。

▎與孩子一起學習

每一位家長都希望自己的孩子刻苦學習，但是很大一部分家長自己卻很少學習。其實，在孩子成長的過程中，家長的影響是至關重要的。身為家長，在教育孩子的同時，也要不斷地學習、不斷地反思，只有家長的內心是豐富的、積極的，才能培育出一個真正健康快樂的孩子！

日本早期教育學家根本進先生提出了「母子一同教育」法。

所謂「母子一同教育」就是媽媽和孩子一同去做某件事，如母子一同看電視、母子一同繪畫等。根本進先生親任指導老師，舉辦畫展，他採取「發給母子同樣題材，讓他們各自作畫」的獨特指導方式，這樣做克服了孩子依賴母親的習慣，避免將來由於母親不在身旁，孩子什麼也做不了。

根本進先生發給母子同樣的畫，讓母子分別來做，藉以激發媽媽作畫的興趣。當母親聚精會神地畫畫時，孩子也會受媽媽感染，興致勃勃地畫畫。

在孩子的心目中，母親是最偉大的，如果媽媽熱衷於某件事，孩子也會對這件事感興趣。如果媽媽與孩子一同做某件事，孩子會備受鼓舞、興趣大增。

由此可見，想要孩子能夠刻苦學習，身為家長，自己必須先做出榜樣。只有家長擁有一種積極向上、好學不倦的心態，才能在家長的影響下培養出勤奮好學、充滿自信的孩子。這比單純地對孩子說教更有效。

那麼，家長應怎麼做到與孩子一起學習一起成長呢？

家長積極參與孩子的學習中

兒童時期，孩子主要是透過模仿學習的，所以教孩子的方法之一就是行動起來，在他面前或是和他一起做點什麼。也就是說，你不要光下命令、發指示給孩子，比如在糾正孩子的時候，不要簡單地說「不要老是東張西望，好好做你的功課」，你最好安靜地坐在孩子身邊，然後翻看喜歡的書籍，把他帶入到學習的意境中。平時，也不要命令孩子「別總是想著玩，先做完作業再說」。其實，你可以關上電視，然後一起與孩子進行學習上的互動，如考查他的記憶力、玩一些腦筋急轉等，在不知不覺中使孩子進入學習狀態。

與孩子一起討論學習方面的話題

家長放下架子與孩子一起討論學習方面的話題，不但可以培養孩子提出問題、解決問題的能力，還能提升他們的學習興趣，使孩子獲得成就感，得到知識給人帶來的快樂體驗。父母在必要的時候不失時機地「裝裝傻」，給孩子當當「小老師」的機會，會促使孩子不滿足於「知其然」，還養成「知其所以然」的好學精神。這完全符合「教學相長」的教育精髓。

小鈺愛猜謎，她有什麼新謎語都要拿來考考爸爸媽媽。而小鈺的爸爸媽媽有時故意左思右想猜不出，當她得意地把謎底告訴爸爸媽媽時，爸爸媽媽還會問一聲：「為什麼？」她便會眉飛色舞地解釋給爸爸媽媽聽。

猜謎語，既培養了小鈺理解語言的能力，還激發了她學習的濃厚興趣。她從學習中收穫的不僅僅是知識，還有融洽的親子關係。

家長要提升自己的心理素養

家長的心理素養對家庭心理氛圍影響極大。當家長在生活中、工作中、孩子成長中遇到困難時，家長能夠情緒穩定、積極樂觀、對家庭有責任感、對孩子有信心，實際上就已經為孩子營造了一種良好的氛圍。

要孩子做到的，家長自己要先做到

教育孩子養成良好行為的最好方法是家長以身作則，家長是孩子的第一任老師，其言談舉止在日常生活中潛移默化地影響著孩子的一言一行。孩子行為模仿的對象首先是家長，家長要求孩子做到的自己首先就要做到。

比如，有一位家長要求孩子星期日至星期四晚上不能看電視。剛開始時，孩子在完成作業後忍不住吵著要看，理由是爸爸媽媽開著電視，影響到自己學習。為了使孩子養成習慣，爸爸就提出在孩子未睡覺之前自己也不看

電視，和孩子一起學習或玩耍。久而久之，孩子的習慣養成了，爸爸媽媽自己也有了相對固定的學習時間。

家長應多跟孩子交流

若要使自己的孩子學習進步、生活快樂，那就和孩子一起交流、學習、談心，給孩子一片屬於自己的藍天。

家長可以每天抽一段時間與孩子談論他們在學校學到的東西，比如晚飯時間是每個人可以分享自己一天所得的愉快時刻。家長問的可以是一些開放式問題，如你今天最好的事情是什麼？不要問那些可以用「是」、「不是」或點頭回答的問題。這能讓孩子鍛鍊表達能力，達到溫故知新的效果，因而增強學習的興趣。

與孩子一起學習時，家長的態度必須認真，不能應付

說起陪孩子學習這個問題，許多家長深有感觸：如果家長心不在焉，孩子也會顯得沒有什麼興趣；而如果家長認真投入，孩子因為受到家長的感染，同樣也會認真學習。因此，想要讓孩子養成認真學習的習慣，如果只是說「你要怎樣做」的大道理，還不如家長與孩子一起認真去做。

不要打擾孩子

許多孩子的注意力持續時間很短，而且難以培養他們長時間注意某物，因為小孩根本就無法像成人一樣集中注意力。要幫助孩子保持長久的注意力，你一定不要在孩子醉心於學習的時候打擾他。有些家長怕孩子學習時間長了身體吃不消，所以，在孩子學習的時候經常是左瞧瞧、右瞅瞅，並時不時來上一句：「要是累了就休息一下。」自己以為這是對孩子的關心，其實是在打斷孩子的思路。這種做法是不可取的。

第五章
優秀是誇出來的

　　每個孩子在成長過程中，最需要的就是得到家長的認同和鼓勵，在學習上更是如此。在鼓勵與讚賞中成長起來的孩子，往往更自信，更懂得欣賞別人，更容易取得勝利！

每個孩子都需要賞識與肯定

科學家做過這樣的一個實驗：

他們把跳蚤放在桌子上，每拍一下桌子，跳蚤起跳的高度均在其身高的100倍以上。接著，科學家在跳蚤的上方罩一個玻璃罩，讓它再跳，這次，跳蚤碰到了玻璃罩，於是它調整了自己的起跳高度，以避免再次碰到玻璃罩。之後，科學家逐漸降低玻璃罩的高度，每次跳蚤都在碰到玻璃罩後主動調整自己的高度。最後，玻璃罩接近桌面，幾次失敗之後，跳蚤便無法再跳了。於是，科學家把玻璃罩打開，再拍桌子時，但這隻可憐的跳蚤仍然不會跳，它已經變成「爬蚤」了。

跳蚤變成「爬蚤」，並非它失去了跳躍能力，而是由於一次次的挫折讓它學乖了、習慣了、麻木了。對於跳蚤來說，玻璃罩已經罩住了它的潛意識，把它的行動和欲望都扼殺了。科學家把這種現象叫做「自我設置」。很多孩子在他們成長的過程中都有過類似的經歷。由於受到外界太多的批評、打擊和挫折，慢慢地他們失去了信心，失去了學習的熱情，被外界的評價「自我設置」了。這種情形的出現從一定程度上說是教育的失敗。因此，想要孩子跳得更高，家長非但不能批評、打擊孩子，還應該給予孩子充分的賞識與肯定。

每個孩子在成長的過程中，其心靈都是敏感而脆弱的，他們的自我意識的產生完全依賴於家長和老師對他們的評價。當他得到的鼓勵、喝彩和掌聲越多，他們對自己的信心就越足，表現出來的能力就越強，就越能向著良好的方向發展；相反，成人給予他的評價越低、批評越多，他們對自己的信心就越低，表現就越差……正因為如此，我們才說成功家庭教育的前提是賞識與肯定！家長的賞識與肯定能對孩子的進步產生一種無形的力量，能增強孩子的自信心和激發他們的上進心。

美國著名作家瑪律科姆‧戴爾科夫少年時代曾有過這麼一段有趣的故事：

戴爾科夫小時候住在伊利諾斯州的羅克艾蘭，無依無靠，生性十分卑怯。1965 年 10 月的一天，他的中學英語老師露絲‧布羅奇給學生安排作業，要求學生在讀完了小說《梅岡城故事》（*To Kill a Mockingbird*）末尾一章之後，由他們接下去續寫一章。

戴爾科夫寫完作業交了上去。布羅奇夫人在他作業的頁邊批下一句話：「寫得不錯！你將會成為了不起的人！」

看到了老師的批語，戴爾科夫激動不已。就是這句話，改變了他的一生。

戴爾科夫回憶說，「讀了老師這句話的評語，我回家立刻寫了一個短篇小說 —— 這是我一直夢想要做但又絕不敢做的事。」

在接下來的時光裡，他寫了許多短篇小說，並總是帶給布羅奇夫人評閱。布羅奇夫人為人嚴肅而真誠，不斷給他鼓勵。後來戴爾科夫被提名當上那所中學校報的編輯。由此他越發自信，就這樣開始了卓有成就的一生。

戴爾科夫確信，如果不是因為老師在作業本上寫下的那句話，他不可能取得後來的一切。老師的一句讚賞和激勵的話，便改變了一個少年的一生，使他成為一名專業作家。與戴爾科夫一樣幸運的還有義大利偉大的歌唱家卡羅素：

許多年前，一個 10 歲的義大利男孩在拿坡里的一所學校讀書。他一直想當一個歌唱家，但是他的第一位老師卻說：「你不能唱歌，五音不全，你的歌簡直就像是風在吹百葉窗一樣。」

回到家裡後，他很傷心，並向他的母親 —— 一位貧窮的農婦哭訴這一切。母親用手摟著他，輕輕地說：「孩子，其實你很有音樂才能。聽一聽吧，

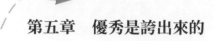

你今天的歌聲比起昨天的樂感好多了，媽媽相信你會成為一個出色的歌唱家的……」

聽了這些話，孩子的心情好多了。後來，這個孩子成了那個時代著名的歌劇演唱家。他的名字叫恩瑞哥‧卡羅素。當他回憶自己的成功之路時這樣說：「是母親那句肯定的話，讓我有了今天的成績。」

也許，卡羅素的母親從來都沒有想到過她的兒子能成為一代名人，也許根本沒有指望過靠她那三言兩語去改變兒子的一生。然而，事實上，正是她那句善意的肯定成就了那個時代最偉大的歌唱家。由此可見，讚賞和肯定對孩子成長的作用有多大。可以說，讚賞和肯定是孩子成長過程中的陽光、空氣和水，它能激發孩子的潛能，增強孩子的自信心，是孩子成長過程中最好的心靈營養品。

而要做到賞識孩子，家長首先應該對孩子具有真誠和科學的愛。這種愛應該包含著理解、尊重、鼓勵、包容與期望等積極情緒。具體的做法是：

✧ **尊重和信任孩子，相信孩子的能力**：尊重和信任孩子，可以幫助他們自立自強。在生活中，家長最容易犯的錯誤就是事先假定孩子什麼也不會做，什麼也做不好，所以事事都會阻止他們自己做，都要替他們做好。殊不知，這麼做的結果是使孩子慢慢地對自己失去信心，失去自己努力去探索、去追求、去鍛鍊的自覺性。

其實，鼓勵孩子的最好辦法就是信任孩子，相信孩子和大人一樣也能把事情做好，放手讓孩子自己去嘗試，如收衣服、拖地、擦桌子等。在孩子嘗試做一件事情的時候，家長多告訴孩子「你能行」、「你能做好」、「我相信你」，這能讓孩子在做的過程中得到一種自我滿足，增強自尊和成就感，因而不斷增強他的自信心。

✧ **家長應努力挖掘孩子的閃光點**：事實證明，能力再弱的孩子也有他的優點，在日常生活中，家長應注意觀察孩子的行為舉止，挖掘孩子的優點，從孩子的優點入手，及時地給予肯定和鼓勵，不斷地強化孩子積極向上的心理。堅持每天都要讚美孩子，這能滿足孩子心靈深處最強烈的需求。

✧ **要善於發現孩子的點滴進步，並不失時機地予以鼓勵**：比如孩子不會收拾自己的玩具，爸爸媽媽要做的不是指責他，而是告訴他怎樣才能收拾好自己的玩具，當孩子有一點點進步的時候，家長應不失時機地鼓勵他：「這回收拾得真好，又乾淨又整齊！」當孩子意識到自己好的舉止被父母注意到時，便在內心調整了行為取向，使好的行為得以鞏固。

✧ **寬容和理解孩子**：寬容和理解孩子，可以幫助他們重新振作。每個孩子在成長的過程中，都可能遇到困難或挫折，都可能遭遇到人際上的困擾或考試的失敗，都可能不小心做錯了事情，這時候，家長應該寬容和理解孩子，給孩子精神上的鼓勵與支持，讓孩子重新振作起來。

✧ **要真心讚揚和鼓勵孩子**：真心讚揚孩子，可以幫助他們揚長避短。鼓勵性的語言很多，應該多用、多創造，比如：「你真能幹！」「好小子，你真棒！」「不要洩氣，再努力一下就會成功！」「沒關係，失敗是成功之母。」「我真為你驕傲！」

在孩子的一生中最能幫孩子樹立信心、能發揮最好激勵效果的，就是他的第一次成功。哪怕是再小的成功，也能增強自信。當孩子學會一個字、得到一張獎狀、做對一道題目、縫好一枚鈕扣、擦乾淨一次地板、洗乾淨一雙襪子時，他都有成功的喜悅，會期望自己下一次做得更好。如果得到肯定與鼓勵，將使他對前景充滿信心，因而獲得自信。我們做父母的如能幫助孩子獲得人生的第一次成功，讓孩子品嘗到成功的喜悅，他將來一定是個成功者！

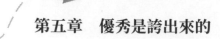

▎少一些指責，多一點讚美

　　沒有種不好的農作物，只有不會種農作物的農民；沒有教不好的孩子，只有不會教的父母！農民怎樣對待農作物，決定了農作物的命運；家長怎樣對待孩子，決定了孩子的一生！農民希望農作物快快成長的心情和家長希望孩子早日成材的心情完全一樣，但做法卻截然不同：農作物長勢不好時，農民從未埋怨農作物，相反總是從自己身上找原因；而我們孩子學習不行時，家長卻更多的是抱怨和指責，很少反思自己的過錯！為什麼會這樣呢？那是因為許多家長誤以為孩子需要的是教育，而教育更多的是訓導、指教和糾正。為了達到他們所謂的教育目的，這些家長在與孩子交流時，總愛指出孩子的種種缺點：學習不認真，沒有耐心，太粗心，做題馬虎，成績總無法提升，不肯聽父母的話……在他們看來，唯有「糾正」孩子才能變得更好，而事實上是，過多的「糾正」與「指責」，只會讓孩子變得越來越「壞」。

　　小甜甜今年剛 5 歲了，前些日子，媽媽發現小甜甜的樂感特別好，所以就讓小甜甜報名鋼琴學習班，學習鋼琴。可是，剛練了一些日子，小甜甜就開始鬧彆扭了，說是不想學了。這讓甜甜的媽媽很苦惱。

　　為什麼原本對音樂感興趣的甜甜突然就對學習鋼琴失去了興趣呢？

　　原來媽媽認為，在剛開始練琴的時候，孩子的姿勢和手型特別重要，一定要從小就培養好。但小甜甜每次都會出錯，不太注意姿勢和手型。於是，在小甜甜練習鋼琴的時候，媽媽就會在旁邊監督，一發現小甜甜的手型不對，就馬上用一根小棍挑起她的手腕，大聲訓斥她：「跟妳說過多少次了，手型不對！妳怎麼總是出錯啊？」

　　這樣，一而再，再而三，小甜甜變得煩躁而膽怯了，有一天，她哭著對媽媽說：「媽媽，我討厭學鋼琴，我不學了！」說完就跑進奶奶的房間躲進奶奶的懷裡。

以後，媽媽只要一說起鋼琴，小甜甜就會大哭大鬧，說什麼也不肯接近！倒是有那麼幾次，媽媽不在家的時候，小甜甜會偷偷地摸一摸鋼琴。

像甜甜媽媽這樣的家長並不在少數。望子成龍、望女成鳳的思想讓他們對孩子抱有極高的期望，他們希望自己的孩子什麼都好，什麼都比別人的孩子強，對孩子表現出來的一些優點視若無睹，對孩子的缺點卻不依不饒。比如，當遇到孩子回答問題，對孩子答對的部分不在意，而對答錯的部分則非常敏感，甚至責罵孩子。有些父母經常對孩子這樣說話：「你怎麼這麼笨？」「連這個都不會？」「你看某某的孩子多好！」「我小的時候比你強多了！」

在這些家長的觀念裡，孩子出現錯誤是不能被允許的。為了孩子能表現得「十全十美」，他們經常會在孩子學習一項新事物時，密切注視孩子的一舉一動，一旦發現有錯，立即十分著急地加以糾正，甚至訓斥、打罵孩子，非要讓孩子做到分毫不差才行。這種做法，嚴重地傷害到孩子稚嫩的自尊，挫傷了孩子學習的積極性，強化了孩子錯誤的行為，久而久之，孩子就產生了嚴重的自卑心理。認為自己沒有這方面的天賦與能力。嚴重的話，還可能影響到孩子其他能力的發展，對孩子的成長有害無益。

正確的做法應該是對孩子少一點指責，多一點寬容與讚美，多用發展的眼光看待他們，讓孩子發揮出他們自身的潛能，為其日後的成材打下堅實的基礎，這才是每一位家長應當著力去做的事。在孩子出現錯誤的時候，另一位家長是這麼做的：

樂樂的作業寫得特別潦草，爸爸看見了，心裡雖然很生氣，但爸爸知道與其批評樂樂一頓，不如激勵他。於是，他努力克制住了自己的感情衝動，態度和藹而認真地對樂樂說：「你的作業太潦草，不符合要求，要重寫。我知道，要你重寫你是不大樂意的。但我為什麼還要讓你重寫呢？因為我相信，你第二遍肯定比第一遍寫得好得多。」孩子一聽父親這語重心長的言

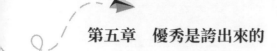

語，開頭有點不高興，但仔細一想，就深深體會到了嚴明而慈祥的父親的期望和信任，這種無形的力量，使他受到激勵，促使他很快又重寫了一遍，而且如父親所期望的那樣，寫得相當好。

如果樂樂的爸爸也像甜甜的媽媽一樣，只把目光聚焦在孩子存在的不足上，揪住樂樂的缺點大肆批評，樂樂即便重寫了作業，其內心也是非常不樂意的，這樣重寫出來的效果必定不好。這位爸爸就聰明在他了解孩子的心理，意識到孩子自尊的重要性。因此他在批評孩子的時候，更多的是給孩子以激勵，讓孩子意識到自己的不足與潛在的優勢，因而能認真改正自己的錯誤。由此可見，與其指責孩子，不如給孩子多一點的讚美。

豔豔是個活潑、可愛的小女孩，可就是太馬虎了。寫作業的時候，不是字打錯，就是題目漏做，這讓她的爸爸媽媽和老師非常頭痛。

有一天，豔豔又把題目抄錯了，老師把她叫到辦公室準備責備她。當老師看到豔豔的時候，突然轉變了自己原來的想法。老師笑咪咪地對豔豔說：「豔豔今天穿的衣服真好看，就像美麗的白天鵝一樣。」豔豔受寵若驚，她原本以為又是當頭一頓批評的，沒想到老師居然誇她。老師接著說：「我相信你本身的潛能也像你的人一樣漂亮而富有影響力。」

豔豔又高興又害羞，她肯定地對老師說：「請老師相信我吧！」從那天開始，她就再沒有出現過什麼錯誤。課業成績也蒸蒸日上。更難得的是她與老師的交流也變得越來越順暢！

讚美的妙處在於你的隨後要求會因為讚美而變得更有效。因此，若要你的孩子接受你的建議，不如變指責為讚美，讓孩子既認知到自己的不足，又能欣然接受你的「批評」，使你的「教育」真正落到實處！

要做到既能維護孩子的自尊，又能讓孩子糾正自己的不足，家長可以從以下幾個方面入手：

- ❖ **要批評，也要肯定**：當孩子做錯了事，經父母的批評糾正後他們改正了錯誤時，父母要給予足夠的肯定，使他們對自己的正確行為有信心。讓孩子在愉悅中學會好的行為，總比在責備中學習要容易得多。因為每個人對別人的斥責和約束都有內在的排斥性。過多的責備與管束會使孩子產生反感，會削弱效果，不如正面鼓勵效果好。

- ❖ **用讚美代替批評**：孩子由於受心理發展水準的限制，學習、判斷是非、記憶等能力較差，在犯了錯誤之後，雖經家長指出和教育，還有可能重犯。這種現象並不表明孩子不知道自己行為的錯誤，而是由於他的自制力不強或已經形成了習慣等原因，因此一犯再犯。這時候，家長可以用讚美他的自制力方面的話鼓勵孩子，孩子為了得到更多的讚美，往往會朝著好的方向發展，使你的教育取得事半功倍的效果！

- ❖ **啟發孩子，讓孩子明白自己的過失**：孩子犯了錯誤，如果父母能心平氣和地啟發孩子而不直接批評他的過失，孩子會很快明白父母的用意，願意接受父母的批評和教育，而且這樣做也保護了孩子的自尊心。

- ❖ **沉默**：孩子一旦做錯了事情，就會擔心父母責罵，如果正應了孩子心中所想的，他會有一種如釋重負的感覺，對批評和過錯反而不以為然了。相反，如果父母以沉默的態度對待，孩子會感到緊張、不自在起來，進而能反省自己的錯誤。

- ❖ **換個立場**：當孩子惹了麻煩，怕被父母責罵的時候，往往會把責任推到他人身上，以此來逃避責罵。此時最有效的方法是在孩子強辯「都是別人的錯，跟我一點關係也沒有」時，回他一句：「如果你是那個人，你要怎麼解釋！」孩子會思考，如果自己是對方時該說些什麼。這樣一來，大部分孩子都會發現自己也有責任，而且會反省自己把所有責任推到對方身上的錯誤。

✧ **低聲**：以低於平常說話的聲音責備孩子會更容易引起孩子的注意，也更容易使孩子聽你所說的話。這種低聲的「冷處理」，往往比大聲訓斥的「熱處理」效果更好。

✧ **適時適度**：幼兒的時間觀念比較差，昨天發生的事對於他們彷彿過了好些天，加上貪玩，剛犯的錯誤轉眼就忘了，因此，父母責備孩子要趁熱打鐵，立刻糾正，不能拖拉，超時間就無法發揮應有的教育作用了。

讚美是父母送給孩子的最好禮物。父母越是讚美和欣賞自己的孩子，孩子的優點就越多，也就會變得越優秀！

放大孩子的優點

最近看過這樣一個故事：

從前有個老員外，他的三個兒子都很笨，老員外很擔心，擔心家產會敗在他們手裡。於是，他決定請當地很有名的老秀才來教他的三個兒子。

老秀才說：「我得考考你的三個兒子，通過考試我才能收下他們。」老員外心裡暗暗叫苦。

第一個上場的是大兒子。考試的內容是對對聯，老秀才出的上聯是：東邊一棵樹。大兒子急得頭上冒出了汗，也想不出該對個什麼下聯，嘴裡一直叨念：「東邊一棵樹，東邊一棵樹……」老員外在一旁直想發火。過沒多久，老秀才說話了：「此孩子記性不錯，我只說了一句，他就記住了，可教也，我收下。」

第二個出場的是二兒子。老秀才出的還是那道題：東邊一棵樹。二兒子進考場之前已聽哥哥說過題目，張口就對：「西邊一棵樹。」氣得老員外目瞪口呆。老秀才說：「此子改了方向，以西對東，對得貼切，可教也，收了。」

最後是三兒子。老秀才仍然是那道題：東邊一棵樹。三兒子想了半天，也沒有想出好的下聯來，不由得大哭起來。老員外覺得他太丟人了。誰知道，老秀才說道：「此子有羞恥心，可教也，收了。」老秀才收下老員外的三個兒子，並把他們教育成有用之人。

這個故事告訴我們，任何一個孩子，不管他的天資再差，缺點再多，只要他有那麼一點點的優點，就是可教之才。身為家長，我們應該努力發現並且放大孩子身上的優點，這是一種創新的家教方法，也是當代父母最能有效地激勵孩子成長進步的方式。

小澤是班上典型的破壞分子，他身上的缺點有不少，諸如懶惰、散漫、衝動、斤斤計較、撒謊、搗蛋……為此，班上的同學經常到班導師那裡告他的狀，科任老師也是一提到他就頭痛。班導師沒辦法「降服」他，就只好把情況如實匯報給小澤的爸爸媽媽。而爸爸媽媽也想過很多辦法整治他，可收效甚微。

為了能更好地「教育」小澤，小澤的爸爸特地請自己的老同學、著名的教育專家 —— 老周到自己家裡做客。

老周來了，跟小澤的爸爸一起在客廳裡聊天。而小澤呢，則把自己房間的門虛掩著，他想聽聽爸爸又在告自己什麼「狀」。

果然，不出所料，他們聊著聊著，就說到了小澤的問題，小澤馬上豎起耳朵來：

「你兒子小澤看起來很聰明呀，這小子如果像你的話，數學應該非常不錯哦！」這是周叔叔的聲音。

「算了，別說了，數學一塌糊塗！」爸爸無可奈何地說道。

「國文呢？」

「也不好」

「英文呢？」

「那就更別說了！」爸爸似乎有些羞愧。

老周聽了此話，哈哈大笑起來：「照你說，你的兒子一無是處！」

「唉！」

小澤聽到爸爸沉重的嘆息，他心裡非常不是滋味：難道自己真的這麼差？

「哦？」老周突然提高了聲音，「這手工應該是你兒子做的吧？真是活靈活現啊！還有，這字似乎也寫得相當漂亮！」

爸爸一聽這話，似乎也有些興致：「是呀，是呀，這孩子似乎有繪畫、手工方面的天賦，當然，他做事情還是很負責的，還非常細心、執著。還有呀……」

小澤有點不敢相信自己的耳朵了，他不知道自己居然還有這麼多優點。

受到鼓勵的小澤，一點點放大自己的優點，興奮地快要跳起來了，他知道他肯定會比爸爸說的做得更好！

後來的後來，故事還有很長很長。可是，正是從周叔叔到家裡「做客」以後，小澤開始變得懂事了，他真的很負責、很認真，把每一件事情都做得井井有條，至於課業成績嘛，不用說，也像他的手工一樣 —— 非常漂亮。

生活中，像小澤這樣的孩子還有很多，他們都有一些諸如「歌唱得很動聽」、「很會做手工」、「愛做日常生活事務」、「名字寫得很漂亮」等優點。然而，現實生活中，很多家長對孩子的這些優點卻視而不見，對孩子的錯誤或缺點卻狠狠地予以批評，甚至諷刺、挖苦，這樣的做法，就嚴重挫傷了孩子的自尊心和上進心。

其實，真正高明的家長應該努力尋找孩子的優點且放大孩子的優點。如果每一位家長都能用發現、欣賞的眼光去放大孩子們的優點，何愁孩子不優

秀呢？下邊是一位聰明的母親寫的一段話：

讀一年級後，女兒所在的班開始記口述日記了。也許是日積月累吧，女兒的日記中常常會用上一些好詞佳句，例如「小心翼翼、手忙腳亂、大吃一驚」等，每聽到女兒說出一個富有新意的詞語，我便大加表揚：「真棒！」「真了不起！」「媽媽真為你高興！」「哇，這個詞你也會說」等。而這個小丫頭居然一點都不謙虛，笑咪咪地照單全收了。

現在，女兒開始記日記了，她經常會自覺地思考，喜歡用一些新的詞語、新的句式，在語言表達上表現出非凡的天賦⋯⋯

也許，很多孩子在剛開始學習語言的時候，也會像故事中的這個小女孩一樣，一不小心就溜出一些有點創意的話來，一些大人覺得這沒什麼大不了的，不要小題大做，誇大其詞。可一些高明的家長卻抓住了這些看似微不足道的「優點」，放大了孩子的優點，讓孩子無形中形成一種「我有語言天賦」的美好感覺，之後，他在語言方面的能力就真的非同一般。這就是賞識的力量。而要賞識孩子，就需學會放大孩子的這些優點。具體的做法是：

◇ **不要總是放大孩子的缺點**：對於孩子來說，父母的話具有很大的權威性。父母不僅不要整天把孩子的毛病、缺點掛在嘴上，不停地數落，更不能對孩子說結論性的話，比如說「笨蛋」、「你真沒救了」等。千百年來，我們的教育觀念就是先找孩子的缺點，然後不斷地提醒、警告，讓他改掉缺點。總認為改正了缺點，孩子就進步了，就提升了；沒缺點了就完美了，完美了就傑出了。這個理論是不對的，不可取的。

◇ **適當誇大孩子的進步**：孩子即使沒有進步，家長也應該尋找機會鼓勵。如果孩子確實有了進步，家長就應該及時誇獎他們「進步很大」。這樣一般都可以調動孩子心中的積極因素，促使孩子期望自己取得更大的進步，孩子就有可能取得事半功倍的奇效。

第五章　優秀是誇出來的

✧ **放大優點，把孩子身上的「優點」發揚光大**：任何一個孩子都有許多「優點」，家長如果能找出這些「優點」並發揚光大，就有可能使孩子從優點出發增強進取的動力，例如下象棋、圍棋、打桌球、書法、舞蹈、彈琴、演說、作詩等，由於是孩子自己的優點，極有可能獲得優異的成績，那麼這種成就經過引導就會有效地擴散到其他領域上去，能有效地改進孩子不思進取的惡習。

▌把缺點轉化為優點

正所謂「金無足赤，人無完人。」在這個世界上，十全十美的東西是不會有的，再好的玉都有瑕疵，再好的人都會有缺點，問題就在於我們如何辨證地看待缺點與優點。對於有很多缺點的孩子來說，教育他們認知到自己的缺點與不足往往能促使他們進步；引導他們糾正自己錯誤，恰恰能讓他們產生前進的動力。在一定的條件下，孩子的缺點也會轉變成為優點。關鍵就在於家長如何教了！

教無定法，重在得法。對待孩子的缺點，以下的兩種教育方式最不科學、最不利於孩子成長：

第一種是無視孩子的缺點，放任自流。對孩子的缺點、錯誤，如果家長放任自流，孩子就會覺得無所謂，而一旦缺點養成習慣，那時再想糾正可就不那麼容易了。

放暑假了，三年級的小胖領了成績單回家，爸爸接過成績單一看，成績中上，馬馬虎虎，在評語一欄老師在肯定了小胖的一些優點後指出，「平時作業潦草、不細心，希望家長督促，認真做好暑假作業，特別是要多練練字，盡量做到字跡工整。」

　　小胖的爸爸認為，學習是小胖自己的事情，如果小胖自己不努力，說了也沒有用。所以，他隨便說了小胖兩句就過去了。而小胖始終沒有因為意識到「讀書是自己的事情」而改變潦草的毛病。

　　第二種是緊抓孩子的缺點不放，對孩子的缺點採取極端的手段，非打即罵，想以高壓政策使孩子改正。

　　楊林拿著 93 分的數學考卷興沖沖地跑進家門，他揚著手中的考卷得意地對媽媽說：「媽，你看，這次數學考試，我考了 93 分！」媽媽接過考卷，把那些做錯的題目找了出來，仔細地看了看題目，然後瞪著眼睛對孩子說：「又馬虎了吧，考試前我跟你講，做完了一定要檢查檢查，從頭到尾再看一遍，你就是不聽，要是認真檢查一下，這些分怎麼會丟掉？」

　　楊林一聽這話，眼淚只在眼眶裡打轉，他不明白，為什麼媽媽單單只看錯題，卻看不到他的進步呢？為什麼媽媽一句表揚的話都吝於說呢？於是，他搶過考卷，一轉身衝進了自己的房間，鎖上了房門，任媽媽怎麼叫他都不出來！

　　楊媽媽這種企圖用批評和糾正的方法迫使孩子改正缺點的做法顯然是不明智的。這樣做，其結果只會傷了孩子的自尊，讓孩子越來越沒有信心。當他們對家長過於嚴厲的行為越來越反感時，叛逆心理就產生了。他們會故意不聽話，用「自暴自棄」等方式跟父母針鋒相對……

　　從主觀上來說，任何一位家長都希望把孩子教育好，使他們成材，甚至能夠出人頭地。然而，錯誤的方法只能得到錯誤的結果，對於孩子的缺點「放任自流」和「緊抓不放」都是不甚高明的。真正高明的家長，懂得用正確地方法，把孩子的缺點慢慢地轉化為優點。

　　那麼，怎麼才能變孩子的缺點為優點呢？大家不妨試試下面幾招：

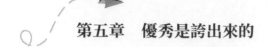

第五章　優秀是誇出來的

正確認知孩子的優缺點

今天，有許多父母溺愛自己的孩子已經到了無以復加的地步，不論自己的孩子做什麼，他們統統都覺得可愛。

有一個2、3歲的孩子，在外面跟小朋友學了個罵人的順口溜：「媽媽好，爸爸壞，爸爸像個豬八戒。」媽媽一聽可高興了，抱起孩子親一口：「乖乖，真聰明！」

不過爸爸也不生氣，抱過孩子說：「乖乖，應該說『爸爸好，媽媽壞，媽媽像個豬八戒』。」孩子沒聽爸爸的，他還有另一套：「爸爸壞，媽媽好，媽媽是個大草包！」這下可把兩口子樂壞了。

這種把孩子學罵人的話也當作優點來欣賞，其實是非常不恰當的。正確的做法是告訴孩子不應當學這些罵人的順口溜，並且根據孩子喜歡學順口溜的特點，教給孩子一些既有知識性又有趣味性的順口溜。這樣不僅教育了孩子，而且可使孩子用優點代替缺點。

因勢利導

大多數孩子都有撒謊的缺點。從某種程度上說，善於撒謊的孩子有頭腦，有思想，有獨立解決和處理事情的能力。看到這個優勢，家長就要根據孩子的撒謊頻率和事情的嚴重程度對孩子進行引導。

高丹這次月考的成績非常差，她怕爸爸媽媽責備自己，於是對爸爸媽媽說：「這次月考成績還是很不錯的，我考了個全班第三。」這個謊撒得有點大，因為，班導師已經打電話告訴高丹的媽媽實際情況了，並建議媽媽要冷靜地與高丹談一談為什麼最近課業成績退步了。

晚飯過後，媽媽來到高丹地房間與高丹談心，媽媽意味深長地說：「丹，你想讓爸爸媽媽為你自豪是正確的，其實，爸爸媽媽一向都為你的自

豪,不是因為你的成績,而是因為你的實事求是。但是,你這次為什麼沒有對媽媽說實話呢?」

高丹聽了,只好老老實實地跟媽媽匯報了自己的學習情況,並告訴媽媽,自己覺得課業壓力蠻大的,雖然很努力,但課業成績老不上去,不知道該怎麼辦!

於是,媽媽耐心地引導高丹,讓孩子學習要用方法,不能死記硬背。

家長在批評孩子缺點的時候,首先肯定了他的動機是好的,孩子就會意識到自己的錯誤,因而把好的動機發揚光大。

對症下藥

對症下藥就是針對孩子缺點的類型,以不同的教育方式來引導。

周凱的爸爸媽媽經常打發周凱到商店裡買東西,而周凱也很聽話,每次買完東西,他就會順便帶一些好吃的東西回來給爸爸媽媽,然後留一小部分錢自用。當然,自用的錢他都是算在買東西的帳內,所以粗心的爸爸一般沒有注意到這個細節問題。然而,周凱的媽媽了解到這種情況後,她知道這不是一種好習慣,時間長了,孩子會產生不勞而獲的想法,而且也很難得到他人的信任,這對孩子的發展來說是很不利的!

這一天,周凱買完東西與往常一樣又虛報了價格。媽媽根據這種情況,對症下藥。晚飯的時候,她和藹地對周凱說:「我們家小凱真的是長大了,每次買東西的時候都想到爸爸媽媽,爸爸媽媽都很感動。但是,如果小凱能用自己賺的錢買東西給爸爸媽媽,爸爸媽媽會更加感動哦!只是,我覺得覺得你買的東西都比實際的價錢貴了點呢?」

周凱一聽這話,不好意思地承認了自己的錯誤,並承諾自己會改掉這個壞習慣的。

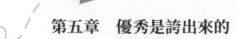

少批評，多表揚、鼓勵

　　清代教育家顏元曾說：「數子十過，不如獎子一長。」這個原則對於任何孩子都是適用的。對那些表現不太好的孩子來說，尤其要少批評，多鼓勵。這樣做，有時候會產生奇效。

　　美國有一個家庭，母親是俄羅斯人，她不懂英語，根本看不懂兒子的作業，可是每次兒子把作業拿回來讓她看，她都說：「棒極了！」然後小心翼翼地掛在客廳的牆壁上。客人來了，她總要很自豪地炫耀：「瞧，我兒子寫得多棒！我相信他會寫得更好！」其實兒子寫得並不好，但客人見主人這麼說，便連連點頭附和：「不錯，不錯，真是不錯！」

　　兒子受到鼓勵，心想：「我明天還要比今天寫得更好！」他的作業一天比一天寫得好，課業成績一天比一天提升，後來終於成為一名優秀學生，成長為一個傑出人物。

　　這就是孩子，你說他行，他就行；你說他不行，他就不行。你說他比別人強，他會給你一個又一個驚喜；你說他不如別人，他會用行動證明他真的很笨。大人就是這樣用語言來塑造孩子的。

教給孩子糾正錯誤的方法

　　要幫孩子的缺點轉化為優點，家長就應該教給孩子糾正錯誤的方法。著名的科學家葛萊恩向記者談起了他小時候發生的一件事：

　　有一次，他趁著母親不在身邊的時候，想自己嘗試著從冰箱裡拿一瓶牛奶。可是瓶子太滑了，他沒有抓住。牛奶瓶子掉在了地上，摔得粉碎，牛奶濺得滿地都是！

　　他的母親聞聲跑到廚房裡來。面對眼前的一片狼藉，她相當沉著冷靜，絲毫沒有怒髮衝冠的樣子，更沒有狠狠地教訓或懲罰他，而是故作驚訝地

說：「哇！葛萊恩！我還從來沒有見過這麼大的一灘牛奶呢！哎，反正損失已經造成了，那麼在我們把它打掃乾淨以前，你想不想在牛奶中玩幾分鐘呢？」

聽母親這麼一說，他真是高興極了，立即將他的大頭鞋踩在牛奶中。幾分鐘後，母親對他說道：「葛萊恩，以後無論什麼時候，當你製造了像今天這樣又髒又亂的場面時，你都必須要把它打掃乾淨，並且要把每件東西按原樣放好。懂了嗎？」

他抬起頭看著母親，眨眨眼睛，似懂非懂地點點頭。母親又說：「啊，親愛的，那麼下面你想和我一起把它打掃乾淨嗎？我們可以用海綿、毛巾或者是拖把來打掃。你想用哪一種呢？」

他選擇了海綿。很快，他們就一起將那滿地的牛奶打掃乾淨了。

然後，他的母親又對他說：「葛萊恩，剛才你所做的如何用你的兩隻小手去拿大牛奶瓶子的試驗已經失敗了。那麼，你還想不想學會如何用你的小手拿大牛奶瓶呢？」

看著他充滿好奇與渴望的眼神，他母親繼續說：「那好，走，我們到後院去，把瓶子裝滿水，看看你有沒有辦法把它拿起來而不讓它掉下去？」

在母親的耐心指導下，小葛萊恩很快就學會了，他發現只要用雙手抓住瓶子頂部、靠近瓶嘴邊緣的地方，瓶子就不會從他的手中滑掉。他真是高興極了。

說完上面的故事，這位著名的科學家繼續說：「從那時起，我知道我不必再害怕犯任何錯誤，因為錯誤往往是學習新知識的良機。科學實驗也是這樣，即使實驗失敗了，但是我們還是可以從中學到很多有價值的東西。」可見，只要善於利用，錯誤也能成為學習與進步的良機。

當然，引導孩子變缺點為優點方法，從理論上講很多，但並不是每一種

方法都適合你的孩子。因為人都是有個性的，每個孩子都有他不同於別人的地方，真正高明的父母不會生搬硬套別人的方法來用於自己的孩子，他們往往根據自己孩子的特點，在眾多的方法中選一些最適合自己孩子的方法，因而達到事半功倍之效。

　　總之，孩子的缺點並不可怕，但把孩子的缺點轉化為優點也不是每一位父母輕而易舉就可做到的事。我們必須有充分的責任感，要善於正確看待和了解孩子的優缺點，還要掌握符合自己孩子特點的正確的教育方法，這樣我們才能成為高明的父母，我們將孩子的缺點轉化為優點的心願才會成功。

▌讚揚孩子的每一點進步

　　每個人都渴望成功，孩子也不例外。每個孩子的成長都是一個漫長的過程，這個漫長的成長過程是無數細小的進步累積而成的。沒有小進步的累積，就不會有成長，沒有小成功的累積，就不會有孩子今後的大成功。

　　然而，在現實生活中，很多家長因為對孩子的期望太高，導致他們無視孩子的小進步。

　　小王是鋼琴老師，這段時間，她正在教一批新學生學鋼琴。在這批孩子中有一個叫坤逸的小男孩，他學鋼琴非常刻苦，雖然剛開始的時候入門比較慢，但後來慢慢地進入了狀態，彈得越來越好，她覺得這個孩子很有潛力。

　　可是，小王發現坤逸已經兩個週末沒有來學琴了。她感到非常奇怪，於是她撥了坤逸家的電話，接電話的正是坤逸。

　　「坤逸，這兩個週末怎麼沒有來學琴呢？」

　　「媽媽不讓我去了。」坤逸小聲地說。

　　「為什麼不讓你來了呢？家裡有什麼事嗎？」

　　「沒什麼事，因為媽媽認為我學不好，再學下去也是耽誤時間。」

「怎麼會呢，你學得很努力，進步也很快。媽媽為什麼會這麼說？」

「我每次學完琴回家，媽媽總讓我彈給她聽。每次彈完，她都說彈得不好，一點進步都沒有，就不讓我學了。」

掛上電話，小王的心裡悲哀極了！

生活中，像坤逸媽媽這樣的家長還有很多，他們往往會因為孩子沒有達到最佳或自己心目中理想的標準，就全盤抹殺了孩子的成績，這對孩子的成長而言，是一種巨大的傷害！也許在無意中，會因為家長過高的期望而葬送掉一個未來的科學家或藝術家。

其實，每個孩子在學習或者生活中總會有一些讓家長不滿意的地方，如成績沒有別人好，做事沒有別人快，腦筋沒有別人聰明……但是，孩子一直都在進步，這才是最重要的。身為明智的家長，應珍視孩子的進步，讓他有點滴的成功體驗。這樣，才能讓孩子在每一個個小小的成功中累積一分一分的自信。

有這樣一個故事：

期末考試的成績下來了，達達只考了第 20 名，而他的同學考了第 1 名。

回到家，他問媽媽：「我是不是比別人笨？我覺得我和同學一樣聽老師的話，一樣認真地做作業，可是，為什麼我考第 20 名，而她考第 1 名？」

媽媽撫摸著達達的頭，溫柔地說：「你已經比以前進步了，以後會越來越好的。」

第二學期的期末考試，達達考了第 15 名，而他的同學還是第 1 名。達達還是想不通，又向媽媽問了同樣的問題。媽媽還是說：「你比上學期又進步了，以後會越來越好的！」

達達小學畢業了，雖然他還是沒有趕上他的同學，但他的成績一直在提升，已經進入前 10 名了。

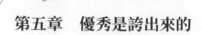

第五章　優秀是誇出來的

　　暑假裡，媽媽帶達達到海邊去玩。母子倆坐在海灘上，看那些在海邊爭食的海鳥。他們發現，越是體型比較小的鳥越能迅速地起飛；而那些體型比較大的鳥，如海鷗卻顯得非常笨拙，起飛很慢。這時，媽媽對達達說：「兒子，海鷗雖然起飛慢，但是真正能飛越大海、橫穿大洋的還是牠們。」

　　國中的時候，達達的成績已經名列前茅了。到了高中，他成了全校著名的高材生，最後以全校第一名的成績考入了臺灣大學。

　　這個故事是耐人尋味的。

　　發現並賞識孩子的進步，不僅影響到孩子學習和做事的效果，而且還會影響到孩子對學習和做事的態度。我們發現，孩子喜歡某一門課程，很多時候是因為放學回家後有人願意了解他們的學習情況，並肯定他們的進步。有的孩子說：「我喜歡音樂課，因為回家後可以唱歌給爸爸媽媽聽，他們很喜歡聽。」也有的說：「我喜歡數學課，因為回家後算數經常得到媽媽的讚揚。」如果我們對孩子的進步不聽、不看、不肯定、不讚揚，孩子的學習態度肯定會受到打擊。

　　因此，隨時都要看到孩子的進步，尤其是在孩子表現不好或者成效不明顯的時候，不要打擊孩子的信心和積極性，而是應該善於發現孩子哪怕是一點點的進步，對孩子的表現給予寬容，對孩子的進步給予賞識，這將會讓孩子建立或者重新建立做好事情的勇氣和信心。

　　要發現孩子的進步進而誇獎孩子，家長可以從以下幾個方面入手：

✧　**家長要有一雙善於發現的眼睛**：父母對孩子的及時讚譽是他爭取更好表現的最大動力。家長千萬別忘了對孩子取得的每一進步與成功及時給予鼓勵和稱讚。而要及時對孩子的成功給予讚譽，家長必須有一雙善於發現的眼睛。如孩子把自己的玩具收拾好、孩子自己削鉛筆、孩子考試比前一次進步了 1 分等，這都是表揚孩子的良機。

✧ **對孩子的每一點小進步都應該有所表示**：當我們對孩子的每一點進步都有所表示的時候，可以看到非常顯著的效果，話語雖然很簡單，但是孩子卻可以心領神會，比方可以說：「孩子，我非常高興，你今天把脫下的鞋子擺得很整齊。」就這一句讚美之詞，會提醒小孩一連多日都記住把脫下的鞋擺放好。

✧ **永遠不要打擊孩子的積極性**：當孩子做事的成效不明顯時，不要打擊孩子的積極性，要對他說：「你每天都在進步，別著急，會好起來的！」孩子受此鼓舞，一定會更加努力！

✧ **你期望孩子怎麼做，你就怎麼說**：比如，你期望孩子學會收拾自己的房間，就要先從他們會做的事做起。讓他們把床鋪好，把桌椅擺好。這樣一步一步地，不久他們就能掌握收拾房間的技巧。同時要告訴他們，大人看見了他們的每一個微小的成績。「你今天把床鋪好了，把桌椅擺好了，你基本上已學會怎樣整理房間。」我們就這樣鼓勵他們繼續下去，不忘讚美，孩子們也會一點點地取得進步。

以靈活多樣的方法獎勵孩子

在獎勵孩子時，需要考慮到孩子的年齡和興趣。只有讓孩子有新奇感，並因花費了精力而感到愉快的勞動，才能使孩子感受到獲得獎勵的可貴。

獎勵孩子的方法很多，而每個孩子的自身特點又千差萬別，家長只有根據自己孩子的實際，因人而獎，以材而勵，靈活運用各種獎賞和激勵孩子的方法，才能真正達到促使孩子進步和成長的目的。

喜歡獵奇是孩子的一大特點。當孩子對某一事物或說法接觸多次後，就會喪失新鮮感，逐漸失去興趣。對於父母給予的獎勵也是一樣，當父母經常用同樣的方法獎勵孩子時，會逐漸喪失效力。因此，父母獎勵孩子，可採用

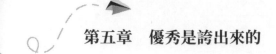

多種不同的方法，但無論如何要符合孩子的年齡和他們的個性特點。

根據具體的情況採取不同的獎勵方式

如果在大人和孩子之間已形成了親密無間的關係，那麼獎勵可以採用微笑、手勢、點頭或適時地說些鼓勵的話：「雖然你很小，但是你一向很勇敢。」「加點油，你就會成功。」「在小組裡大家都聽話，你當然也會聽話」等，所有這些都是讓孩子形成良好行為的有效方法。

有時為了獎勵行為表現良好的孩子，可以答應（既已答應，當然要實現諾言）帶他去公園、兒童樂園、看電影等。

贈送禮物

獎勵的重要方法之一是贈送禮物。但是只有在特殊場合才採用這個方法，不然孩子由於自私自利的動機才聽話，便產生引導不當的後果。一般贈送給孩子的禮物應是玩具、書以及其他可供欣賞的東西。

當著孩子的面褒獎他的良好品行

在家裡或在關心孩子的熟人中間，當著孩子的面褒獎他的良好品行，是一種獨特的獎勵方法。大家所談的一切會給孩子良好的影響，他的行為得到了好評，使他感到無比的愉快。

當晚上全家在一起喝茶的時候，媽媽可以說：「今天阿玲的行為令我感到高興，由於我工作忙下班晚，耽擱了接她回家的時間，她沒有因此而感到無聊，還幫助阿姨打掃房間、收拾玩具。」

爺爺奶奶可以對剛下班的父母說：「我們的小寶貝真的長大了，今天他趁我在準備晚飯的時候，居然把屋子收拾得井井有條的。」孩子聽到這樣的話，怎麼能不歡欣呢？

讓孩子參加家務勞動作為獎勵

讓孩子參加家務勞動作為獎勵，這能給孩子良好而深刻的印象。許多孩子都渴望像父母那樣做家務事。父母可以選擇一些簡單的勞動作為獎勵，例如洗手帕、幫助媽媽為客人擺好桌子準備吃飯、幫助爸爸修理自行車和無線電、檢查地板打蠟機是否良好等。參與大人所做的事，對孩子來說是極大的快樂，在幼稚園裡，我們經常可以聽到孩子對同齡兒童說：「我和爸爸一起……」、「我和媽媽一起……」等話，此時孩子是多麼自豪啊！

像上級對下級那樣給孩子分配任務

獎勵孩子時，可以使用這樣的方法：像上級委託下屬執行重要而光榮的任務那樣吩咐孩子。

不斷地委託新任務讓孩子負起責任，讓孩子產生責任感。孩子知道擔任上級指派的角色是不尋常的，在孩子看來這是光榮的事。這個方法對那些不願勞動及不聽話的孩子特別有效。

預先獎勵

有時孩子還未開始行動父母就給予獎勵，也能收到良好的效果。因為這樣做會使孩子感到被信賴而充滿信心去行動。「不應該讓大人提醒才去好好地做，要知道你已經是個懂事的大孩子了！」「你是個認真、用心的男孩子，做這件事一定會使我們感到滿意。」這種獎勵方式要建立在暗示、激發自強自愛的基礎上。

透過別人之口賞識孩子

透過別人之口賞識孩子，對孩子正確認知自己在其他人心目中的印象以及與其他人的交往都有很大的幫助。當孩子不確定自己給別人留下的印象是

好是壞以及在與別人交往過程中出現困難和障礙時，適時傳達給孩子別人對他的正面看法和讚賞，不僅可以強化孩子的信心，還可激發孩子的潛力。

在孩子的社會交往中，時常傳達別人對他的正面評價，可以培養孩子正確認知他人、評價他人、與他人友善相處的良好習慣，有利於孩子人際關係的處理，對孩子以後的生活也有很大的益處。當孩子聽到從你的口中傳達的是別人對他的讚賞時，他會更加感到光榮和自豪。

要辯證地對待獎勵

優點的背後往往是缺點，缺點的背後也往往是優點，對孩子不能只賞不罰，也不能只罰不賞。要賞罰分明，不能因為賞而看不到孩子的缺點，也不能因為罰而看不到優點。這裡，陶行知先生的一個故事值得我們借鑑：

陶行知先生在任校長時，一天他看到一名男生用磚頭砸同學，遂將其制止，並責令到校長室等候。陶先生回到辦公室，見男生已在等候，便掏出一塊糖遞給他：「這是獎勵你的，因為你比我早到了。」接著又拿出一塊遞給他：「這也是獎勵你的，我不讓你打同學，你立即停住了，這說明很尊重我。」男生半信半疑地接過糖。陶先生又說：「據了解，你打同學是因為他欺負女生，說明你有正義感。」陶先生遂掏出第三塊糖給他。這時，男生哭了：「校長，我錯了，同學再不對，我也不能採取這種方式。」陶先生又拿出第四塊糖：「你已認錯，再獎勵你一塊。我們的談話也該結束了。」

陶先生賞中有罰，罰中有賞，用辯證的眼光看待這件事，處理得實在高妙。

值得注意的是，獎勵孩子不僅僅是為獎勵而獎勵，還應該注意一些原則，這樣才能避免適得其反。那麼，在獎勵孩子的時候，應注意那些原則呢？

✧ **盡量少用獎賞作誘餌**：有些家長為了提升孩子的課業成績，往往以獎賞作為誘餌，許諾孩子取得什麼成績時給予什麼樣的獎勵。其實，透過物品或金錢作為刺激，只會減弱孩子主動學習的興趣，使得孩子把學習當作一個任務，而不是一件充滿樂趣和驚喜的活動。事實上，只有當孩子對一件事情由衷地感興趣時，他才能學得又快又好又開心。

✧ **要避免獎勵過於頻繁**：獎勵應該是點綴式的，偶爾來一次，不能什麼都實行獎勵制度，今天作業做得清楚，獎勵；明天考試考得好，獎勵；星期天做了一些家務也獎勵。獎勵過多過於頻繁，很容易產生負面效應，容易使孩子產生這樣一種心理：你不獎勵我就不做，我做了你就應該獎勵，把獲取獎勵當作是自己的目標。凡是孩子應該做到的，比如作業寫清楚、簡單的家務等都不應該獎賞，需要獎勵的應該是那些一般難以做到、表現突出的、進步明顯的行為。

✧ **獎勵不能失信於孩子**：說好要獎勵的就必須獎勵，說好獎勵多少就給多少，不能把自己的承諾當玩笑，也不能對獎品打折扣。有些家長，當時信誓旦旦，但等孩子真的做到了，又反悔了。這是很不好的，對孩子的傷害是很大的，對家長自己的威望也是極大的損害。

✧ **獎勵要及時**：孩子心理變化很快，時間一長就會忘了為什麼獎勵，這樣使獎勵與良好行為不能形成一種連繫，獎勵的作用也就失去了。不及時獎勵會挫傷他們的積極性和自尊心，因為他們會感到自己在父母心中沒有位置，而不把良好行為堅持下去。

✧ **獎勵的目的要明確**：當父母獎勵孩子時一定要告訴他們原因。因為孩子得到某種獎勵時，如果對為什麼得獎不清楚，他就會只關心能否得到獎勵和得到獎勵的大小。比如，孩子畫一幅畫，顏色用得非常豐富、準確，父母就獎勵了他。如果這時候父母不把原因向孩子講清，他們就會

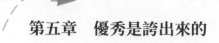

認為是因為畫畫得了獎勵。於是，為了得到獎勵，他會再畫大量的畫，卻不會注意畫的品格。顯然，父母沒有達到獎勵的目的。

▌要賞識，更應該激勵

在生活中，有很多家長把賞識與激勵等同起來，以為賞識孩子就是促進孩子發展。事實上，激勵孩子遠遠不是一句「你真棒」那麼簡單。光有簡單的認同與主觀的欣賞，卻沒有催人向上的激勵與客觀的評價，對孩子來說，其作用還是相當有限。

讓我們先來看這麼一個故事：

琳琳的媽媽自從上了「家長班」，認知到「賞識」的種種好處以後，她就經常對琳琳施行「賞識」教育。比如，有一次琳琳語文考了 79 分，要換做以前，琳琳的媽媽早就鬧翻天了。可因為孩子需要「賞識」，所以，她強忍住怒氣，微笑地對女兒說：「琳琳真棒，琳琳要繼續努力哦！」

琳琳一聽媽媽的話，忐忑的心一下子落到了肚子裡，她輕鬆地回答道：「好的，我會繼續努力的」。至於怎麼努力，琳琳心裡其實沒有底。

無獨有偶，同學芳芳的媽媽同樣也上過「家長班」，她認知到，光賞識卻沒有激勵的教育往往缺乏鼓動性。因此，在芳芳考試回來以後，母女倆有這麼一番對話：

芳芳：「媽媽，我今天語文考了 92 分，全班第 7 名。」

芳芳媽媽高興地摸了摸芳芳的腦袋：「芳芳真棒，這一次成績都 10 名以內了，真是出乎媽媽的想像，我覺得你努力一下考到全班 5 名以內應該沒有什麼問題！」

芳芳聽了媽媽的話，很受激勵，她自信滿滿地對媽媽說：「媽媽，你放心，有你這句話，你女兒說什麼也會再接再厲的！」

你瞧，以上的兩位媽媽，其用心是一樣的，但她們對孩子「賞識」方式卻迥然不同。前者對孩子只誇獎、不激勵；只看到孩子的成績，看不到孩子的不足，不對孩子存在的差距和不足作出提醒和激勵。這樣的做法實質上只會讓孩子誤會家長的意圖，以為家長對自己的成績並沒有不滿，因而放棄了繼續努力和積極進取的想法。而後者不但讓孩子感受到成功的欣喜，更有了明確的努力方向。其得到的結果也大相徑庭。

事實上，賞識孩子不僅表現在對孩子成績的肯定和誇獎上，更表現在對孩子熱情地鼓勵和適當地提醒上。對孩子成績的讚揚可以讓他感到溫暖和欣慰，讓他感覺到自己的努力沒有白費，至少獲得了父母的認可；而對孩子的提醒和鼓勵則可以給他繼續努力的動力和信心，讓他們感覺到自己還有差距，還有繼續進步的潛力。

所以，家長不僅要肯定和賞識孩子的成績，更要在賞識的基礎上提出建議和鼓勵，讓孩子在欣慰的同時感覺到來自父母的殷切希望。正如美國一位著名的教育家說的：「沒有激勵就沒有教育。」有激勵的教育才是真正的「賞識」教育。

下面是一個家長賞識孩子的話：

✧ **當孩子的學習終於有些起色時，這位家長說：**

你看，努力是不是就有收穫？你多聰明啊，只要一努力就有成績了，媽媽真高興。

✧ **當孩子告訴媽媽，自己受到表揚時，這位家長說：**

這是真的嗎？曉彤取得了這麼優秀的成績，媽媽怎麼有這麼聰明的女兒啊我真是幸福極了。來，媽媽為你祝賀，為我有這麼聰明可愛的女兒乾杯！

◇ **當孩子幫媽媽做家務了，這位家長說：**
媽媽真幸福啊，我有一個多麼令媽媽驕傲的好孩子啊，又懂事又愛關心人，又尊敬老人，又有禮貌。

◇ **當孩子開始學習寫日記了，這位家長說：**
現在班上哪有會有日記的小朋友啊，我的曉彤就是不一般，會寫日記了。曉彤多聰明啊！

◇ **當孩子講故事講得不怎麼流暢的時候，這位家長說：**
這個故事實在太生動了，你如果能講得慢一點、條理清楚一點，媽媽會聽得更明白哦！

◇ **當孩子考出好成績了，這位家長說：**
媽媽真幸福啊，曉彤愛跳舞、愛唱歌、愛勞動、愛學習，又聰明懂禮貌，喜歡畫畫……你有這麼多優點，媽媽怎麼能不愛你呢？

◇ **當孩子犯錯時，這位家長說：**
沒關係，爸爸媽媽也有犯錯的時候，知道錯了改正就行。我相信你以後不會再犯類似的錯誤了，你說呢？

◇ **當孩子遇到困難、失敗時，這位家長說：**
我們一起總結一下失敗的原因，然後對症下藥，媽媽相信你自己一定會想出辦法來解決的！

正是在這位聰明媽媽妙語如珠的讚賞與激勵之下，這位叫曉彤的女生變得越來越開朗、自信、充滿了上進心。因為努力，加上自身的天資，她在各種比賽中屢屢得獎。當別人問起她成功的祕訣時，曉彤自豪地說：「這是因為我有一個非常棒的媽媽！」

事實上，這位媽媽什麼都沒有做，她只是在賞識自己的孩子的基礎上給孩子更多的激勵罷了！因此，如果你希望自己的孩子有更多前進的動力，就

要不僅僅只是肯定你的孩子，更多應該是激勵他們，給他們努力的方向，讓他們自己去尋求更大的成功。

家長應學會說讚美的話

有位作家曾講過這麼一個真實的故事：

一位華人女士到北歐的一個國家去做訪問學者，週末到當地教授家中做客。進屋問候之後，看到了教授 5 歲的小女兒。這孩子滿頭金髮，極其美麗。這位女士送給她禮物，小女孩很有禮貌地微笑道謝。女士情不自禁地撫摸著小女孩的頭髮說，「妳長得這麼漂亮，真是可愛極了！」

可是，這位女士的讚美卻沒有得到教授的首肯。等女兒退走之後，教授嚴肅地對她說：「妳傷害了我的女兒，妳要向她道歉」。

女士非常吃驚。教授於是向她解釋：妳是因為她的漂亮而誇獎她的，而漂亮不是她的功勞，這取決於我和她父親的遺傳基因，與她個人沒有什麼關係。但妳誇獎了她。孩子很小，不會分辨，由此她就會認為這是她的本領。而且一旦認為天生的美麗是值得驕傲的資本，她就會看不起長相平平甚至醜陋的孩子，這就進入了迷思。此外，妳還未經她的允許就撫摸她的頭，這會使她以為一個陌生人可以隨意撫摸她的身體而可以不經她的同意，這也是不良引導。不過妳也不要這樣沮喪，妳還有機會可以彌補。有一點，妳是可以誇獎她的，這就是她的微笑和有禮貌，這是她自己努力的結果。

這是一個典型的在「讚美」方面有關中西文化衝突的例子。對於這位中國女士來講，或者說對於大多數中國媽媽來講，看著孩子如天使般的成長，便忍不住要感謝上蒼的賜予，忍不住要將諸多美好的言辭加之於孩子本身。而且心理學研究也表明，如果孩子總是被責備，就會失去耐心；而如果常常被誇獎，他就會愛你、愛我、愛整個世界，並對未來充滿美好的憧憬。

　　然而，當經歷過這個小事件之後，當這位女士正式向教授的小女兒道了歉，並讚美了她的禮貌之後，每當她看到美麗的孩子，她都會對自己說：孩子不是一件可供欣賞的瓷器或是可供撫摸的羽毛。他們的心靈就像一塊很軟的透明皂，每一次誇獎都會留下或深或淺的痕跡。

　　因此，對孩子的讚美不是沒有原則的。這一原則的核心祕密就是：讚美孩子的時候，應該只讚美他的努力和成就，不應該讚美他的容貌與聰明。而即使是讚美努力和成就，也要盡量具體。因為讚美得越具體，孩子越容易明白哪些是好的行為，越容易找對努力的方向。而一些泛泛的讚美，如「你真乖」、「你真聰明」、「你總是想得真周到」、「你是一個第一流的孩子」、「你真了不起」等，雖然暫時能發揮提升孩子自信心的作用，但由於孩子不明白自己好在那裡，為什麼受到讚美，很容易養成虛驕的壞習氣。

　　要讚賞與鼓勵孩子，家長應該注意技巧：

讚美的話要說得誠摯

　　父母讚美孩子的話不必喋喋不休，也無需嚴肅正經，孩子需要得到的是誠摯與坦率的認可。比如，對學習不算好的孩子，當看到孩子成績單上數學成績有了明顯進步時，可以說：「你真的在數學方面有了很大進步，孩子。」在看完孩子寫給筆友的一封信後，可以說：「我認為你在交友方面有了很大進步。」還可以對孩子說：「我昨晚已經發現，我不再需要提醒你完成你的作業了，因為我覺得你已經長大成熟了。」「你對問題的分析確實十分透徹。」「我發現你的作文中幾乎沒有什麼錯別字了，這真是一大進步。」

要使你讚賞和激勵的語言有變化，避免多餘的言詞

　　家長要不斷地尋找值得讚賞的行為。假如過去很少讚賞孩子，那麼對他的讚賞不要一時過多，而要自然增多，使你的孩子不感到奇怪。真誠的、衷

心的讚賞，才是最有效的。當用愉快的表情和聲音讚賞孩子時，應用眼光注視著他。孩子由於作出了努力而獲得了成就，應及時地給予表揚。但不要對他們做的每一件小事，都給予過多表揚。避免在讚賞時加上消極的評語或習慣性的批評，致使讚賞作用受到影響。

讚美孩子的努力，而不是聰明

　　家長若想激勵孩子在學習上取得更好的成績，最好的辦法不是讚揚他們聰明，而是鼓勵他們刻苦學習。

　　佳佳小的時候學東西比別的孩子慢半拍，為此她的爸爸媽媽非常苦惱。

　　佳佳上小學了，就在父母都認為佳佳不會有什麼好成績的時候，佳佳卻帶回了一張 100 分的試卷。這是一張數學測驗的試卷，上面被老師畫滿了紅色的勾勾。

　　「這是你的考卷嗎？」爸爸吃驚地問佳佳。

　　「當然是我的，上面有我的名字啊！」佳佳自豪地對爸爸說。

　　「佳佳真不錯，告訴媽媽你是怎麼考出這麼好的成績的？」媽媽問道。

　　「老師講課的時候我經常聽不太懂，所以下課之後同學們都出去玩，我就把不懂的地方拿去問老師，老師再給我講一遍，我就全懂了！做作業的時候如果有不會做的題目，我就把老師講的課再複習一遍，不會做的題也就會做了。所以考試的那些題目我都會做，就考了 100 分。」佳佳高興地對媽媽說。

　　聽了佳佳的話，媽媽一把抱起佳佳，高興地讚美道：「我們的佳佳這麼努力，以後肯定很有出息的！」

　　佳佳一聽這話，更加高興了。她在心裡暗暗下定決心，以後要更加努力地學習！

第五章　優秀是誇出來的

其實，賞識孩子的努力是一種重要的激勵孩子的手段，它之所以有效，一個重要的心理前提是每個孩子都希望討父母歡喜，每個孩子都信任父母的權威。賞識孩子的努力和勤奮，孩子從父母那裡得到肯定，跟父母的關係自然就會更融洽，自然就會減少許多不聽話行為。

身為父母，應該賞識孩子的勤奮和努力，對他們的努力給予最熱情的支持和鼓勵。不要因為自己孩子的不聰明而氣餒，而應該為孩子的不努力而擔心。始終記住一句話：「所謂天才，是百分之一的聰明加百分之九十九的勤奮！」很多情況下，父母應該故意淡忘孩子的聰明而重視孩子的努力，並把這種理念傳遞給孩子，讓他們感覺到只有努力才能獲得父母的認可和誇獎，進而逐步明白一個道理：聰明往往只能決定一時的成敗，而努力則決定了一生的命運。

讚賞的範圍不要局限於孩子學習上的進步，還應包括孩子完成了適應自己年齡的遊戲和任務；完成了自己所分擔的家務；減少了不合適的行為等。

一般情況下，讚美可以分作兩部分，一部分是家長讚美的話，另一部分是孩子們的演繹。因此，家長的話必須能清晰地表達出我們是在讚賞孩子的努力、工作、成就、幫助、思考或創造，同時要加以適當地處理，使孩子聽了我們的讚美之後，不可避免地會對自己的品格得到一個真正的結論。我們的話必須要像是一塊具有魔力的畫布，孩子在這一塊畫布上畫他自己的時候，沒辦法畫成別樣，只能畫出一個真實的自己。以下的一些例子可以說明這一道理：

家長的讚美：媽媽非常感謝你今天替我洗盤子。

孩子的演繹：我很有用。

家長的讚美：謝謝你告訴媽媽多給了你錢。媽媽很感謝你。

孩子的演繹：我很誠實。

家長的讚美：你的作文給了我許多新的思想。

孩子的演繹：我能夠寫作。

家長的讚美：謝謝你幫爸爸洗車。這樣一來我的車子就像新的一樣。

孩子的演繹：我做得很好。我的工作得到了讚美。

家長的讚美：媽媽喜歡你的這張賀卡。這張卡片很漂亮，寫的話也很有意思。

孩子的演繹：我的欣賞能力不錯。我可以憑我的欣賞能力來選擇。

家長的讚美：你做的書架很好看。

孩子的演繹：我能做事。

家長的讚美：你的信給我帶來了很多的快樂。

孩子的演繹：我能使父母快樂。

家長的讚美：你的小詩說中了媽媽的心。

孩子的演繹：我很高興我會寫詩。

像這一類正確的讚美方式和孩子正確的結論，是培養孩子心理健康的基石。孩子從這些話裡得到的結論在以後會默默地縈繞在心裡。真實而正確的意念在孩子內心重複的結果又會使他對於自己所得到的好形象加以強化，因而進一步形成更健全的心理。

第五章　優秀是誇出來的

第六章
放開緊握的手，讓孩子獨立行走

　　要讓孩子真正獨立起來，家長們首先要做的就是放開緊握的手，讓孩子自己行走！只有家長捨得「放手」，才能讓孩子早日擺脫對家長的依賴心理，獨立解決問題，自己承擔責任……擁有一份屬於他個人的能力以及個性魅力。

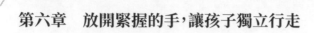

有自立意識的孩子更強大

要培養孩子的獨立性，首先應該培養孩子的自立意識。沒有自立意識的孩子談不上獨立，更不可能在今後的人生中有所作為。只有有自立意識的孩子，才能走向獨立，變得強大！「I can do it」是美國孩子常說的一句話。對美國人來說，替孩子做他們自己能做的事情是對他們能力的剝奪，是對他們積極性的最大的打擊！

著名的教育家陳鶴琴說過「凡兒童自己能夠做到的，應該讓他們自己做；凡兒童能夠自己想到的，應該讓他們自己去想。」一句話，父母應該給孩子創造自立的機會。然而，在現實生活中，家長插手的現象比比皆是：

✧ 親朋好友一起外出郊遊。5 歲的小麗很開心地坐在媽媽腿上，而其他孩子在一起開心地玩著遊戲。但小麗說什麼也不肯跟別的小朋友一起玩。這時候，有一個熱情的大姐姐過來邀請小麗一起去玩，但小麗則緊緊地牽著媽媽的手……小麗的媽媽只好不好意思地說：「不好意思，這孩子就是這樣，依賴性強，怕生！」說完，這位年輕的媽媽寵愛地捏了捏小麗的鼻子說，「這丫頭，這麼依賴媽媽，以後長大了怎麼辦呢？」

✧ 曉宇今年已經是小學四年級的學生了，至今他仍然不會自己整理書包，每天晚上做完家庭作業後他把作業本一扔，就跑到客廳看電視去了，剩下的後勤工作，就都丟給家裡的「阿姨」去做了。於是，小到裝文具、削鉛筆、裝筆芯，大到第二天上什麼課、需要準備哪些書等工作，都是「阿姨」一一處理的。至今，曉宇還是連自己的課外書放在哪個位置都不知道。

✧ 馬明明今年是小學六年級的學生，從幼稚園開始就是爺爺接送他上學、放學。每天，爺爺都早早就起床給他準備好上課必備的東西，然後背

著書包，帶著他擠公車，如果有人讓座，爺爺肯定是讓馬明明坐的，畢竟，孩子是老人家的寶貝呀！他捨不得讓孩子受累！直到現在，依然是爺爺背著書包站著，馬明明蹺著二郎腿理所當然地坐著！不知道馬明明和他的爸爸媽媽怎麼想的，但旁邊的人看著，心裡一陣陣泛酸：「這孩子到底怎麼了？」

✧ 趙加美是一名大學二年級的女生。從小到大，她過著衣來伸手，飯來張口的生活，自己的衣服從來不洗。每週回家一趟，她都把自己的髒衣服帶回家給她的媽媽洗。而每過一個月，趙加美的媽媽就會從家裡過來幫她換被套，然後把髒被套帶回家洗！照她媽媽的話說，她家的「美美」從小就聰明，就是體質太弱了，做不了家務！

當然，生活中類似的現象還有很多，家長們不妨捫心自問一下，我是否也曾以呵護、疼愛的名義剝奪了孩子自己做事的權利？我是否因為擔心孩子做不好事情索性自己獨攬、代替到底？如果你的回答是「是」，那麼，請不要將這種行為繼續下去。因為，干涉、代替培養不出一個優秀、有能力的孩子！

一個從小被插手慣了的孩子，自理能力差，在思想與行為上都存在依賴性。這樣的孩子遇事往往拿不定主意，猶豫不決，缺乏獨立思考能力以及創造能力。由於懶惰，他們不願自己動手做事，思維能力發展受到了限制。在性格上，他們又表現為意志軟弱，膽小怕事，缺乏獨立克服困難和吃苦耐勞的能力。上學後，他們也會缺少競爭意識和刻苦鑽研、努力進取的精神。這些都不是父母們樂於看到的。

因此，只有從小培養孩子的獨立意識，才能讓孩子徹底擺脫依賴的心理，樹立起自信心。一個有信心的孩子，永遠不會在遇到事情的時候手足無措，陷入孤獨無望的境地。請看以下這個故事：

第六章　放開緊握的手，讓孩子獨立行走

在八達嶺長城遊覽入口處，一位外國婦女帶著三個孩子來遊長城，這三個孩子中有兩個跟著母親走，還有一個大約 2 歲躺在嬰兒車上睡著了。母親要去買票，於是她用不太流利的中文對檢票員說是否可以把孩子放在那裡。得到許可後，她轉身就去買票。過了一段時間，母親還沒有回來，睡在車上的孩子醒了，他看到母親不在，沒有哭，也沒有害怕，而是把蓋在身上的東西拿開，在旁邊人的幫助下，從嬰兒車裡下來，還與另外兩個孩子玩了起來，絲毫沒有對母親的依賴。

這樣的情景在華人家長看來實在是太不可思議了。因為我們的孩子如果遇到這種情況，早就鬧翻天了。但這個外國的孩子非但沒有哭鬧，還可以如此「從容鎮定」地應對媽媽不在身邊的處境，讓人實在是有些訝異！

事實上，這個孩子是國外許許多多孩子的縮影。正因為他們的家長意識到培養孩子獨立生活能力的重要性，所以，在孩子還小的時候，他們就努力地培養孩子的自立意識，讓孩子從心理上先站了起來，這樣，孩子才有足夠的經驗去應對自己遇到的任何事情，做到從容不迫！

國外的家長培養孩子獨立意識的經驗

國外的家長是怎麼培養孩子的獨立意識的呢？以下有一些範例可供我們學習和借鑑：

美國家長的做法

在美國，家庭教育是以培養孩子開拓精神，使其能夠成為自食其力的人為出發點的。父母從孩子小時候就讓他們認知勞動的價值，如讓孩子自己修理摩托車、到外面參加勞動等，即使是富家子弟，也要出外謀生。美國的中學生有句口號：要花錢、自己掙。美國前總統雷根的兒子失業後，不依靠父

親的權勢，而是自己謀生，自己找工作。據說，富豪洛克菲勒對子女的教育嚴厲出了名的。

在小洛克菲勒 4 歲時，有一天他看到爸爸從外邊回來，於是就張開雙手，興沖沖地向父親撲了過去。洛克菲勒並沒有去抱他，而是往旁邊一閃，結果小傢伙撲了個空，跌倒在地上，哇哇大哭了起來。

等孩子哭完之後，洛克菲勒把孩子拉到自己的面前，嚴肅地對他說：「孩子，以後一定要記住，凡事靠自己，不要指望別人，有些時候，連爸爸也是靠不住的！從現在開始學會自立吧！」

也許你會抱怨洛克菲勒太冷血了，不懂得「愛」孩子！但正是他的「冷血」、不懂「愛」才鑄就了小洛克菲勒堅強、鮮明的個性與強大的獨立意識。也因此才有了「富過三代」的傳奇！試想，有誰比他更明智？

如果你還在為自己的孩子還小，那麼，請想想洛克菲勒的教子經驗吧，也許，他會讓你更加明白，雖然孩子現在還弱小，但是總有一天要離開父母，獨立地在社會上闖蕩、生活！因此，小不是藉口，能力應該從小培養起！

瑞士家長的做法

在瑞士，父母為了不讓孩子成為無能之輩，從孩子很小的時候就培養自食其力的精神。譬如 16、17 歲的女孩，國中畢業就去一家有教養的人家當一年左右的女傭人，上午工作，下午學習。這樣做一方面可以鍛鍊勞動能力，尋求獨立謀生之路；另一方面有利於學習語言。因為瑞士有講德語的地區，也有講法語的地區，所以一個語言地區的女孩通常到另外一個語言地區的人家當傭人。當她們掌握三門語言之後，就可以去銀行等部門就職。在瑞士，長期依靠父母生活的人，被認為是沒有出息和可恥的！

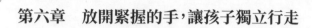

第六章　放開緊握的手，讓孩子獨立行走

日本家長的做法

在日本，在孩子很小的時候，大人就給他們灌輸一種「不給別人添麻煩」的思想，並在生活中注意培養孩子的自理能力和自強精神。全家人外出旅行，不論多麼小的孩子，都要無一例外地背一個小背包。要問為什麼？父母說：「這是他們自己的東西，應該自己來背。」上學後，許多學生要在業餘時間參加勞動掙錢。大學生勤工儉學非常普遍，就連有錢人家的弟子也不例外，他們透過在飯店端盤子洗碗、在商店售貨、做家庭教師等賺自己的學費。

德國家長的做法

德國一貫重視培養孩子「勤奮、正直、可靠、樂於助人、作風正派」等品格。因此，父母們從來不干涉孩子的事情。父母將子女視作獨立的個體，給他們足夠多的個人空間，讓他們獨立完成他們自己應該做的事，如在孩子1周歲左右時父母就鼓勵他們自己捧著奶瓶喝牛奶，喝完後父母對孩子加以讚許，使孩子充滿體驗到「自己事情自己做」的樂趣。隨著孩子年齡和能力的增長，父母再引導他們完成一些更難的事情。

德國的法律中規定，孩子到 14 歲就要在家裡承擔一些家務，比如要替全家人擦皮鞋等。德國人常說，他們的首要責任就是讓孩子懂得一個人走向社會最終要靠自己。因此，應該自強自立！

專家對培養孩子自立意識的建議

以上各國家長的這些做法是值得我們中國家長效仿與借鑑的。在日常生活中，我們可以根據自己孩子的實際情況，有針對性地培養孩子的自立意識。下面是專家的一點建議：

✧ **尊重並培養孩子的獨立意識**：一歲的孩子就有了獨立意識的萌芽，他們什麼都要來一個「我自己」，自己拿小湯匙吃飯，自己跌跌撞撞地搬小凳子。隨著年齡的增長，他們不僅要獨立穿脫衣服、洗臉洗手，而且還要自己洗手帕、洗襪子，自己修理或者製作一些玩具，甚至還想自己上街買東西，自己洗碗。對於孩子正在增長的獨立意識，家長一定要予以重視，並支持、鼓勵他們：「你只要好好學，一定能做好！」千萬不能潑冷水，「你還小，做不了！」

✧ **為幼兒獨立性的發展提供條件和機會**：為了培養孩子的獨立性，必須解放孩子的手腳，放手讓他們去做那些應該做而且又是力所能及的事情，即使孩子做得不好、處理得不圓滿也沒關係。有些家長總怕孩子做不好，習慣於代替他們完成，習慣於指手畫腳，總以擔憂的目光注視和提醒孩子或者乾脆替孩子掃除障礙、鋪平道路。這種態度和做法，有意無意地束縛了孩子的手腳，阻礙了他們獨立性的發展。

✧ **教給孩子獨立做事的知識和技能**：孩子不僅要有獨立意識，而且還要有相應的知識和技能，即不僅願意自己做事，而且還會自己做事。例如，怎樣穿脫衣服、洗臉洗手，怎樣摘菜、洗菜，怎樣掃地、擦桌子，這些教育是在日常生活中自然而然進行的。而且獨立性還表現在孩子學習、交往等各個方面。家長要教孩子自己完成遊戲和學習任務，自己去和同伴交往，當孩子和同伴發生糾紛時，教他們用各種有效的方式去自行解決衝突。

✧ **讓孩子自己決策**：自己決策是獨立性發展的一個非常重要的方面，我們要從小培養孩子自己決策的能力。孩子的事應該由孩子自己去思考，自己去決斷。玩具放在什麼地方？遊戲角怎樣布置？和誰玩？玩什麼？這些孩子的事，家長不要作決定，要讓孩子自己去動腦筋，想辦法，作

出決策。家長可以幫助孩子分析，引導孩子決斷，但不要干涉，更不要獨攬，代孩子決策。

✧ **讓孩子在時間上獨立**：對於孩子來說，最難的就是培養他們的時間觀念！因此，若能讓孩子自己形成一定的時間觀念，學會自己安排時間，合理作息，就能很好地促進他們獨立能力的形成。

有一位聰明的家長，他在孩子很小的時候就每天給孩子一段可以自由支配的時間。孩子有時玩，有時去看自己喜歡的一本書，有時畫畫，當然，很多時候是忙來忙去什麼事情都沒有做出來。但是，慢慢地這個孩子懂得了珍惜時間，學會了做計畫！這比家長要求他一定要在某個時間段要做什麼事情有效多了！

▌從分床開始讓孩子獨立

在網路上，我們經常看到這麼一些家長訴說與孩子分床睡覺的苦惱。一個家長這麼說：

孩子今年都 9 歲了，可是，他（她）依然不敢自己睡覺，每天晚上硬要跟我們擠在一起才能睡得著。這可如何是好？眼看著孩子一天天長大了，總不能成人以後還是跟父母一起擠吧？

另一個家長說：

我兒子快上小學了，這些年一直都是我陪著他睡覺，他很黏我，獨立性很差。我想讓他獨自一個人睡，所以幫他布置了自己的小房間，可是每次都是說好了自己睡，但卻做不到，而且晚上總是不停地又哭又喊，害得我也睡不好，我都不知怎麼辦了。有哪位有經驗的朋友給點主意，怎麼才可以讓他能獨自一個人睡呢？

在網上，類似的求助還有很多。怎樣才能與孩子分床睡覺是很多父母

都關心的一個問題。家長的這種苦惱是可以理解的。畢竟，要讓孩子學會獨立，與父母分床睡覺是關鍵。一個8、9歲的孩子如果還夜夜黏著父母睡覺，我們很難相信他能在其他方面獨立起來，更不敢想像他能有什麼出息！

可是，家長也要追問一下，到底是什麼原因導致孩子不敢單獨睡覺呢？專家分析，導致孩子不敢自己睡覺的原因有如下兩點：

一是在孩子幼兒時期，一些家長因為擔心孩子踢被子、晚上尿床，為了能在夜晚更好地照顧孩子而和孩子同床而眠。

二是孩子從小就特別嬌氣，到了該跟父母分床睡覺的年齡，始終不肯離開父母自己睡覺。不得已家長只好讓孩子跟自己一起睡，這麼一睡，就睡到了8、9歲，有的甚至十幾歲還跟爸爸媽媽「同床共枕」，而家長也寶貝地不得了，每天晚上總是又摸又抱的，讓孩子形成心理上的依賴與情感上的依附。總以為跟爸爸媽媽一起睡覺才有安全感，才能睡得著。一分開睡覺就焦慮、不安、恐懼，難以入睡。

正是以上的兩種原因導致我們的孩子始終沒有辦法自己獨自睡覺，不能很快地獨立起來。兒童專家認為，讓孩子獨立睡眠不僅是衛生保健上的要求，對孩子的獨立性和健全的人格發展同樣有好處。它不僅讓孩子有獨立的機會，更有益孩子身體健康，培養孩子健康的性取向，同時增加夫妻感情交流的機會。因此，讓孩子與自己分床睡覺勢在必行。可是，怎麼做才能把一直和自己一起睡覺的孩子「趕」走呢？這個過程中必定會遇到兩種挑戰，第一是孩子對父母的依賴心理，第二是孩子的恐懼心理。如何應對這樣的挑戰，可以借鑑以下經驗：

◇ **講明道理並做準備**：先要讓孩子明白獨自睡覺是一個人長大了的標誌，而不是父母從此不再愛他了。此外，要逐漸培養孩子晚上睡覺不亂踢被子和小便時自己上廁所解決。

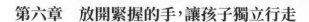

第六章　放開緊握的手，讓孩子獨立行走

◇ **布置一個孩子喜歡的環境**：父母可以發揮孩子的主動性和想像力，和孩子一起布置他的小房間或者小床鋪，父母要盡可能地滿足孩子的願望。這樣，孩子會感到他長大了，有了自己的一片小天地，自己可以說了算。這既可以從心理上滿足了孩子獨立的需要，同時又為孩子創造了單獨睡眠的環境。

◇ **循序漸進**：先分床，再分房，讓孩子慢慢適應。必要時給他一個抱抱熊作為替代物。誘導睡眠時，可講個小故事，可輕拍背，讓孩子有種安全感，安靜入睡。有的家長分床後一見孩子哭鬧，就難以堅持，又讓孩子回來同睡。這樣不行！孩子和父母分床而居並鞏固成習慣不是一夜間就順利完成的，有所反復也是難免的。但家長只要下定決心，就要持之以恆，好習慣才可能日趨鞏固。

◇ **讓孩子保持愉快心情去睡覺**：父母與孩子分床睡時，要給孩子創造好心情，尤其在晚上入睡前，可以給孩子講講笑話或故事，讓他心情放鬆。也可以和孩子一起聽聽輕柔舒緩的音樂，但不要講鬼怪故事或者聽節奏過快的音樂。

◇ **給孩子找個替代物**：這時如果孩子需要，可以給他找一個替代物。例如，讓他抱著媽媽的枕頭睡覺或者抱著自己喜歡的娃娃睡覺等。時間長了，孩子適應了一個人獨睡時，父母可撤掉替代物，但切不可操之過急。

◇ **給予安全感**：在和孩子分床睡的過程中，給予孩子安全感非常重要。父母一定要注意遵守和孩子的承諾，給予及時的幫助和保護。比如，在與孩子分床、分房睡覺時，家長可以打開孩子房間的門和自己房間的門，讓兩個小空間連接起來。這樣，孩子會感到還是和父母在一個房間裡睡覺，只不過不是在一張床上。

◇ **適時強化**：對孩子的好表現要及時肯定表揚。當孩子出現反復時（這是正常的），要多鼓勵他好的行為，也可以在孩子入睡前多陪他一會，使孩子盡快地適應獨自分床睡。

只要能做到以上幾個方面，讓孩子自己睡覺、培養其獨立能力就不再是一件難事！

▌給孩子獨立的空間

在生活條件越來越優越、家長對孩子的教育越來越重視的今天，有很多家長已經意識到給孩子「獨立的空間」的重要性。

於是，從打造他們的「愛巢」開始，孩子的「空間」也隨之建立了起來。為了能給孩子一個舒適的學習環境。家長們不惜花重金布置孩子的「臥室」，力求使他們的孩子的房間光照充足、通風良好、房裡書桌和床鋪的擺放確實、合理。從此，孩子就在父母為他們傾心打造出來的「空間」裡享受屬於他們的美好光陰。

可是，親子之間的衝突並不因此就減少了。直到今天，仍然有很多孩子在抱怨他們沒有自己「獨立的空間」！這到底是怎麼回事呢？

現在，讓我們先來看看幾個生活小片段：

◇ 小怡正在自己的房間裡寫作業，媽媽門也不敲就進來了。進來後，媽媽關心地問道：「小怡呀，作業做得怎麼樣了？有沒有什麼問題問媽媽呀？妳可不要貪玩哦，作業要認真做！」

小怡不耐煩地抬起頭來：「媽，你煩不煩呢？不就是擔心我不寫作業看課外書嗎？你這麼放心我，那就坐在我房裡來呀！」

小怡的媽媽因為被女兒識破了心思，臉上有些掛不住了，訕訕地說：

第六章　放開緊握的手，讓孩子獨立行走

「妳這孩子，怎麼這麼不懂事呀，媽媽這不是關心妳嗎？」

「可是，妳這是打擾我寫作業的思路！」小怡一點也不領情！

✧ 小泰今年已經是高中一年級學生了！他算是比較自覺學習的孩子之一。但這些天，他發現自己抽屜裡的日記本明顯被翻開過。這讓小泰心裡很不是滋味。媽媽一向說自己開明，可是，還是無法免俗！

✧ 文宇正在跟他的同學發牢騷：「我媽真是的，無聊得要命，每天我回到家裡她都會盤查：『你今天跟誰一起回家了？別跟女孩子走得太近，容易分心。』你說她這不是有毛病嗎？這個世界上除了男人就是女人，我怎麼做到不跟女孩子走得太近呢？」

同學一聽這話，噗哧一聲笑了：「你還別說，我爸更嚴重，有一次我在打電話的時候，發現他居然在客廳裡偷聽我的電話呢！我真是無奈！」

✧ 趙媽媽因為沒讓孩子參加班上的校外教學，孩子一星期都不和她說話。原來老師為了讓孩子觀察植物，就安排全班同學週末的時候到植物觀光園郊遊，既是班上的一次校外教學，也是一次學習機會。每位同學拿上自己的「乾糧」，中午在植物觀光園的外面草地上野炊。

孩子一回來就高興地說給媽媽聽，可是趙媽媽卻不答應，說孩子沒有去過郊外，還嫌郊外太髒了，中午在草地上吃飯太不衛生，就不讓孩子去。孩子委屈地哭了，可是趙媽媽卻說到週末帶他去吃海鮮。趙媽媽還怕孩子週末悄悄溜走，就一天都看著他。等到週一的時候，班上的同學都在回憶野炊的趣事，只有小趙一個人趴在桌子上發呆。放學回家後，孩子一句話都不說，甚至一個星期都不理他媽媽。

類似的事情在我們的生活中並不鮮見。顯然，家長們是給了孩子「獨立的房間」卻沒有給孩子「獨立的空間」。房間與空間是不能相提並論的！真正獨立的空間應該包括「心理空間的獨立」，身為家長，你千萬別連孩子

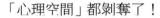

「心理空間」都剝奪了！

　　那麼，我們應如何做到從小給孩子真正意義上的獨立空間呢？以下的這些做法可供家長們參考：

- ✧ **設一個玩具角，給他一塊獨立的小天地**：在家中替孩子設了一個玩具區，那裡擺放著孩子的玩具箱，周圍還有一塊可供他玩的地方。有了這個玩具區，孩子便可以自主選擇玩具來玩，那些孩子喜歡的物品他也能自己收到玩具箱中。對於這些玩具，無論是新的舊的，只要是他們自己找的，自己翻出來的，都會感到新奇，玩得高興。

　　有了玩具區，不但可以提供孩子獨立玩、自主玩的空間，還可以培養他的許多良好習慣，比如物歸原位的習慣、整理東西的習慣。

- ✧ **設一個書架，提供孩子一塊獨立的小天地**：在孩子玩具區的旁邊，家長還可為孩子設一個書架，在書架上擺放上孩子喜愛的各種兒童讀物。有了這個書架，孩子就可以自己選擇喜歡的書來看。

　　當然，在孩子玩累了的時候，書對他們來說更有吸引力，他們可能會順手從書架上抽出一本書來看，這樣的布置為孩子閱讀和今後的學習做了良好的基礎。

- ✧ **孩子愛吃的東西自己收著，給他自主的權利**：孩子愛吃的東西，家長替他們收著，反而會增加孩子吃的欲望，導致他們想方設法要吃到那些東西。最好的辦法就是家長乾脆把保管權交給孩子自己，甚至可以騰出一個位置給孩子，讓他們無論是吃的喝到都自己收到那裡，並對他們約法三章。這種做法，讓孩子有一種「自我」的意識，當他們吃「自己」的東西時，自然而然就會想到「我是不是應該讓爸爸媽媽、爺爺奶奶跟我一起分享呢？」

✧ **讓孩子獨立交際**：孩子是自己的，也是社會的，將來他要面對社會。所以，家長必須要為他創造機會，讓他去與人接觸、與人交流，培養孩子獨立交際的能力。

　　比如，帶孩子一起去超市購物，讓孩子拿著收據和錢獨自去繳費或者讓孩子自己到小商店裡買東西等。此外，還可讓孩子學著接電話，與電話裡的人得體的交流。這樣的做法，不但能提升孩子的交際能力，還能培養孩子語言表達能力，對孩子的發展是有利的！

✧ **尊重孩子的隱私權，允許他們有自己的祕密**：這一點是最難做到的！很多家長以「保護孩子」、「我這樣做都是因為愛你」為名，漠視孩子的隱私，隨便翻看孩子的日記、短信、郵件，偷聽孩子的電話。這樣的監視性行為讓孩子不勝其煩。在孩子看來，這是對他們的不信任、不尊重，因此，對父母的印象也大打折扣！嚴重的話，還可能因此爆發親子間的衝突，對孩子的成長以及親子間的溝通、交流是不利的！因此，給孩子獨立的空間，最重要的是維護孩子的隱私權！

▌授予孩子一定的家庭權利

　　黃媽媽與鄰居家發生了一些小衝突。晚上，黃爸爸一回到家裡，黃媽媽就絮絮叨叨地數落個不停。

　　在一旁的黃曉航很想了解事情的原委，就在一旁插嘴。

　　黃爸爸狠狠地瞪了「多管閒事」的曉航一眼，粗暴地說：「去，寫作業去，大人的事情，你一個小孩子家瞎攪和什麼呢？」

　　曉航不滿了，嘴裡嘀咕道：「什麼小孩，每天都寫作業寫作業，一點人權都沒有！我怎麼說也是國中生了！」說完，悶悶不樂地回到自己的房裡寫作業、打遊戲去了！

生活中，像黃爸爸、黃媽媽這樣的家長還有很多，他們總是以「你還是孩子，你不懂」為由剝奪了孩子參與生活的權利。久而久之，孩子對家庭事務的參與意識淡了，對家裡的事情總抱著一種「事不關己，高高掛起」的態度。這對孩子責任心以及獨立性的培養都是不利的！

事實上，孩子的獨立性往往表現在他個人生活權利的行使上，但由於現實生活中家長擔心孩子不具備行使權利的能力，總是不敢把一些權利交給孩子，長此以往，孩子也就學不會獨立，對大人越來越有依賴性了。為了讓孩子早日走出這種家教迷思，早日學會獨立，當家長的有必要授予孩子一定的家庭權利，讓孩子自己學會承擔責任。

✧ **要授予孩子一定的經濟支配權，培養孩子的理財能力**：理財能力是一個人獨立生活能力的基礎之一，而讓孩子擁有個人經濟支配權則是培養孩子理財能力的前提。對於只會消費的孩子來說，他的經濟支配權無非是擁有家長賜予的一定數量的零花錢。當家長意識到這一點，並且隨孩子年齡的增長和能力的提升，安排出一個合理的零用錢數目給孩子，並把支配權交給孩子，向孩子說明節餘的錢歸他自己。這樣，不但能發展孩子的自主性，而且能使孩子的經濟意識和理財能力得到提升。

✧ **要授予孩子一定的選擇權，培養孩子的自主能力和責任心**：孩子的自主性往往表現在他對事物的選擇上，只是由於家長怕孩子選擇錯了，總是不敢把選擇的權利交給孩子。可是如果從來不給孩子選擇的權利。他也就永遠學不會選擇，永遠沒有自主性，更談不上有責任心，因為這不是他經過深思熟慮選擇的。因此，家長應學會把一些事物的選擇權交給孩子，並且在事前為孩子提供有關情況，幫孩子分析各種可能，教育孩子自己選擇了就需負責任。這樣，孩子的自主能力和責任心就得以同時培養。如有一位家長想讓孩子學鋼琴，當她帶孩子去報名時，竟然發現孩

子在舞蹈組門口看得出了神，於是，這位家長尊重孩子的選擇，並要求她對自己的選擇負責，要堅持把舞蹈學好，結果這個孩子真的堅持認真學習舞蹈。

✧ **要授予孩子一定的家庭發言權，培養孩子參與合作的語言思維能力和交際能力**：參與合作是如今社會發展對人們提出的要求，一個缺少參與合作精神和能力的孩子，他未來的發展一定不理想。因此，培養孩子參與合作的能力就顯得極為重要。如家長授予孩子一定的家庭發言權，允許孩子參與大人的談話，參與決定家庭計畫。我們不要認為小孩子不懂事，殊不知，孩子將來參與社會合作的語言思維能力和交際能力都是在家庭這個搖籃裡從小得到有效的訓練才培養出來的。

總之，孩子雖由父母所生，但終究是獨立的個體，父母對孩子的教育最後也無非是為了讓孩子不再需要父母的教育。因此，我們在管教孩子時必須學會勇敢地放手，大膽地讓孩子自己往前走。但家長也不能事事都不管，要把握好標準。比如，孩子的書包亂了，我們不要急於去幫忙，只要在邊上提醒孩子自己去整理書包就行了，若孩子不整理，也可隨他。正如一些家長在教育「孩子的過程中總結經驗所說的：「叨嘮指責，不如提供鍛鍊的機會給孩子。」「讓孩子親自做一次，勝似父母指導十次。」

家長們，讓我們從孩子幼兒時期起就注重培養他們的獨立生活能力，允許孩子獨立翱翔浩瀚的天際，尋找屬於他們自己的那份美麗的天空吧。

放手讓孩子自己去做

在一次低年級小學生生活能力調查中顯示：一年級小學生中，不會洗臉的占 49%，不會穿衣服的占 37%，而不會整理書包的占 90% 以上……這些都是孩子實際操作能力嚴重不足的真實寫照。

導致孩子實際操作能力不足的原因可以歸結為以下幾點：

✧ 家長擔心孩子小不會做事，怕孩子出事或損壞東西，許多事不讓他們動手去做，這種做法讓孩子失去了一次又一次實際操作的機會。

✧ 家庭裝飾擺設成人化，沒有孩子實際操作的小天地。孩子進了家門，這不許動，那不許碰，玩具不能自由拿放，孩子可以活動的空間太小。

✧ 家長過於嬌慣孩子，認為小孩子把書念好了就可以，家裡的事情大人能做的絕對不讓孩子碰一下！這種額外的「關照」讓孩子失去了許多實踐的機會。

✧ 家長們花錢買的玩具，外表雖美觀，但大多數是機械或電動的，不能拆拼，讓孩子實際操作的材料太少！

因為缺乏動手實踐的機會，沒有獨立思考和做事的習慣，許多孩子在遇到事情的時候往往會茫然無措，不知從何下手。因此，要培養孩子動手的習慣，家長應努力轉變自己的觀念，放開手讓孩子去做他們力所能及的事情。

家長如果能從小就培養孩子自己的事情自己做、自己的東西自己管、自己的生活自己安排的自我管理習慣，就能夠很好地增強孩子行動的獨立性、目的性和計劃性，這對於孩子今後生活的幸福和成功無疑是具有很大的好處的。

要培養孩子自己動手做事的習慣，家長可以從以下幾個方面入手：

讓孩子自己穿衣服

很多觀察資料顯示，要讓孩子自己在 3、4 歲之前完全學會穿衣服和脫衣服是不太可能的，但是孩子自我管理的意識必須從小就開始培養。

研究證明，2 歲左右的孩子就已經有了自己穿衣服和脫衣服的獨立意識。這時，他們穿衣服、脫衣服雖然花費的時間比較長，也可能做得不合家

長的意。但是，身為家長，我們非但不要覺得不耐煩，怕麻煩，而應該不厭其煩地鼓勵孩子慢慢地實踐。當然，這個時候，家長可以在旁邊及時教孩子正確的穿衣服和脫衣服方法。

如果家長為了省事，不讓孩子動手，孩子一旦形成了依賴的習慣，他就不會自己動手去做自己應該做的事情了。

除了鼓勵孩子自己穿衣服、脫衣服之外，父母還應該透過言傳身教讓孩子不斷地形成冷了會穿衣服、熱了會脫衣服的習慣。同時，還應該教會孩子自己疊自己的小棉被，洗自己的小手帕、小襪子等。讓孩子懂得，自己的事情自己做才是一個好孩子。

讓孩子自己整理玩具、物品

培養孩子自我管理的能力，自己整理自己的玩具是非常重要的一種方法。父母可以提供以下條件：

◇ 父母應該為孩子準備一個地方，讓孩子專門用來放置自己的玩具和物品，讓孩子知道這些玩具和物品各有各的「家」，每次用完之後，都應該將這些東西送回它們自己的「家」去。

◇ 要讓孩子明白，收拾自己的玩具和物品是自己的事，自己的事情要自己做。父母偶爾幫幫忙，只是幫忙，應該獲得孩子的感謝。

◇ 父母要盡可能地用遊戲等方式去吸引孩子參與收拾整理自己的玩具、文具用品等事情，並且堅持不懈地不斷強化，最後使孩子形成習慣。

要求孩子參加一些力所能及的勞動

學點簡單的勞動技能，如會開、關門窗，掃地，擦桌子，在活動、遊戲或開飯前後拿出或放回餐具、玩具、用具、其他用具和圖書等。

準備「動手材料」給孩子

　　為孩子購買一些操作性強的玩具，如黏土、拼圖、積木等，讓孩子動手操作。這樣，能鍛鍊孩子的實際操作能力！

教孩子手工

　　根據孩子的興趣教孩子繪畫、泥工、剪貼等，在動手的同時的也培養了孩子的創造能力。

讓孩子對自己做的事情負責

　　這對於自我意識還沒有形成的小孩子來說確實勉為其難，但是這種意識要在點滴的生活小事中及早播種、及早萌芽，這樣就可以讓孩子自然而然形成一種良好的習慣。

　　主要方式有以下幾種：

✧ 家長每次帶孩子出外，可以讓孩子想想要帶什麼東西，透過幾次提醒，孩子便會主動想起要戴好帽子或穿好外套等。

✧ 孩子學會表達和思考以後，可以讓孩子試著安排一下今天一天的行程，準備做些什麼等。家長可以幫助孩子分析這樣做的好處和不足之處以及可能性等。

✧ 出去之後，孩子如果發現自己要帶的玩具或物品忘記帶了而生氣或發脾氣，家長不要自攬責任，而要讓孩子知道自己想做的事自己應該安排好，並且養成負責到底的習慣。

✧ 家長要經常提醒孩子，自己的事情要自己做，自己做的事情自己要負責。時間長了，孩子就會逐漸地形成這種負責的習慣了。

安排任務給孩子

　　讓孩子從事一些力所能及的體力勞動可以避免養成孩子身體和心理上的惰性。因此，在日常生活中，家長可以經常讓孩子幫忙。比如對孩子說：「幫媽媽拿東西」、「幫媽媽把床單拉平」、「幫媽媽把果皮扔了」、「和媽媽一起打掃環境」等。在孩子每次幫大人做完事情以後，家長應對他的好表現給予肯定、表揚。讓孩子享受到勞動帶來的喜悅與快感。

　　孩子的能力是家長培養出來的！只要你「捨得」讓孩子自己去做，就能發現孩子自己就能創造出奇蹟！

▌讓孩子丟掉手中的「拐杖」

　　有一則民間故事是這樣講的：

　　有一對夫婦家境富裕，晚年喜得貴子，歡喜得不得了，把兒子視為掌上明珠，百般溺愛，生怕孩子有一點閃失。兒子在這種溺愛中長大成人後，連最起碼的生活都不能自理。

　　一天，夫婦倆要出遠門，需要半個月才能回來，他們怕把兒子餓著，就烙了一張大餅，套在兒子的脖子上，告訴兒子餓了就吃這張大餅。

　　半個月後，他們回到家時，發現自己的兒子還是餓死了。原因是這個依賴性過強的孩子只吃嘴邊上的幾口餅，而不會把後面的餅轉過來。

　　乍看這個故事，可能會覺得很荒誕、很誇張。可是認真探究故事的深意，我們不難理解編故事者的用心，他想透過這個故事告訴我們的家長：孩子的依賴性過強，什麼事情都要依靠家長，長大後就無法自理，甚至缺乏最起碼的生存能力。

　　生活中，那些過分依賴大人的孩子通常會表現出許多不成熟的跡象：膽小，怕事；遇事退縮、沒有主見；總是要別人幫助，屈從他人；逆來順受，

無反抗精神；進取心差，意志薄弱，害怕困難，在遇到問題的時候驚慌失措，經受不住挫折和失敗；人際交往能力差，孤僻、自我封閉。

因此，身為家長，如果你希望自己的孩子真正成長起來，在今後的人生中有所作為，不妨從現在開始讓孩子丟掉手中依賴的「拐杖」，學會自己獨立行走。一個缺乏獨立行走能力的孩子，永遠都是思想上的「瘸子」、能力上的「跛子」，是不可能有成功的機會的！

那麼，如何才能讓孩子克服心理上的依賴，自覺丟掉手中的「拐杖」呢？讓我們先來看看兩則小故事：

在八達嶺長城上，一對黃頭髮、藍眼睛的夫婦帶著他們的孩子一起登長城。不大點的小孩子背著老大的一個包走在前面累得呼哧呼哧直喘氣，小一點的孩子互相攙扶著前進，而他們的父母此時正兩手空空說說笑笑地走在後面好像沒事人似的。

問華人父母看到這情景時的心情。家長咋舌：「不捨得，我怎麼捨得讓孩子如此？」可是，他們就捨得！事實上，只有「捨」才有「得」，他們的孩子也因此更加獨立！

一位腿有殘疾的女孩在雨中摔倒了，站在身邊的母親硬是讓淚水在眼眶裡打轉，卻沒有上前扶孩子一把。有人斥責這位母親太狠心，這位母親卻說：「我可以扶孩子一次，扶孩子一程，但我不能扶孩子一生，最終的路還要孩子自己走。」

你能說這位媽媽的話沒有道理嗎？不能！因為這是一位多麼明智的媽媽。

綜合以上兩個故事，我們不難得出這麼一個結論，讓孩子丟掉手中的「拐杖」其實很容易，家長要「忍心」、「狠心」，但同樣要有「關心」，只有這樣，你的孩子才能真正成長起來！具體的做法可歸納為以下幾個方面：

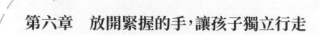

✧ **父母要提一些要求讓孩子完成**：在培養孩子動手能力的同時要按孩子的年齡、能力的發展程度對孩子提出適當的要求，如果對孩子要求過高、難度過大，會使孩子產生畏難情緒甚至自卑心理，要求過低又不能激發孩子的興趣。事實上，伴隨著孩子生理的發展，他們肢體活動能力增強，相應的自主性也開始得到發展，獨立性逐漸增強，這時是父母幫助孩子形成良好習慣的適當時期。父母要堅持對孩子提出一些要求讓他們自己完成。當孩子看到自己完成了許多事情，他們的自信心和責任感便會增強，因而減少對父母的依賴。

✧ **父母不能大包大攬，讓孩子做自己力所能及的事**：家庭教育的目的，不是讓孩子過上舒適安逸的生活，而是要培養孩子名方面的能力。所以，父母要轉變觀念，從小就培養孩子自主、自立的精神，孩子的日常學習、生活起居能讓其自己做的就不要插手。可以從日常生活瑣事做起，讓孩子做力所能及的事。比如要求孩子按時起床、就寢，收拾好自己的衣物，做到生活自理；要求孩子能夠整理自己的書桌，帶齊文具用品，做到課業自理等。在非原則性問題上可以聽聽孩子的意見。比如為孩子買衣服，在一定價格內，款式顏色可以由孩子決定。

✧ **幫助孩子擺脫依賴心理**：父母一旦發現孩子有依賴性，就必須及時給予糾正和改過。先了解孩子依賴心理的形成原因，以此為基礎，採取一定的對策。比如，不少孩子每天早上的起床問題讓父母費了不少心思，一次又一次地叫孩子起床，但孩子總是賴在床上不起，一旦遲到了，反而會責怪父母沒有及時把他從床上拉起來。面對這樣的情況，一位父親就對兒子說：「上學是你自己的事，晚上睡覺前調好鬧鐘，早上自己起床，沒有人再叫你了，遲到你自己負責。」當然這位父親對兒子是很了解的，他知道兒子做得到。第二天，鬧鐘一響，兒子果然立即跳下了床，

做自己該做的事情。這位父親運用了一個小技巧，很輕鬆地改變了孩子的依賴心理，他的做法是值得其他父母借鑑的。

✧ **家長要鼓勵孩子自己去尋找獨立鍛鍊的機會**：鼓勵他們積極參加學校舉辦的活動，積極參加社會實踐活動。在活動中多承擔任務，使自己有機會獨立面對問題，促使自己拿主意，想辦法。鼓勵他們勇敢地邁出第一步，當他們獨立完成一件事情後要及時鼓勵，增強孩子的自信心。當孩子遇到挫折時多給予幫助、理解，和他一起分析失敗的原因，研究解決問題的辦法。

✧ **家長還要鼓勵孩子多讀好書**：用古今中外有志之士自強不息的事例強化孩子的頭腦，激發他們樹立遠大理想。同時，家長要鼓勵孩子多與自強向上的孩子多接觸，向他們學習。因為青少年時期同伴的作用有時甚於父母的影響，同伴的榜樣作用也能發揮很好的效果。

總之，克服孩子過分依賴心理的方法有很多的，家長可以結合孩子的特點，根據實際情況選擇適宜的方法，長時間的鍛鍊之後，孩子過分依賴的心理就會減弱。慢慢地，孩子就能自己主動丟掉手中的「拐杖」變得越來越獨立！

▋獨立思考同樣重要

在現實生活中，許多家長在管教孩子的時候，常常會出現這樣一種情況：一方面要求孩子對待學習和生活中的問題要自己想辦法解決。另一方面卻對孩子沒有信心，當孩子遇到問題的時候，總是怕孩子沒有經驗自己不能解決問題，因而就想方設法幫助孩子解決。家長這種「捨不得」讓孩子獨立思考、自己解決問題的做法，不僅會讓孩子養成過分依賴的習慣，而且阻礙了孩子獨立性的養成。而獨立地分析和解決問題的能力對孩子的發展是很

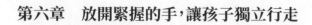

重要的，它是孩子在社會上生存以及進行創造性活動必備的心理品格，是孩子成材的基本前提。一個沒有獨立思考能力的孩子談不上有獨立性，更談不上在今後的事業中有所發展。因此，培養孩子獨立思考與解決問題的習慣很重要！

那麼，家長應如何培養孩子獨立思考與解決問題的能力呢？具體做法如下：

參與孩子的思考

要培養孩子獨立思考問題的能力，首先要善於發現孩子的問題。在孩子遇到問題並傳達給家長的時候，家長要積極參與。

獨立思考能力強的孩子，往往具有較強的好奇心。家長應該尊重孩子的好奇心，千萬不要因為孩子提的問題過於幼稚而加以嘲笑，以免傷害孩子的自尊心。隨著家教觀念的更新，有一些具有現代家教觀、教子有方的家長，注意創造機會，從小培養孩子獨立生活和獨立思考的能力。家長可以講一些科學家、發明家成長的故事給孩子聽，以激勵孩子從小立志，培養孩子對學習新知識、探索新問題的興趣。

5歲的晨晨是個愛問問題的孩子。有一次，他從幼稚園回來，神祕地問他的媽媽：「媽媽，你知道口水是什麼味道嗎？」

「不知道。」晨晨的媽媽坦白地說。

「口水是臭的！」孩子肯定地告訴媽媽。

「你是怎麼知道的？」媽媽好奇地問道！

「我把口水舔在手心上，一聞，真臭！」說著，他還做了個示範。

晨晨的媽媽煞有介事地聞一聞，皺著眉頭說：「果然很臭，這是一個重大發現！口水在我嘴裡待了這麼多年，我怎麼就不知道呢？可能是『久聞不知其臭』吧！」

晨晨一聽媽媽這麼說，非常得意。

「可是，口水為什麼會這麼臭呢？」媽媽不解地問晨晨，「媽媽也不知道，你說該怎麼辦？」

晨晨歪著腦袋想了想說：「那我們上網查一查吧！」於是，母子倆忙開了……

從此，每次從幼稚園回來，他都要問媽媽一些莫名其妙的問題。

長大後，晨晨很有創意，做事也有自己的主張，從來不會人云亦云。

一個成功的家長，總是善於引導孩子去思考的！晨晨的媽媽無疑就是這麼一位成功的家長！她在參與的過程中，充分調動了孩子「思考」與「發現」的積極性，讓孩子從思想上先獨立了起來！

讓孩子獨立思考、自己做出判斷

要培養孩子的獨立思考能力，就要提供一些機會給孩子自己去獨立思考、自己判斷什麼是對，什麼是錯，什麼應該做，什麼不應該做。一個人的與眾不同有許多表現，其中最有意義的方面在於能夠展示並表達其獨具特色的思想。一個成功人士，也許有多方面的建樹，但最引人注目的應該是他那極具個性的思想以及獨立思考與判斷的能力。能不能全面而深入地思考問題，決定了一個人的思維深度和廣度，也決定了結論的正確性。

美國物理學家雷恩沃特（Leo Rainwater）小時候非常善於思考，他能夠從其他人熟視無睹的事物中想到一些更深層的問題。

雷恩沃特上小學的時候，一次老師問道：「同學們，你們說 1 加 1 等於多少？」

「等於 2」同學們異口同聲地回答。

只有雷恩沃特若有所思地看著老師，沒有回答。

老師有點疑惑，就問他：「雷恩沃特，你怎麼不回答呢？難道你不知道這個問題的答案嗎？」

雷恩沃特想了想，對老師說：「老師，我不是不知道1加1等於2。可是，您為什麼要問我們這樣一個簡單的數學題呢？您是不是有其他的答案？」

聽了雷恩沃特的話，老師感到非常高興。因為，老師提這個問題的目的被雷恩沃特言中了！老師微笑著對大家說：「同學們，雷恩沃特說得沒錯。從數學的角度來說，1加1等於2，但是，從其他角度來說，1加1未必等於2。就像我們今天要學的這篇文章裡所說的，兩個人互相幫助，兩人的力量就大於他們單個人力量之和。所以，我們要互相幫忙，互相關心，做個樂於助人的人。」

在鼓勵孩子獨立思考方面，家長有很多事情可以做，最簡單的就是傾聽孩子敘述自己的想法。儘管孩子的想法常常是天真、幼稚甚至可笑的，但家長一定要按捺住想糾正他的願望，抓住他談話中有趣的、有道理的論點，鼓勵他深入「闡述」，讓他嘗到思考的樂趣，增強自我探索的信心。

創造機會給孩子，培養孩子自己做選擇和處理問題的能力

讓孩子在嘗試的過程中感受失敗、碰釘子。這樣，孩子就會從失敗中汲取教訓而逐漸成長起來。

傑克在上四年級，班上安排到山上參加為期兩天的露營。傑克驕傲地告訴媽媽說自己能準備行李，然而出發前，媽媽發現他沒有帶厚衣服，可是山裡的溫度要比平地低很多。傑克拒絕帶厚衣服，媽媽也沒有堅持。

兩天後傑克回來了，大家問他玩得怎麼樣，他說：「我該聽媽媽的，山裡很冷。」

媽媽問：「下個月我們要去佛羅里達，也帶同樣的衣服嗎？」

傑克想了一下說：「那不用，佛羅里達很熱。」

媽媽說：「沒錯，外出前你應當先了解一下當地的天氣情況，再作決定。」

傑克說：「我知道了。我下次露營時應該先列個清單，就像爸爸出差前一樣，這樣就不會忘記帶東西了。」

與其說教，不如讓孩子親身體驗。只有在親身體驗之後，孩子才能更客觀地評價自己，更充分地思考問題。

因此，培養孩子獨立思考的能力，就要讓孩子自己的事情自己去想辦法解決。在訓練孩子思考的習慣時，家長可以給孩子一些提示，讓他自己去動手、動腦，這可以使孩子在不知不覺之中養成獨立思考的習慣。

▌孩子間的糾紛讓孩子自己解決

和成年人一樣，孩子在一起玩耍的時候難免會有衝突與爭吵。而這也是大人最為頭痛的一個問題！一方面是因為家長怕孩子因為爭吵最後大打出手，傷害到自己孩子或對方；另一方面大人會覺得這是孩子在替自己惹麻煩；更重要的是，如果大人參與到孩子的衝突中，可能會因此傷了兩家大人的和氣。所以，家長往往以訓斥或打孩子的方法而制止孩子之間的爭吵。

其實，孩子們在一起玩耍，有衝突、爭吵是普遍而自然的現象。現在的孩子絕大部分是獨生子女，他們是每個家庭中的「特殊人物」，所以容易形成不合群，自顧自、獨占一切的壞習慣。他們在一起玩耍，爭吵是難免的，從孩子心理上講，他往往以自己為中心，不了解別人的心理和要求，不容易接納同伴的意見，常常是透過爭吵來爭辯說理、了解對方的想法。另一方面，孩子透過爭吵來激發自己表達內心世界的語言，從爭吵中學習說話，學會忍讓、寬容、接納別人。孩子一般不會像大人一樣因利益衝突而記恨對

方，他們爭吵以後會馬上和好，往往大人氣還沒消，孩子又到一起玩了。

　　因此，家長應該放手讓孩子自己去解決糾紛。對於孩子來說，解決衝突的過程，正是他們健康成長、走向成熟的過程。因此，當孩子跟他的同伴爭吵或者向家長訴說自己遇到的諸如人際交往之間的衝突時，家長應鼓勵孩子去面對它，指導孩子自己去解決，而不是回避它，更不宜動不動就由家長代替孩子解決問題。有些時候，家長的參與反而會使衝突激化！

　　一個春和日麗的早晨，曉南的媽媽在樓上做家事，她 10 歲的兒子曉南在社區裡和小朋友們玩。

　　曉南的媽媽收拾了一下屋子，就推開窗戶想看看孩子在外玩耍的情況。不料，她正好看見兒子正在和一個個頭高一點的孩子在吵架，而且越吵越凶，聲音很高。

　　曉南的媽媽急忙跑下樓探看究竟。到跟前一看，才弄清楚孩子們爭吵的「導火線」是四輪車比賽。曉南認為是自己的車子先到達終點的，可是，那個高點的男孩卻說是他的四輪車先到達終點的，並嘲笑曉南的四輪車是「爛玩具」。更可氣的是，其他的小孩子偏偏也說是那個高個子男孩贏了。

　　曉南正在勢單力薄之際，看見媽媽來了，漲得通紅的小臉一下子變得慘白，委屈的淚水忍不住掉了下來，繼而「哇哇」地哭了起來。

　　看到這種情形，曉南的媽媽有些生氣，真想訓斥那個不講理的孩子一頓，替兒子出出氣。但她忍了忍，轉念一想，自己一個大人和孩子們吵架有點不好。

　　於是她強壓怒火，拉著兒子說：「南南，走，我們回家去，不和他玩了！」

　　但曉南人小骨頭硬，站著不動，偏偏不回家，非要人家「服輸」不可。

　　媽媽勸曉南：「輸了就輸了，改天媽媽給你買個好一點的再跟他比賽。」但曉南仍然不肯走。無奈之下，曉南的媽媽只好說：「那好吧！那你自己想

辦法解決吧，我回去了！但是不許哭，男子漢哭算什麼出息！」說完，曉南的媽媽頭也不回地上樓了。

當她回到樓上重新推開窗戶時，發現曉南與那個男孩又重新玩起四輪車！

曉南的媽媽看著看著，不禁笑了：「哎，我怎麼能跟孩子一個樣呢？」

事實上，像曉南這樣的情況在孩子的生活中經常出現。家長們應該明白，孩子們考慮問題的方式是不同於成年人的，一些在大人看起來很嚴重的事情，在孩子看來，也許並沒有什麼大不了。但如果用大人的方式去解決問題，就可能會使問題複雜化、嚴重化！因此，家長發現孩子爭吵時，不要大驚小怪，更不要把大人之間的衝突帶到孩子中間去。

有時候，原本不過是孩子們一時之氣引起的糾紛，經過雙方家長煞有介事的一折騰，反而升級為大人們之間的衝突。當孩子們和好之時，雙方家長卻還在互相怨恨。所以，明智的家長一般不會介入孩子之間的糾紛和衝突，他們會讓孩子自己去承擔責任，把解決問題的主動權交給孩子，讓他們自己想辦法，按照他們自己特有的方式解決衝突和糾紛。

其實，孩子自己解決衝突和糾紛，正是自我鍛鍊的絕佳機會。孩子們正是透過辯解、說理和爭吵，了解自己和他人，學會進攻與忍讓、鬥爭與妥協的藝術，學會如何去面對勝利與失敗。在解決與夥伴之間的衝突的過程中，能更好地獨立自主思考，使自己的交際能力不斷提升。

每個孩子說到底都屬於社會，總有一天他會走向複雜的社會，到那時人際間的各種衝突遠比現在孩子們之間的糾紛要複雜得多，做父母的不可能永遠充當孩子的「保護傘」。

因此，應拒絕替孩子「善後」，要及早放手，讓孩子自己做事自己當，靠自己的智慧去解決與同伴之間的衝突和糾紛，這才是家長最明智的做法。掌握解決人際衝突的藝術，是成功人生必備的本領。

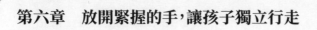

第六章　放開緊握的手，讓孩子獨立行走

第七章
讓孩子自己承受挫折

沒有永遠一帆風順的人生，每個孩子在成長的過程中都不可避免地要經歷許多挫折。對於孩子來說，挫折無疑是一塊「磨刀石」，一個經「挫折」磨練過的孩子，才能擁有堅如磐石的意志！

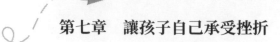

▌挫折讓孩子更有生存力

有這樣一個故事。

在非洲大草原的奧蘭治河兩岸，生活著許多羚羊。動物學家們發現了一個奇怪的現象：東岸的羚羊不僅奔跑速度比西岸的羚羊快，而且繁殖能力也比西岸的羚羊強。

為了研究兩岸羚羊的不同之處，動物學家們在兩岸各捕捉了 10 隻羚羊，然後把牠們分別送到對岸。

1 年後，由東岸送到西岸的羚羊繁殖到了 14 隻，而由西岸送到東岸的羚羊則只剩下 3 隻。這是什麼原因呢？動物學家們百思不得其解。

經過反覆研究，動物學家們終於找到了原因。

原來，東岸不僅生活著羚羊，在附近還生活著一群狼，為了不被狼吃掉，東岸的羚羊不得不每天練習奔跑，使自己強健起來；而西岸的羚羊因為沒有狼群的威脅，過著安逸的生活，結果，牠們的奔跑能力不斷降低，而體力也隨之下降了。

調查結束，動物學家們恍然大悟，只有在挫折與磨難中艱難生存下來的物種，才能擁有更加頑強的生命力！

此時此刻，聰明的家長們是否已經從上面這個故事中理解了「挫折」的真正意義？那麼，請反省我們對孩子的教育吧，很多情況下，我們不忍心讓孩子吃苦受累，不忍心讓孩子遭遇人生的風雨！我們總是像「老母雞」保護「小雞」一樣，怕孩子受到一點委屈，把孩子藏在自己的身後！以為這樣做，就能讓孩子少受一點罪！殊不知，家長的這種做法，不但讓孩子失去了在挫折中成長的機會，而且還對孩子個性、心理產生十分不利的影響。挫折是一種寶貴的財富，孩子要健康成長，應學會樂觀面對挫折、接受挫折。只有不

斷經受困難和挫折的孩子，才具有堅強的意志和強大的生存能力。同樣，一個經得起挫折的孩子，才能生存得更好！

對於孩子來說，挫折具有的價值

✧ **挫折有助於自信心的養成**：一個自信的人通常會表現出勇敢、堅韌、樂觀等行為特點，它是一個人走向成功的必備素養之一。當孩子遭遇挫折的時候，會產生不愉快的情感體驗，此時，家長就改用一些鼓勵的話語激勵孩子戰勝挫折，並幫助孩子分析受挫的原因，使他能夠充滿信心地迎接挫折，戰勝挫折，會慢慢養成孩子自信的性格。

✧ **挫折有助於孩子培養堅強的意志力**：為培養孩子堅強的意志，家長可以利用自然挫折或人為設置的挫折來磨練孩子，培養他勇於競爭、勇於打拚的頑強性格。

✧ **挫折有助於增強孩子的心理承受力**：遭遇挫折時，有的人會沮喪、焦慮、逃避，有的人會積極、勇敢地面對。家長應教育孩子以積極、樂觀的心態去面對挫折，戰勝挫折。對於那些無法在短時間內或透過個人努力能克服的挫折，應讓孩子學會運用自我安慰法等方法來緩解自己心中的壓力與不快，以此培養孩子自我緩解心理壓力的能力，培養其自信與樂觀的品格。

身為家長，我們不但要充分認知到挫折的價值，還應該在日常生活中特地培養孩子的抗壓性。這樣，孩子才會在遇到挫折時表現出堅強、勇敢、自信的精神，用自己的力量和智慧去克服人生中一個又一個困難和挫折，一步步走向成熟，走向成功。

美國總統約翰・甘迺迪的爸爸從小就注意對兒子獨立性格和精神品格的培養。

第七章　讓孩子自己承受挫折

　　有一次他趕著馬車帶兒子出去遊玩。經過一個轉角，因為馬車速度非常快，馬車猛地把小甘迺迪甩了出去。當馬車停住時，小甘迺迪以為他爸爸會下來把他扶起來，但他爸爸卻坐在車上悠閒地掏出菸抽了起來。

　　小甘迺迪叫道：「爸爸，快來扶我。」

　　「你摔痛了嗎？」

　　「是的，我覺得自己站不起來了。」小甘迺迪帶著哭腔說。

　　「那也要堅持站起來，重新爬上馬車。」

　　小甘迺迪掙扎著自己站了起來，搖搖晃晃地走近馬車，艱難地爬了上去。

　　他爸爸搖動著鞭子問：「你知道為什麼讓你這麼做嗎？」

　　兒子搖了搖頭。

　　他爸爸接著說：「人生就是這樣，跌倒，爬起來，奔跑；再跌倒，再爬起來，再奔跑。在任何時候都要靠自己，沒人會去扶你的。」

　　小甘迺迪聽了，似懂非懂地點點頭！

　　不過，從那以後，他對大人的依賴性明顯少了很多！遇到事情，也不是總是光顧著哭鼻子！因為知道沒有人可以幫助自己，他必須想辦法解決自己遇到的問題！

　　顯然，老甘迺迪並非不愛自己的孩子，事實上，正因為他深愛著自己的孩子，知道挫折是人生必經的關卡，所以才不斷地磨礪孩子的意志，讓孩子摔倒了自己重新爬起來！因為「人生就是這樣，跌倒，爬起來，奔跑；再跌倒，再爬起來，再奔跑。在任何時候都要靠自己，沒人會去扶你的」！有過摔倒了自己爬起來的經歷以後，孩子才會變得更有韌性，更有承受力。這樣，當困難與苦難襲來時，孩子才不會手足無措了！

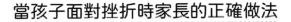

當孩子面對挫折時家長的正確做法

✧ **不要憐憫與擔心孩子**：不必擔憂孩子會因為一次挫敗，就永世無法翻身。每個孩子內心深處都有一個「自我成長系統」，這樣的系統會在處理挫折的過程中，接納各種處理不同危機的「方法」。這才正是挫折賦予孩子未來的本錢，它可以讓孩子從容地應對生活中的挫折與失敗。

✧ **讓孩子客觀地分析挫折與逆境**：讓孩子客觀分析挫折和逆境，尋找有效的應對方法，養成勇於克服困難和開拓進取的優良品格；以及如何正確面對生活中的困難和逆境，提升心理承受力，保持積極進取的精神狀態；甚至如何激發主動鍛鍊個性心理品格，磨礪意志，形成良好的生活態度

✧ **家長通達又樂觀，孩子受益更明顯**：家長面對生活困難、工作壓力、鄰里糾紛、身體疾患等挫折的態度，將直接影響到對孩子抗壓性的培養。如果家長面對各方面的挫折鬱鬱寡歡，孩子則會變得心理黯然；而家長若以通達樂觀的心態面對生活中的各種困難，孩子則會學到如何戰勝挫折的經驗。這就希望為人父母者要清醒地意識到自己應做好孩子身邊的榜樣，面對挫折時，不要灰心喪氣，牢騷飛滿天，而應冷靜應對。遇險泰然，遇難敢擔，遇病不憂，遇煩不怨，用自己的言行讓孩子懂得只要堂堂正正做人、踏踏實實做事、勤勤懇懇生活，天塌下來也不怕，沒有過不了的火焰山。

當今社會的競爭日益激烈，我們的孩子需要在與一個個挫折的碰撞中走向成熟，走向成功。挫折與機遇並存！讓我們精心指導孩子們在挫折中把握每一個成功的機遇，永遠以積極的心態迎接挫折的挑戰，去執著地書寫人生成功的篇章。

第七章　讓孩子自己承受挫折

▌挫折是一門必修課

在報紙上，編者曾看到過這樣一個觸目驚心的故事：

2006 年學測放榜後的某一天，一名 18 歲的女孩豔豔（化名）因學測成績不理想，沒有考上理想的大學，這個歷來課業成績不錯、心高氣傲的孩子，因為承受不了失敗的打擊，在臥室內上吊自殺身亡，為她一帆風順的人生寫上了悲情的一筆！

無獨有偶，2008 年在某大學的研究生宿舍裡，也發生過這樣的一幕：一名研三的女生因為承受不了遲遲寫不出的論文壓力，居然選擇了跳樓！

近些年來，這樣的例子頻頻發生，讓整個社會彌漫了恐慌！家長們更是無以適從，不明白為什麼現在的孩子如此脆弱？事實上，現在的孩子之所以變得脆弱不堪，其原因在於家長。

一是家長的過分溺愛。家長的過分溺愛讓孩子需索無度，當這些長期被溺愛的孩子一旦碰到挫折，要求滿足不了時，就會受到巨大打擊，產生輕生或者離家出走等想法！

二是缺乏挫折鍛鍊。很多孩子都是被保護著長大的，家長從沒有給孩子提供挫折鍛鍊的機會，使孩子沒有碰到過任何挫折，甚至不知什麼是挫折，當然就不知如何去處理了。這是導致孩子耐挫能力差的一個重要原因。

三是缺乏細心的挫折指導。因為沒有意識到「挫折教育」的重要性，許多家長從來沒有對孩子實施挫折指導。這些沒有經過挫折教育、挫折指導的孩子遇到挫折時，自然而然就沒有辦法戰勝挫折了！

綜合以上讓孩子的心靈變得脆弱的原因，我們可以得出這麼一個結論，想要自己的孩子變得不再脆弱，身為家長，我們必須為孩子上好挫折這門必修課。引導孩子正確了解挫折，面對挫折，提升自身的心理承受力！

那麼，我們應如何給孩子上好挫折這一課呢？

告訴孩子「挫折」並不可怕

挫折未必總是壞的，關鍵在於對待挫折的態度，同樣的挫折既可以產生消極的情緒甚至心理障礙，也可以磨練人的意志使其奮發向上。孩子對周圍的人和事物的態度常常是不穩定的，在碰到困難和失敗時，往往會產生消極情緒，不能以正確的態度對待失敗和挫折，這時，家長要及時告訴孩子「失敗並不可怕」，「你要勇敢」，「你一定會做得更好的」。家長要有意識地將孩子的失敗作為教育的契機，引導孩子重新鼓起勇氣，大膽自信地再次嘗試；同時，還應讓孩子明白人人都可能遇到困難和挫折，而困難和挫折是可以克服的，教育孩子勇於面對困難和挫折，樹立戰勝困難和挫折的勇氣與自信心，提升克服困難和抗壓的能力。

適當設置一些困難，讓孩子體驗挫折

俗話說「窮人的孩子早當家」，生活在窮困家庭的孩子，惡劣的生存環境自然就為他準備了艱苦鍛鍊的條件。現在生活水準普遍提升了，家長應多想辦法給孩子設置一些困難，讓孩子去解決。孩子在生活中碰到困難，也要求他自己去解決，因而培養孩子應對未來的能力和意志。

應為孩子提供獲得成功的機會

身為父母，要根據孩子的個性特點和能力水準，提出適當的要求，讓孩子做力所能及的事，使孩子透過成功的自我激勵，體驗成功的喜悅，獲得信心。另外，不管什麼原因，當孩子不能面對挫折時，父母應以樂觀的情緒感染孩子，如「這點小事，怕什麼，讓我們一起克服」。

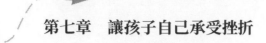

第七章　讓孩子自己承受挫折

讓孩子了解挫折和成功的關係

遇到挫折並不意味著失敗，沒有挫折也不一定就是成功，教會孩子正確對待成功與失敗。只有真正了解挫折與成功的關係，孩子才會越挫越勇，變得更有耐挫力！

教會孩子對待挫折的方法，和孩子一起分析挫折原因

家長還可以教給孩子一些對待挫折的方法，如自我鼓勵：「這次雖然沒得到第一名，但比以前有進步了。」心理補償：「你跳舞不行，可畫畫不錯，要努力畫，爭取參加書畫比賽。」對嬌生慣養的孩子，不妨讓他受點冷落。

注意利用榜樣進行挫折教育

社會學習對孩子的成長是非常重要的，對於以模仿為天性的孩子來說，榜樣的力量是無窮的，如因遭受失學挫折而奮發成材的愛迪生，戰勝病殘而卓有成就的海倫·凱勒等。這些優秀人物的事蹟都會給孩子帶來鼓舞的力量。

教孩子學會處理挫折

培養孩子不怕困難、堅韌不拔的精神。家長要告訴孩子，自己的事自己要負責；要讓孩子多參加實踐活動，嘗嘗吃苦的滋味；要培養孩子戰勝困難和挫折的意志，不能半途而廢；要培養孩子學會調整心理，若困難實在解決不了，該放棄就放棄，不要「不撞南牆不回頭」；讓孩子明白「失敗是成功之母」的道理等。

巴爾扎克說過：「苦難對於人生是一塊墊腳石，對於能幹的人是一筆財富，對於弱者是萬丈深淵。」一個人受不了委屈，經不起挫折，害怕困難，

是不可能面對競爭激烈的大千世界。家長的責任，就是盡力培養孩子的抗壓性和歷經挫折後的恢復能力，使他們在任何困難和挫折面前泰然處之，保持樂觀。

為孩子講英雄事，讓孩子讀榜樣書

孩子有很強的模仿性。他們在適應社會的過程中，如能經常觀察和模仿身邊的書上、影視上介紹的英雄模範人物的事蹟，其克服困難的勇氣和能力就會在潛移默化中得到培養和提升。比如，無論是書，還是後來拍成電影及電視連續劇的《鋼鐵是怎樣煉成的》，主人翁保爾與困難頑強抗爭、勇於戰勝自我的精神，都在激勵著一代又一代青少年充滿信心，笑迎挑戰，披荊斬棘，開拓向前，驗證了「榜樣的力量是無窮的」這句至理名言的強大生命力。所以，家長平時要注重利用榜樣向孩子進行說服教育，讓孩子從小懂得逆境成材的道理，讓孩子知道每個成功的人，都是在與困難挫折的抗爭較量中，經過頑強打拚最終走向成功的。

因此，家長應有意識地引導孩子聽、看、讀一些名人傳記、英雄人物事蹟影視片，讓孩子從中受到啟發，學到經驗，還可用身邊同齡人或熟人戰勝挫折的經歷來鼓勵孩子，以便為孩子抗禦挫折提供充分的心理準備。

當然，家長也應該明白，挫折並不是越多越好。畢竟，人的意志力是有一定的極限的，雖說一個人經受一些挫折可以鍛鍊人的意志，培養在逆境中經受挫折失敗後再接再厲的精神；但不斷地讓人經受挫折，經常陷於挫折之中也是不可取的。壓力太大，會使其人格發生根本性變化，因而變得冷漠、孤獨、自卑，甚至執拗，意志力就會越發頹靡。這對孩子的身心健康也非常不利！

▍把苦難當作一所學校

苦難是一所學校，因為苦難能夠磨練人的意志。吃得苦中苦，方為人上人。對孩子進行吃苦教育，讓孩子嘗試生存的艱辛，有利於培養孩子堅強意志和健康心智，提升心理承受能力和堅忍不拔的生存能力。

眾所周知，一旦雛鷹能夠起飛，老鷹便會立即將牠們逐出巢外，讓牠們在空中做飛翔的鍛鍊。正是有了這種鍛鍊，雛鷹才能夠更好地展翅飛翔，才能做追逐獵物的高手。

困難與挫折能夠磨練人的意志，激發人的潛能，使一個人最大限度地發揮自己的價值和潛能。

福特公司「野馬」跑車的策劃者李・艾科卡（Lido Iacocca）是一個歷經坎坷與挫折的人，也正是苦難、坎坷的經歷，激發了他無限的潛能。

艾科卡 1924 年出生於美國，他大學畢業的時候，福特汽車公司正在為賓夕法尼亞州物色一個汽車推銷員。於是，他選擇了汽車推銷員的工作，開始了艱辛的職業生涯。

艾科卡努力工作，終於在福特公司獲得了晉升的機會。可是，好日子沒過多久，1950 年代初期美國經濟的不景氣也影響了福特公司，公司大批裁員，艾科卡又重新做起推銷員的工作。

後來，艾科卡憑著自己的努力當上了費城地區的銷售經理助理。與公司共患難度過了幾年後，福特公司決定把主要精力放在汽車的安全設備上，艾科卡是這次改革的主要發起者，但是，這次艾科卡失敗了，他遭受了沉重的打擊。

失敗並沒有影響到艾科卡積極創新的精神，他越挫越勇，又準備開發「野馬」車，創造了汽車銷售史上的奇蹟，亞科卡也被稱為「野馬」之父。

　　正當艾科卡在福特的職業生涯越來越輝煌的時候，他受到了亨利·福特二世的排擠，艾科卡被解雇了。不僅如此，由於受亨利的威脅，朋友也不敢和他來往了，這位汽車奇才和他的全家陷入了極大的痛苦之中。

　　艾科卡沒有向命運屈服，決心再次尋找施展才華的機會，他接受了瀕臨破產的克萊斯勒公司的聘請擔任總裁。經過幾年的打拚，克萊斯勒公司走出了困境。

　　在艾科卡小時候遇到困難時，父親總是鼓勵他不要放棄，分析受挫的原因，然後想辦法克服困難。每當遭遇挫折時，他就鼓勵艾科卡說：「太陽會出來的，它會照常出來的。」正是父親的積極態度，使艾科卡在面對各種挫折的時候，勇敢面對，想辦法克服，一次次克服困難，一次次起死回生，創造出一個個神話，因而實現了人生的輝煌。

　　艾科卡的經歷告訴我們，困難總是無處不在的，越是困難的生活越能激發一個人的潛質！對於孩子來說，經歷苦難往往能夠激發他們克服困難、抵制困難的力量。這就好像森林裡的橡樹，經過千百次暴風雨的摧殘，非但不會折斷，反而越來越挺拔。

　　身為家長，我們不可能永遠陪在孩子身邊，替孩子去解決困難，所以應該培養孩子克服困難的能力，讓孩子自己去解決困難。正如教育家陶行知先生說：「不要擔心挫折，應該擔心的是，怕挫折而不敢讓孩子做任何事情。」讓孩子在克服困難中前進，孩子就會獲得多方面的發展，孩子也會更加積極地去奮鬥，去努力。現實生活中，孩子往往經歷不到什麼挫折，因此，家長可以給孩子設置一定的障礙。設置障礙可以產生正反兩方面的效應，如果運用得不好，反而會刺傷孩子，抑制孩子的積極行為。因此，家長應該慎重選擇這種方法。在使用時要注意以下幾點：

第七章　讓孩子自己承受挫折

✧ **障礙要適度**：採用這種方法，必須根據孩子年齡的大小、受挫經驗的多少加以嚴格的區別。年齡越小的孩子，設置的障礙需要就越小，障礙發生的頻率應該越低。受挫折越多的孩子，設置障礙的需要就越少，甚至可以不設置障礙。

✧ **與鼓勵相結合**：設置障礙應與鼓勵結合起來。當孩子排除了障礙，戰勝了挫折的時候，父母要及時給予讚揚，強化孩子的這種積極行為。

✧ **設置障礙的對象是一帆風順的孩子**：設置障礙的對象主要是那些「一帆風順」的孩子，這些孩子因為經常受到讚揚，所以要給他增加一些挫折。對那些受到挫折比較多的孩子，性格過於內向脆弱的孩子，是不宜採用這種方法的。

✧ **設置障礙應該具有漸進性**：障礙應該逐漸加大，逐漸增多，不應該在開始的時候就給孩子一個下馬威，否則可能把孩子的自信心摧垮。

✧ **設置障礙的保密問題**：在多數情況下，設置障礙事前不必讓孩子知道，但在有些情況下，比如障礙的難度很大，擔心孩子經受不住刺激等，可以先與孩子一起商量。問題可能難到什麼程度，可能遇到哪些困難等，讓孩子做到心中有數，這樣就可以增加孩子排除障礙的可能性。在艱難地獲得成功之後，孩子就會更加珍惜自己的積極行為所獲得的良好結果。

✧ **不要太在意孩子的情緒**：孩子遇到障礙、受到挫折時難免有時可能產生一些不良的情緒反應。家長應該有這種思想準備。對一般的不良反應，家長可以不去理會；但是如果孩子情緒反應過度，家長要進行必要的心理上的支持。家長要對設置障礙有清楚地認知，這是為了幫助孩子更快地發展，不能單純為了設置障礙而設置障礙。

▌鼓勵孩子正視失敗

　　在我們的生活中，不乏有這樣的孩子，他們聰明、上進、課業成績好，是老師眼中的高材生、父母心中的驕傲。由於成績好、表現好，這些孩子備受老師和家長的寵愛、同學和朋友的羨慕。這種特殊的待遇使得這些孩子在不知不覺中滋生了優越感，形成了只能成功不能失敗的固執心理！

　　也正是這樣的孩子，一旦有一次考試成績不理想，就會開始消沉，變得一蹶不振、自暴自棄，徹底失去進取的信心。更有甚者，還有一些孩子，因為承受不了失敗的打擊，釀成了輕生的悲劇！這都是孩子虛榮心作祟，沒有辦法正視失敗造成的！

　　正因為如此，身為家長，我們應及時調整孩子的心態，鼓勵和支持孩子讓他們以積極的心態正視「失敗」，培養他們接受挑戰的勇氣、信心和能力。

　　那麼，我們應如何教孩子正視失敗呢？

家長們應該端正自己的態度

　　當孩子為失敗而難過時，家長不應以憐憫的態度對待孩子，或者在孩子面前唉聲嘆氣，甚至劈頭蓋臉地責罵孩子。正確的方法是讓孩子明白失敗沒什麼大不了的，學習、活動總有勝負、輸贏，人人都會碰到，因此，失敗了不要緊，重要的是自己對於失敗的態度！是後退還是前進？是怨天尤人、自暴自棄還是吸取教訓，繼續努力？只有懦弱的人才會唉聲嘆氣、怨天尤人，而勇敢、聰明的人一定會正視自己的失敗，繼續努力。

　　此外，家長還可以鼓勵孩子，告訴他們：「你現在雖然失敗了，但是你很努力，只要找到失敗的原因並繼續努力，你一定會成功的，我們會為你的努力感到自豪！」

家長應該幫助孩子學會處理失敗後的情緒

　　許多孩子在經歷失敗以後，通常很容易陷入膽怯和過多的自我批評的情緒之中！這個時候，他們可能一直會懊悔：「如果……可能不會失敗」。孩子會因此不斷地找理由責備自己，給自己造成很大的心理壓力。因此，經驗豐富的家長應該幫助孩子處理失敗後的情緒！讓孩子從失敗的消極情緒中走出來！

　　有個孩子非常熱愛足球，有一次在跟別的學校比賽時，裁判誤判了他，說他故意撞人，罰他一張黃牌。結果孩子很不服氣，和裁判吵了起來。儘管後來比賽得以延續，但這個孩子在後面卻發揮得很不好，踢得一塌糊塗，結果這場比賽輸了。比賽結束後，其他人都走了，這個孩子在球場裡不肯離開，他的爸爸媽媽一句話也不說，站在場外默默地等待，孩子在足球場上一次又一次狠狠地射門，直到射了 101 次，然後孩子什麼也沒說，和他的爸爸媽媽一起回家了。

　　上面故事中的父母很理性，除了等待他們沒有採取任何行動安慰孩子，因為最終孩子要學會自己處理自己的情緒。當孩子面臨失敗時，給孩子一段心理的緩衝期和獨立時間是必需的，家長不必要急於介入，有些情緒過去了就過去了，不一定要很正式地處理。孩子會學會接受不願接受的東西，在這個過程中，孩子會變得堅強、寬容。如果遇到孩子無法自拔時，家長則可以稍稍點撥一下。

家長應該幫孩子尋找失敗的原因

　　幫孩子找到失敗的原因也很重要，如果不知道原因就會始終是一種壓力。而且，只有找到失敗的原因，孩子才有超越失敗的可能。

失敗的原因可能有很多，或者是自己的能力不足，或者是經驗不夠，也可能是努力程度不夠，環境的條件不成熟等。家長可以幫助孩子分清哪些失敗是自己的原因，哪些是外在的原因；哪些失敗是可以避免的，哪些是不可避免的。這時候，家長不妨多聽聽孩子的想法，協助孩子一塊分析方方面面存在的問題和可能。

鼓勵孩子改進

找到失敗的原因後，如果是可以改變的，家長應該鼓勵孩子找到至少兩種相應的改變措施，然後試著去做，並檢驗效果。例如，孩子由於粗心大意把本來會做的題目做錯了，感到很難過，同時還感到不服氣，而且會因此難以原諒自己：我考得不好，不是因為我學得不好，而是我不夠細心。家長可不能與孩子一樣有這種想法，因為粗心大意也是一個很不好的毛病，它反映出孩子比較浮躁，缺乏耐心，學習不夠扎實。改掉粗心大意的方法很多，如臨摹、做拼圖遊戲、做數獨遊戲等。家長可以根據自己孩子的特點幫助他找到適合他的改進措施。

讓孩子學會欣賞勝利者

有些家長為了安慰孩子，有時會不經意中貶低其他孩子或者流露出對結果的不屑、不滿。這些細小的行為都會被孩子觀察到，因而影響他們遭遇挫折後的心態。因此，家長應該在引導孩子承認對方的勝利之後，和孩子一起分析為什麼對方取得了勝利，最重要的是讓孩子自己說出勝利者獲勝的原因。當孩子長大後，他們會遇到各種競爭，學會在各種競爭中從容面對並且欣賞對手，是他們人格完善、個人魅力的具體展現。

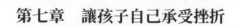

第七章 讓孩子自己承受挫折

提升自己

家長在教會孩子如何欣賞對方的同時，應根據孩子的狀況分析他們的優點和弱點，讓孩子在競爭中知道如何提升自己。這樣，在孩子的眼裡，家長不純粹是高高在上的家長，而是可以並肩作戰的、值得信賴的朋友。這樣的做法能增進親子間的感情！

跟孩子一起尋找面對失敗的力量

當孩子失敗以後，他渴望得到安慰與鼓勵！因此，家就成了孩子的避風港灣！這個時候，家長為孩子營造一個溫馨、輕鬆、富有人情味的家庭氛圍是很有必要的！當然，除了讓孩子在情感上有一種歸依感、安全感外，家長還應該用自己積極的人生態度去感染孩子，訓練孩子積極樂觀的心態！這樣，孩子才能在失敗中成長起來！

此外，家長也可以與孩子分享失敗的經歷，為他們講述英雄人物失敗的故事，慢慢地孩子便有了面對失敗的力量。

▌教孩子用樂觀的心態面對挫折

在一次奧斯卡的頒獎典禮上，一位剛剛獲獎的女演員準備上臺領獎，也許是因為太興奮、太激動了，被自己的長裙絆住了腳，摔倒在舞臺邊上，此時全場靜默，因為還從來沒有人在這樣全球直播的盛大的晚會上跌倒過。

然而，出人意料的是這位女演員非但沒有驚慌失措，而是迅速地起身，從從容容地走到了舞臺中間。在從主持人手中接過話筒，發表獲獎感言時，她真摯而感慨地說：「為了走到這個位置，實現我的夢想，我這一路走得艱辛坎坷，甚至有時跌跌撞撞。但是每一次我都是這樣，跌倒了勇敢地站起來，繼續向前邁步。」機智、真誠的話語使她成為那個晚上最耀眼的明星。

　　這位女演員之所以能在當眾摔倒以後依然如此樂觀、幽默地解析「跌倒」與挫折的含義，不僅僅是因為她機敏過人，更因為她有顆樂觀、積極、平和的心！這種樂觀的心態讓她能夠始終保持清醒的頭腦、積極的思維，在最短的時間找到最佳的解決辦法並採取行動，化解危難，走出窘境！由此可見，一個人是否擁有樂觀應對挫折的心態很重要！

　　如果我們能從小有意識地培養孩子積極、樂觀的心態，讓孩子做到坦然地面對自己每一次「跌倒」的經歷，何愁我們的孩子沒有一雙強勁的翅膀，在人生的天空裡自由翱翔？

　　那麼，我們應如何培養孩子積極、樂觀的心態呢？專家建議，要培養孩子樂觀的心態，家長應做到以下幾個方面：

✧ **為孩子營造和諧、幸福的家庭氛圍**：和諧幸福的家庭氣氛來源於家長的樂觀自信、幽默豁達，來源於家長能夠切實地幫助孩子正確對待並戰勝他所面臨的困難，以自己的樂觀精神感染孩子。這樣，即使在以後的生活中碰到困難挫折，他們也能始終保持健康的心態，具備心理承受力，因而克服困難，實現既定的目標。因為他們最親愛的父母已經讓他相信世上的一切東西都是美好的。一個對自己的童年有著幸福與溫暖回憶的孩子，胸中會永遠充溢著幸福。

✧ **培養孩子正面的樂觀感**：孩子遇到挫折，家長不能拿放大鏡來放大他的過錯或評定他的能力問題，那樣，孩子便會將問題歸因於自己能力不行，漸漸地便建立起一種消極、悲觀的信念，繼而變得難以承受挫折。當你的孩子考試失敗或者成績不理想的時候，家長可以安慰孩子：「一切只是暫時的，這次沒考好我們下次繼續努力。」然後積極地幫助孩子找原因，尋求對策。身為家長，對孩子適當的正面肯定是必須的，尤其是在孩子遇到挫折的時候。這樣能從小為孩子播下積極樂觀的種子，使

自己面對挫折時仍抱有希望。

✧ **不要苛刻地要求孩子**：對孩子的舉止、行為不要苛刻。孩子寫字不規範，你可以讓他看書上是怎麼寫的，鼓勵、引導他把字寫得更好。身為家長，可以每天抽出一點時間與孩子一同遊樂，這樣會令孩子特別開心。教會孩子調整心理狀態。當孩子陷入痛苦或憂慮時，家長應當幫助他們找到擺脫的方法，可採取聽音樂、閱讀、騎自行車或與朋友交談等方法，讓孩子從失望中振作起來。

✧ **不要傷害孩子的積極性和自尊心**：切記少用甚至不要用否定性、傷害孩子積極性、自尊心的批評。即使孩子真的犯了錯誤，家長也應在客觀分析、指正之後，再教孩子正確的方法，而不應過多地替他惋惜、後悔，如「你要是那麼做，一切就好辦了」、「你要是聽我的話，那這一次就沒有什麼問題了」、「如此那樣做，那就不會有這樣的下場」等。請記住，孩子的懊悔多一分，那他的樂觀精神便會少一分。

✧ **讓孩子及早學會應對失望**：生活中充滿著大大小小的失望，很多家長都想盡量使孩子遠離它。其實，如果孩子能夠及早學會如何應對失望，那麼整個孩童時代甚至是成人以後，他們都可以保持快樂的心態。關鍵在於孩子面對失望時，家長要讓他們知道如何尋找合理的幫助、與人溝通和保持樂觀的心態。其中，最有效的方法是根據孩子對失望的反應予以必要的幫助。

✧ **以身作則**：做家長的若要自己的孩子擁有樂觀的心態，還應該以身作則，對人生、生活、挫折等要有正確的觀念、承受的心理及應對的良策；即使面臨極大的困難，也不要在孩子面前出現一副唉聲嘆氣、無能為力的樣子。如果事情直接關係到孩子，需要孩子一起來面對困難，家長也應給孩子一種克服困難的信念。

總之，真正的強者，都是那些樂觀應對挫折的人！所以，讓我們開始行動吧，把我們的孩子培養成一個樂觀、積極的人！

讓孩子變得堅強起來

現在的孩子大都是在萬千寵愛中長大的，許多家長都有這樣一個心理，為了孩子自己再苦再累也心甘情願，孩子的所有缺點都是可以原諒的。過分順從孩子的意願、對孩子的缺點過分包庇，替孩子完成其力所能及的事情等。殊不知這種代辦式的溺愛只會害了孩子，使其深受影響，在心理上產生依賴思想，行為上產生軟弱性。有了對父母的依賴，孩子就培養不出堅強的品格，當他們日後步入社會獨立生活時，沒有堅強的意志，暫時的困難與挫折就能把他們擊倒。

有這樣一個故事：

有兩個商人被困在荒涼的沙漠裡，一連好幾天沒有喝到一滴水了。天亮時他們決定分頭去尋找水源，並約定：如果有人找到水或得到救助，就鳴槍為號。

接近中午時，其中一個再也走不動了，太陽像一條火蛇一樣舔著他乾裂的皮膚，腹內燃燒著一團火。這個商人想：「我快完了，還是快向同伴求助吧。」於是，他朝天開了一槍。

槍響之後，等了很長時間他也沒有盼到同伴的到來。他想：「大概同伴沒聽見吧？」於是又朝天空開了一槍。

又過了許久，仍然沒有見到同伴的身影。他開始著急了，又接連開了幾槍。他想：「這個傢伙，大概是發現了水源，想自己獨享；不然就是故意見死不救，然後私吞我的財產。」他大聲咒罵這個不講仁義的傢伙。當夜色來臨時，他徹底絕望了。

　　然而，當他的同伴帶著尋來的水，氣喘吁吁地來到槍聲響過的地方時，看到的是一具屍體，原來他已經把最後的一顆子彈打進了自己的腦袋。

　　這位商人沒有死於乾渴，沒有死於體力不支，沒有死於沙漠裡的風暴和野獸的襲擊，更沒有死於內部爭鬥，他死於自己的意志，死於自己的半途而廢。

　　成功與失敗的差距往往只有一步之遙，只要咬緊牙關堅持一下，勝利便在眼前。但是，許多人正是因為在前面的搏鬥中已經筋疲力盡，在最後的關頭，即使遇到一個微小的困難或障礙都可能放棄，最終功虧一簣。

　　身為家長，應該從小就重視培養孩子堅強的個性，讓孩子在以後的人生道路上能夠堅強地朝自己的目標走下去。不因為一點點困難與挫折就放棄了！而要讓孩子變得堅強，家長應做到以下幾個方面：

不要把孩子當成弱者

　　著名科學家居里夫人很注意培養孩子的堅強性格。在第一次世界大戰期間，她把大女兒帶到戰爭前線救護傷患，讓她在艱苦的環境中鍛鍊。

　　1918 年，她又要兩個女兒留在正遭到德軍炮擊的巴黎，並告訴孩子在轟炸的時候不要躲到地窖裡去發抖。這種把孩子當成強者的態度使她的孩子們成為堅強的人。

　　想讓孩子堅強，千萬不要把孩子當成弱者來看待。只有讓孩子自己去站立，他的雙腿才會強壯，他的意志才會堅定。

讓孩子學會自己生活

　　有的家長認為在生活方面多替孩子服務，讓孩子把時間用在學習上會有好處。其實不然，生活上的依賴會干擾、阻礙學習上自強精神的形成，也是

孩子形成軟弱性格的重要原因之一。

家長必須改變對孩子凡事插手的態度，多給孩子自主機會。不管是在生活中，還是在學習上，凡是應該孩子自己做的，家長就不要越俎代庖。家長應該堅持這樣的原則：你能做的，我絕不替你做；你不會做的，我教你做；你讓我做的，我要考慮該不該做。

培養孩子的信心

培養孩子的信心，使孩子了解並發揮自己的長處。天下沒有十全十美的人，而正在成長的孩子們就更需要時間來體驗挫折，享受成功，進而認知自己。家長應當從孩子小的時候就給他一定的空間，讓他大膽嘗試，並允許他在嘗試中犯錯誤來獲得經驗。

家長在鼓勵孩子大膽嘗試的時候要注意，把焦點放在嘗試的過程和孩子付出的努力上，不要過分追求一個完美的結果。父母要經常表揚孩子，讓他有機會認知自己的優點和長處。這樣，當孩子遇到挫折時，就不會一蹶不振、輕易放棄了。

讓孩子學會生活，把握自己

家長的干涉是孩子形成軟弱性格的重要原因之一。一些家長對孩子百依百順，不讓孩子做任何事情，舒適、平靜、安穩的生活剝奪了孩子自我表現能力的機會；衣來伸手、飯來張口的生活方式，導致了孩子獨立生活能力的萎縮。因此，要培養孩子成為強者，父母首先要鼓勵孩子做力所能及的事情，學會生活。譬如：夜間讓孩子獨立上廁所；父母暫時離開時，稍大一些的孩子能夠獨立而不害怕；當發生意外事情時，孩子不驚慌、不哭泣等。這些看起來是小事，但是對培養孩子獨立、堅強的品格很有益處。

讓孩子接觸同伴，鍛鍊自己

心理學家指出：孩子的性格在遊戲和日常生活中表現得最為明顯，這也是糾正孩子不良性格的最佳途徑。愛模仿是孩子的一大特點。父母要讓性格軟弱的孩子經常和膽大勇敢的小朋友在一起，跟著做出一些平時不敢做的事情，並讓他將朋友們的言行舉止作為自己模仿的對象，耳濡目染，慢慢地得到鍛鍊，變得勇敢、堅強起來。

家長要尊重孩子，不當眾揭孩子的短

相對來說，性格軟弱、不堅強的孩子比較內向，感情較脆弱，父母尤其要注意保護孩子的自尊心。如果當眾揭孩子的短，會損傷孩子的尊嚴，讓他覺得無地自容，臉上無光而羞於見人，無形中不良刺激強化了孩子的弱點。如果確實需要指出孩子的缺點，應在肯定孩子成績的前提下，用提建議和希望的口吻指出孩子的不足。在這種情況下，大多數孩子都會樂意接受的。

堅持力的訓練

家長要經常告訴孩子，堅持就是勝利。對孩子堅持做事的習慣，家長應給予及時鼓勵，要求並督促孩子將每一件事情做完。在鍛鍊孩子意志的過程中，家長要盡量制訂與孩子的身心發展相一致的鍛鍊任務。

培養孩子抗壓性之重要

父母要以堅強樂觀的人生態度引導孩子。孩子考試失敗了、孩子升學失利了、孩子犯錯誤了等，家長要引導孩子直面自己遭遇的挫折，但千萬不要火上加油，一味地指責批評。應該從實際出發，讓孩子正確對待，分析原因，制訂措施，幫助孩子走出困境。

「寶劍鋒從磨礪出，梅花香自苦寒來」，培養孩子堅強的品格不是一朝一夕的事情，也不是單靠幾件事情就能見效的，應該在生活的各個方面有意識地實踐。這樣，孩子才能逐漸變得堅強起來！

培養孩子的意志力

從小養成孩子良好的意志品格，將為孩子一生的成長奠定堅實的基礎。而培養孩子良好的意志品格需要在父母的指導下，經過長期不懈地努力才行。身為家長，則必須掌握鍛鍊孩子意志力的基本原則，才能給孩子進行科學的指導。

培養良好的生活習慣

讓孩子養成有始有終的習慣對於增強孩子的意志力有非常重要的作用。在孩子小的時候，無論玩耍、看兒童書，還是學習、做事，家長都要要求他有始有終並逐漸養成習慣。

培養孩子的耐心也很重要，因為有耐心也是意志力的一個重要方面。家長可以從日常生活中來培養孩子的意志力。

對聰明的孩子，家長需要特別注意對他們採取一些堅持性和吃苦精神的訓練，特別是一些簡單生活習慣的培養。比如讓孩子一件事情盡可能自始至終，獨立完成整個過程；一段時間內只專心做一件事情，以免心猿意馬；不能全憑興趣做事，適當做一些不願做的事情；學會抵制來自外在和內在的誘惑，集中注意力於當前做著的事情；學會吃苦，不怕簡單、枯燥和重複。

確定正確的行為目的

隨著孩子年齡的增長和知識經驗的不斷累積，他們的理解能力也在不斷增強，他們的行為在生活、學習和遊戲中會明顯地表現一定的目的性。而

且，孩子年齡小，易受情緒、興趣等因素的影響，他們的行為目的往往不穩定。因此，父母必須根據孩子的這一心理特點，透過遊戲、娛樂、學習等方式來幫助孩子確定正確的行為目的。需要注意的是，給孩子設定的目標一定要恰當，應該使孩子明白此目標不經過努力是達不到的，只要努努力便能達到。太難或太易達到的目標都不能使孩子的意志力得到鍛鍊。

制定了合理的目標後，父母就應當要求孩子堅決執行，直到實現絕不可遷就，更不能半途而廢。

從小事做起

著名文學家高爾基曾說：「哪怕對自己一點小的克制，都會使人變得強而有力。」因此，培養孩子的意志力，要從「小的克制」入手。

千里之行，始於足下。從小事做起，持之以恆，是磨練意志的好方法。指導孩子經受意志鍛鍊須從點滴小事做起，透過生活小事指導孩子經受意志鍛鍊是一種行之有效的方法。因此父母要善於利用身邊的小事有計劃地鍛鍊孩子的意志力。

培養頑強的意志，要隨著孩子的成長和進步，從小到大、從易到難、從低到高地磨練孩子，當他能夠迎接越來越大的困難和挑戰時，一個意志堅強的孩子就出現了。

必須讓孩子能夠獨立活動

在鍛鍊孩子意志力的過程中，讓孩子能夠獨立活動是父母必須注意的一項原則。如果孩子沒有強烈的獨立意識和獨立能力，鍛鍊意志力根本就無從談起。

父母可以讓孩子自己收拾玩具，自己穿衣，自己完成作業，甚至收拾自

己的飯碗等。孩子在進行這些活動時，需要克服外部困難和內部障礙，但他也正是在這個過程中，使意志得到了鍛鍊。

鼓勵孩子做好每一件事情

鼓勵孩子有始有終地做好每一件事情，是指導孩子經受意志鍛鍊的重要手段。孩子碰到困難想逃避這是正常現象，父母正確的做法應該先幫助孩子了解困難的原因，然後鼓勵他想辦法克服困難，而非立即逃避、退縮。當孩子想要放棄學習時，父母應多提供孩子學習與興趣探索的機會，但是當他有困難時，要先了解困難的原因，然後再幫助他克服困難，如此才能培養孩子的毅力。

保護孩子的好奇心

保護孩子的好奇心對於培養孩子的意志力也是十分重要的，因為孩子對於自己感興趣的東西容易堅持。保護孩子的好奇心、探究和創意的精神，有利於幫助他們克服困難，堅持做自己喜歡的事情。孩子生來就具有強烈的好奇心、探索和創意的精神，父母一定要善加保護孩子的這一先天優勢。如果孩子能永遠保持一顆探索之心，對探究未知的東西充滿興奮、衝動和激情。那麼他們有什麼困難不能克服呢？

做孩子的表率

樂觀的父母培養樂觀的孩子，同樣，堅強的父母也會培養堅強的孩子。如果爸爸媽媽意志堅強，做事具有不怕困難、百折不撓的意志力，那麼孩子也會在耳濡目染、潛移默化的過程中逐步完善自己的意志素養。反之，如果爸爸媽媽懶懶散散，遇著困難繞道走，工作缺乏勤奮精神，生活懈怠，做事沒有信心，經常半途而廢，那麼孩子絕不會成為一個意志堅定的人。

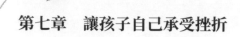

▌訓練孩子的心理承受能力

　　心理承受能力是一個人的心理品格問題，它反映一個人對待困難與挫折的理智程度，社會風險意識以及對自我思想、情緒、行為的控制能力。一個心理承受能力強的孩子能經受得住挫折的打擊並沿著挫折的方向找到自己成功的目標。而一個心理承受能力弱的孩子一旦遇到困難與挫折，就無法承受，以致偏離正常的軌道。下面就是這樣一個活生生的例子：

　　林娜從小生活在優越的環境中，人漂亮、聰明，在小學時年年是「班長」、「模範生」，再加上父親是所在學校的校長，母親是教務主任，所以，她比一般的「模範生」更多了一份優越感。同學們羨慕、老師們關心、父母視若掌上明珠般的百般溺愛，使林娜從小就養成了唯我獨尊的個性。

　　進入重點中學後，林娜漸漸失去了原有的「優勢」，往日的光環也不再圍繞在她的頭上。在中學裡，她先後經歷了幾次挫折，先是班長沒選上，緊接著「模範生」也挨不了邊……這些變化讓從小備受呵護與讚美的林娜有些承受不住了！

　　慢慢地林娜再也無法集中精力專心上課了，她變得萎靡不振。她的父母在百般無奈之下，只好讓她休學在家。

　　其實，每一位家長都疼愛自己的孩子，都會千方百計地為孩子創造良好、安寧的生活環境和和諧、溫暖的家庭氛圍，不管在學習上和生活上總是給孩子最好的關愛，寧可委屈了自己，也絕不委屈孩子。林娜的爸爸媽媽也是如此，他們不僅在生活上把林娜照顧得無微不至，在學校裡也有意無意地利用自己的地位助長女兒高人一等的思想。一帆風順的小學生活使林娜的心理承受能力變得脆弱不堪，以至於經不起一點點的打擊。

　　事實上，一個人只要參與社會生活，就會遇到各種壓力、困難和挫折。若要孩子堅強地走好成長的每一步，在未來社會的競爭與挑戰中立於不敗

之地，明智的家長應該從小關注孩子的心理承受能力，培養孩子平和的心態，讓孩子在體驗中學會面對困難並戰勝困難，建立自信、樂觀的品格。孩子心理承受能力的培養，應該以良好行為習慣的養成為基礎，以心理健康教育為主要內容，循序漸進地開展起來。正確的做法是：

讓孩子學會公平競爭

現在的孩子好勝心強，什麼都想得第一。如林娜，由於她所處的環境再加上小學時成績也確實不錯，人們把她的優點過於誇大，缺點忽略不計了。在她的印象中，不管在什麼方面別人都不如她。其實，在孩子小時候就應該讓她明白，一個人有成功的地方，也會有不如人的地方，樣樣都是你第一那是不可能的；同時對孩子的薄弱環節應鼓勵她多練習，提供給孩子一個公平競爭的機會，讓孩子意識到自己會成功，也會失敗，不管是成功還是失敗，只要是經過自己努力，都應覺得自豪，而不是只接受成功，拒絕失敗。

培養孩子的適應能力

在日常生活中，家長要從現實出發來引導孩子，讓孩子坦然地面對現實，全方位的經受各種情感體驗，無論是快樂、自信、希望還是痛苦、失望、拒絕，都應讓孩子真實地去體驗、開放地去經歷。像林娜，如果她父母從小就注意從現實出發，讓她能像別的孩子那樣多經受幾次失望、痛苦，孩子在新環境中遇到困難時和孩子一起分析原因，尋找改進方法，使其盡快適應新環境，她也不至於會走極端。

父母要經常關心鼓勵孩子

父母每天要抽出一些時間，在輕鬆自如的氣氛中和孩子推心置腹地談談學習、生活，鼓勵孩子不加掩飾地談談自己遇到的困難、遭受的挫折；同

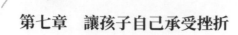

第七章 讓孩子自己承受挫折

時，父母也應該談談自己平時在工作、生活中遇到挫折時是如何對待的；當
孩子遇到困難時，父母千萬不能大聲呵斥或粗暴責問，而應施以更多的關
愛，如給孩子安慰，使她緊張的情緒得以鬆弛；或與孩子坐在一起，若無其
事地跟她談心，讓孩子主動訴說自己的不幸與委屈，只要父母能認真地聽其
傾訴，父母充滿愛的信任和鼓勵，就一定會鼓起孩子的勇氣，激發他的自尊
和自信，使其盡快擺脫不愉快的情緒，高興地投入到學習、生活中去。

盡可能地讓孩子自己決定和處理自己的事

　　身為家長，應盡量地讓孩子自己決定和處理自己的事。只要不是壞事，
只要孩子能夠做到，就讓他們自己拿主意，自己去做。

盡量少奉承孩子

　　許多孩子是在充滿奉承的環境中長大的，即使孩子做了一些他應該做的
事，周圍的人總是讚不絕口；孩子犯了錯誤，家長怕刺激孩子，千方百計地
幫孩子找藉口。這會使孩子變得任性、虛榮。不奉承孩子，就是不單純地去
討孩子的歡心，就是善於讓孩子承擔他應該承擔的義務，就是讓孩子清楚什
麼是對、什麼是錯、什麼應該做、什麼不應該做，從小就正視自己遇到的每
一個問題。

及時地排解孩子的心理壓力

　　有時孩子會面對一些他自己無法承受的心理壓力，這時就特別需要教師
和家長積極排解疏導。常用方法是：

✧　跟孩子談心，解開他們思想上的疙瘩。

✧　給孩子做出某些承諾，消除顧慮。

✧　幫助孩子分析原因、解決問題。

✧ 鼓勵孩子堅強、自信，化解心理壓力。

✧ 善意地關心孩子的事，不論與心理壓力的成因有無直接關係，這都會使孩子獲得信任感。

✧ 從事一些文藝與體育方面的活動，轉移其注意力。

有目的的實施「心理操練」

　　心理和生理一樣，必須透過一定的鍛鍊活動才能促進其健康。為培養孩子的承受能力，可有目的有計劃地開展一些「心理操練」。比如，可在體育活動中有意識地培養孩子的意志品格；透過安排各種活動來樹立孩子的自信心；開展「生活自立能力比賽」等，使孩子樹立正確的競爭意識；有時，在孩子取得成績的時候可出點難題，在他們失敗，失意的時候給予鼓勵，教育孩子「得之不善，失之不憂」，始終以平和自然的心態參與生活和競爭，才能夠經得起未來人生路上的風風雨雨。

第七章　讓孩子自己承受挫折

第八章
出色的 EQ 締造優秀的孩子

　　在今天的社會中，人與人之間的競爭不再僅僅是智商的競爭，更重要的將是情商（EQ）的競爭。高 EQ，則意味著這個人善於調節自己的情感，善於保持良好的人際關係，善於敏銳地察覺他人內心微妙的變化。高 EQ 的人也更容易得到周圍人的幫助。

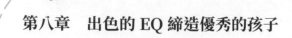

第八章　出色的 EQ 締造優秀的孩子

為什麼要重視孩子的 EQ 教育

根據報載，某一成績優異的高中生在一次奧賽失利後一蹶不振，一年內割腕、割頸十餘次。

這個學生叫高洋（化名），讀高三，今年 19 歲，初三時因成績突出成為多所高中理科實驗班爭奪的對象。進高中後，他用絕大部分時間和精力主攻數學，希望獲得保送上名牌大學的捷徑。

據父親高大寶（化名）介紹，幾個月前兒子參加全國中學生數學競賽，只獲得二等獎。兒子無法接受未拿一等獎的現實，一次次向自己舉起了利刃。

高大寶說，兒子會走到這一步，主要跟家庭教育有關。兒子從小智力發展就很不錯，有些自視過高，比較怕吃苦，家長對他也比較溺愛，兒子的要求從來都是盡力滿足，這種以兒子為中心的教育方法也使得兒子很少顧及其他人的感受，「沒有重視孩子的情商培養，是我教育兒子中最大的迷思」。

另有一則消息報導：

有一位 11 歲的孩子被 5 個 11~15 歲的孩子用殘忍的手段打死，那個 15 歲的小頭目還很得意地告訴別人他是「馬加爵第二」。　類似的報導觸目驚心，引起了整個社會的極大關注！更有很多家長開始反思自己對孩子的教育。

長期以來，不少的家長本著「望子成龍」的心態，在孩子智力發展方面沒少下工夫，沒少投資！許多孩子從小上繪畫班、英語班、電子琴班、舞蹈班等，家長們還頗費心思地教他們學算術和讀書識字，真可謂可憐天下父母心。

但是，家長在著力提升孩子智商的同時，卻忽略了孩子品格、道德和情感的發展，也就是忽略了情商的塑造。其結果是不少孩子雖智力發達、課業

成績優異，卻品格低下，情感殘缺。他們有的自私自利，唯我獨尊，不懂得關心他人、幫助他人，不懂得尊敬老人、孝敬父母、愛護親人；有的不辨是非，隨波逐流，不知道社會上什麼是對的、什麼是錯的、什麼應該支持、什麼應該反對，不懂得真、善、美和愛；有的品格雖不壞，但情感低能，無法理解別人正常的感情，因而與別人交往、溝通和合作都十分困難；還有的意志薄弱，感情脆弱，經不起困難和挫折的打擊。這樣的孩子不是現代社會需要的人才。他們自己也會在走上社會後因不能適應社會而出現多方面問題並影響身心健康。

智商是一種綜合性的認知能力，其基本構成要素為注意力、觀察力、記憶力、想像力和思維能力，其中思維能力是智商的核心，智商就是對一個人的智力因素的測定。也就是說，智商主要表現人的理性的能力。智商的高低反映著智力水準的高低。

情商就是「情緒智商」，用以描述一個人對自己和對他人的情緒的認知和控制，被譽為除智商以外，人的另一個生命科學的參照元素。它表現出一個人在同情心、情感表達能力、自控能力、人際交往能力、適應性、獨立性、受人歡迎的程度，是否善良、友愛、尊重他人，是否能承受壓力、堅持不懈、自我激勵等個性特徵。它是一個人控制自我情緒和調節人際關係的能力，是孩子未來成功的關鍵因素。如果一個人性格孤僻、怪異，不易合作；自卑、脆弱，不能面對挫折；急躁、固執、自負，情緒不穩定，他智商再高也很難有成就。

因此我們說，情商與智商一樣重要！智商有助於成材，情商有助於成功。我們既要孩子成材，也希望孩子成功。不僅要事業成功，還要生活成功。因此，情商可以稱為人生成功的翅膀。

那麼，家長應如何培養孩子的高 EQ 呢？以下是我們的一些建議：

✧ **為孩子樹立良好的榜樣**：家長的一言一行、一舉一動無不對孩子發揮著潛移默化的影響和作用。因此，家長要以身作則，凡是要求孩子做到的，首先自己要做到，用榜樣的力量去塑造孩子。

✧ **家長要用好的情緒影響孩子**：孩子的情緒往往受家長的影響，在平時生活中，家長要用熱情、豁達、樂觀、友善等好情緒對待孩子和他人，控制住自己不好的情緒，這樣孩子才會具有活潑、大方、快樂、關心他人的優良情緒和性格。

同時大人還要及時排除孩子恐懼、抑鬱、悲傷、憤怒等不易被社會接受的壞情緒。家長還要讓孩子懂得該在什麼場合應該用什麼樣的情緒，以便讓孩子能自覺地掌握，逐漸形成自我控制情緒的能力。

✧ **要注意孩子情感的細微變化**：家長要與孩子心靈溝通，做孩子的知心朋友。對於孩子的要求，只要是合理的、能夠滿足的，家長應該盡量給予滿足；不合理的、不能滿足的，則要向孩子說明不能滿足的道理。

家長千萬不能不關心孩子的痛癢，也不能讓孩子放任自流，更不能動輒訓斥、打罵孩子或壓抑孩子的情感流露。相反，家長應讓孩子的情感得到合理的流露，並要了解它產生的原因，需要解決的應及時加以解決。

✧ **要為孩子創造各種人際交往的條件**：如果家裡來了客人，家長要讓孩子相識相伴、沏茶接待。家長也要適當帶孩子去參加一些聚會、晚會，讓孩子見見各種場面，學習與各種人打交道。

另外帶孩子上街，要鼓勵孩子問路。乘車、進公園、購物等都可由孩子付費。孩子在幼稚園或學校當了小幹部，都要予以積極鼓勵和支持。

✧ **要帶孩子多參加各種集體活動**：在集體活動中，孩子與同齡的小朋友一起生活遊戲，他們會相互教會怎樣玩耍、怎樣相處、怎樣生活。

家長要歡迎孩子的小朋友到自己家裡來玩，也要鼓勵自己的孩子到別的

小朋友家裡去玩。在孩子與其他小朋友交往的過程中，家長要教育自己的孩子嚴於律己，寬以待人，互相信賴，彼此尊重。

✧ **要培養孩子從小懂禮貌**：如見了長輩要開口問好，學會恰當使用「對不起」、「謝謝」等禮貌用語。

✧ **鼓勵孩子關愛他人、幫助他人**：教育孩子對人要公正、平等、真誠、友愛。當孩子欺負弱勢時，要嚴厲批評，培養孩子的愛心和同情心。

✧ **要培養孩子的勞動觀念**：讓孩子分擔一些力所能及的家務，孩子能夠獨立完成的事情，盡量讓孩子自己做，培養勞動觀念，懂得勞動的辛苦。讓孩子明白父母養育他們是多麼不易。

✧ **要讓孩子了解社會，懂得人情世故**：鼓勵孩子看報、看電視新聞，了解國家大事和世界大事，全面認知社會，懂得人情世故。

✧ **要培養孩子的獨立性**：在生活和學習上鼓勵孩子自主決定、自主選擇，只要不危害孩子的身心健康，父母不要干涉。

情商和智商並不對立，而是人生的雙輪。如智商低而情商高，則情商可以挖掘智商的最大潛力和發揮智商的最大效應，促成人的發展和成功；如智商和情商偏低，那麼這個人會很平庸；如智商高而情商低，這個人在學校成績優異，但走向社會可能未必有成就；如智商和情商都高，其勢必能創造出色的業績，獲得巨大成功。可見，在預測人的成功時，了解情商比測試智商更有意義！

▍懂得愛的孩子才會幸福

一位兒童教育的專家說：「只知索取，不知付出；只知愛己，不知愛人，是當前很多孩子的通病。」為什麼孩子會有這樣的毛病呢？歸根結底，這是家長的「私愛」、「溺愛」惹的禍！

第八章 出色的 EQ 締造優秀的孩子

在生活中，很多家長為了表現自己對孩子無私的愛，總是無節制、無原則地滿足孩子的要求，家裡的好東西，孩子享受完了才能輪到大人！更有一些家長，因擔心孩子吃虧，總提醒孩子在外面要多想自己的利益和得失，不要「多管閒事」……久而久之，孩子變得自私自利、不懂得關心別人、也缺乏同情心，他們往往會把別人的給予視為理所當然，可輪到自己付出的時候，卻非常不樂意！這種只知道索取，不知道付出的孩子，長大以後有可能成為一個蛇蠍心腸的惡人和感情上的「白癡」。這對孩子的一生來說，有百害而無一利！

因此，為了不讓孩子的愛心枯竭、泯滅，身為家長不僅要愛孩子，更重要的是讓孩子學會愛。一個沐浴著父母真誠愛的孩子，一個熱愛父母也對別人抱有愛心的孩子，永遠不會悲觀、不會孤獨、不會彷徨，他們將會適應社會、適應人際間的交往，他們能營造和諧快樂的氣氛，給家庭帶來幸福。

通常情況下，愛心與幸福、快樂是形影不離的，一個懂得愛的孩子，才能享受到幸福！富有愛心的孩子總是快樂的，他們與人為善，懂得同情和理解他人，關愛生命。這樣的孩子，不但自己內心祥和、安寧，還能給他人帶來陽光和溫暖，讓別人願意親近自己。

懂愛的孩子長大以後必定善於合作，也更容易得到機遇的垂青。他們關心自己身邊的每一個人，喜歡幫助關心自己的同學、家人、朋友。正所謂「仁愛成大事」，付出愛的孩子也一定能得到愛的回報，在他們的人生路上，一定會得到很多人的關心和幫助，獲得成功！

懂得愛的孩子，情感體驗豐富，更容易看到生活中光明的一面，因此更經受得住挫折與困難。在他們遇到困難的時候，也不會因沒有他人幫助陷入孤立無援的狀態中。

總之，讓孩子從小學會愛，能讓孩子一生都受益無窮。為了孩子的健康

成長、為了家庭的和睦幸福，身為家長，我們應從小讓孩子成為一個情感豐富、懂得愛的人！具體來說，家長可以從以下幾個方面入手。

✧ **讓孩子認知到什麼是愛心**：要教育孩子有愛心，你必須讓孩子認知什麼是愛心，要擴大孩子的感情智力。可以經常問：「你怎麼感覺呢？」孩子們一定要能夠識別自身不同的感情狀態，然而才能對別人的感情敏感。要及早告訴孩子，有一顆關愛他人的心能對別人產生正面的影響。

✧ **父母要以身作則**：強化父母本身關愛他人的行為，因此孩子就能看見你對別人的痛苦和需要表現出來的關心。孩子的模仿能力是十分強的，當你對別人的關心而採取行動時，孩子也會記住你的行為，並會逐漸模仿。

✧ **鼓勵孩子多參加社會活動**：在學校和家庭裡，為孩子提供體會不同視角和觀點的機會，比如參觀老人院、無家可歸者收容所等場所。孩子體會不同視角的機會越多，就越能對那些需要幫助的人們表示同情並付出自己的關愛。如果孩子小時候經歷關愛別人的事情越多，那麼關愛他人將成為他終生習慣的可能性就越大。

　　讓孩子定期參加一些幫助弱者的活動，使孩子們對幫助他人有親身的體驗，這不僅能培養孩子關心他人的品格，增加孩子的親和力，讓孩子養成了助人、博愛的好習慣，也能教會他們懂得合作的重要性以及鍥而不捨、持之以恆的精神。

✧ **監督孩子們對媒體的選擇**：了解你的孩子看些什麼和聽些什麼，監督孩子們對媒體的選擇，如電視、音樂、電子遊戲以及網際網路，而且關注他的服裝、語言和行為反映的東西。要堅持堅定的立場，讓孩子遠離那些下流、殘忍和暴力的外界影響。這些影響會腐蝕他的愛心與同情心的發展。

✧ **多為孩子講一些關於愛的故事**：這樣做可以讓孩子沐浴著愛的祥和之光，快樂成長！

　　總之，家長平時若能注意對孩子一點一滴的培養、一言一行的引導，使孩子了解愛、感受愛並學會愛，那麼，愛的種子就會在孩子心頭扎下根，並會隨著孩子的成長而不斷擴展和升騰。

▌讓孩子擁有一顆感恩的心

　　感恩是樂於把得到好處的感激呈現出來且回饋他人的一種表示。它是一種美好的情感，是做人起碼的品德，是一種處世哲學，是生活中的大智慧。一個有感恩之心的人，看待問題不會偏激，想事情不會只顧自己。所以說，感恩是和諧社會的基礎，是人與人相互關懷的起點，是道德良性發展的潤滑劑。

　　感恩是一種心態。常懷感恩的人，才能以積極的心態處事；常懷感恩之心的人，才能不怨天尤人；常懷感恩之心的人，才能坦然面對一切。有了感恩之心，人與人、人與自然、人與社會就會更加和諧、融洽、親密，孩子也會因為這種感恩心理而變得愉快和健康起來。

　　一個懂得感恩的孩子才會更加珍惜、熱愛自己的生活；一個懂得感恩的孩子必定有一顆樂觀、容易滿足的心。英國作家薩克雷說：生活就是一面鏡子，你笑，它也笑；你哭，它也哭。你感謝生活，生活將賜予你燦爛的陽光；你不感謝，只知一味地怨天尤人，最終可能一無所有！事實也是如此。

　　有一次，美國前總統羅斯福家裡遭竊，小偷偷走了許多東西。一位朋友聞訊後，趕緊寫信給羅斯福，安慰他不必太在意。

　　羅斯福給朋友的回信是這樣的：

　　親愛的朋友，謝謝你來信安慰我，我現在很平安。感謝上帝：因為第一，賊偷走的是我的東西，而沒有傷害我的生命；第二，賊只偷走我部分東

西,而不是全部;第三,最值得慶幸的是,做賊的是他,而不是我。

對任何一個人來說,遭到盜竊絕對是件不幸的事,但是羅斯福卻並不怨恨盜竊的賊,相反他還能找出感謝上帝的三個理由。這種感恩他人、感恩生活的習慣讓羅斯福在遭遇不幸的時候還是能夠保持平和的心態。

反之,一個不懂得感恩的孩子是不可能體味到自己的幸福的:

有一個孩子,他的課業成績很好。媽媽每天在家裡為他端茶倒水,伺候得他如同少爺一般。

有一天早上,媽媽因為忙忘記為他裝水了,結果這個孩子走出門,發現水壺沒裝水,又退回來,狠狠地對他媽媽講:「都是妳害的,害得我要遲到了!」

那位可憐的媽媽愣在那裡,半天沒反應過來。直到這個時候,她才發現自己的教育出了問題,一個如此不懂得體諒父母的孩子,學習再好又有什麼用呢?那天,她硬是不幫孩子倒水,任他一個人又哭又鬧,折騰了半天。

這天晚上,一家人圍坐在餐桌前吃飯,母親端上來的卻是一盤稻草。全家人都很奇怪,不明白這究竟是怎麼回事。

母親說:「我給你們做了這麼多的飯,你們從來沒說過飯菜好吃,從來沒說過一句感謝的話,這和吃稻草有什麼區別?」

孩子的爸爸和孩子都愣住了!

父母對子女的愛是無私的,是不求回報的,然而「施恩不圖報」是施恩者的美德,「知恩圖報」是受恩者的良知。如果你愛自己的孩子,請不要用「美德」限制了孩子的「良知」,使其與愛的本意有所偏離,最終變得越來越自私、不通人情。身為家長,我們有責任和義務教育孩子:不管是誰為你做了什麼,都要說聲謝謝,家裡的親人也不例外。

那麼,我們應該如何讓孩子學會感恩呢?專家有如下的建議:

第八章　出色的 EQ 締造優秀的孩子

- **家長要為孩子做出表率**：父母是孩子模仿的對象。家長首先要懂得感恩。做父母的，平時無論工作多忙、多累，都別忘了在假期帶上孩子去看望雙方的老人，過年過節、老人生日的時候，和孩子一起為老人選購禮物。用家長關愛他人的言行來影響感染孩子，能發揮到潛移默化的教育作用！

- **讓孩子從小付出**：愛孩子，就應該在你忙的時候，讓孩子幫你做些家務；在你累的時候，讓孩子為你捶捶背；在適當的時候，讓孩子做些力所能及的事。讓孩子懂得付出，了解付出的不易，才會心生感激！讓孩子從平常的生活小事中感受到你對他的愛，也因此而愛你，在愛中領略被愛。孩子漸漸長大，在遇到困難和挫折時，才會懷有一顆感恩的心。

- **化態度為行動**：一個小舉動，比如一個微笑，一件小禮物，一張賀卡，永遠是受歡迎的「愛」。當一個孩子在家幫忙把碗盤放好，就是以行動表達了他對家庭與食物的感恩。當一個學生幫助老師提答錄機，就是以行動表達了他對學校與老師的感恩。在假日，親手做些小禮物送給親人朋友，這也是學會感恩的一種實際做法。布置感恩作業，讓每天要孩子完成。「今天有無替別人添麻煩？今天是否有進步表現？今天你最感激誰？」目的就是讓孩子學會反思，善於發現別人的優點，加強自律，學會對幫助過自己的人心存感激，培育孩子的健康心態，進而塑造孩子的健全人格。

- **讓孩子學會憐憫**：讓孩子經常注意社會上那些流浪的、喪失勞動力的或是身障人士。在看過他們艱辛的生活以後，孩子對自己舒適的生活又會是另一種體會。讓孩子學會尊重他們、憐愛他們，培養孩子一顆善良、感恩的心。

✧ **對孩子感恩的行為要及時給予鼓勵**：孩子的感恩不僅僅局限在對父母、師長、朋友的感激上，它應該是一種更為廣泛的情感。如果你的孩子偶爾表現出對他人的關心和幫助，家長要及時給予鼓勵，保護好孩子萌發的樂善好施、助人為樂的意識，有愛心的孩子才懂得感恩！

引導孩子養成樂觀的性格

樂觀是成功的一大要訣。失敗者遇到挫折時，常常用悲觀的方式解釋事物，無意識中就喪失鬥志，不思進取了。因此，每個父母要重視培養孩子的樂觀精神。

孩子樂觀的性格是可以培養的。孩子的樂觀首先來自家庭和諧、幸福的氣氛，來源於父母的樂觀、自信、幽默、豁達，來源於父母能夠切實地幫助孩子正確對待並戰勝他們面臨的困難，用自己的樂觀精神感染孩子。這樣，即使在孩子以後的生活中碰到困難挫折，也能始終保持健康的心態，具備心理承受力，努力克服困難，實現既定的目標。因為父母已使他相信在困難和挫折後面，還存在許多美好的東西。一個有著童年的幸福與溫馨回憶的人，胸中會永遠充溢著幸福。

那麼如何培養孩子具有這種樂觀的性格呢？美國兒童教育專家塔尼可博士提出如下建議：

✧ **給孩子一個快樂的家庭**：家庭的氣氛、家庭成員之間的關係在很大程度上會影響孩子性格的形成。研究表明，孩子在咿呀學語之前就能感覺到周圍的情緒和氛圍，儘管當時他還不能用語言來表達。可以想像，一個充滿了敵意甚至暴力的家庭，是絕對不可能培養出快樂的孩子的。
平時就應該讓孩子明白令人快樂的事情總是永久的、普遍的，一旦有不愉快的事情發生，那也只是暫時的，不具普遍性，只要樂觀地對待，生

活仍然是美好的。

✧ **不要對孩子控制過嚴**：身為家長，當然不能對孩子不加管教、聽之任之，但相反，控制過嚴卻又會壓制兒童天真爛漫的童心對孩子的心理健康產生副作用。不妨讓孩子在不同的年齡段擁有不同的選擇權。例如，對於 2、3 歲的孩子，應該允許他自己選擇早餐吃什麼，什麼時候喝牛奶，今天穿什麼衣服；對於 4、5 歲的孩子，應該允許他在家長許可的範圍內挑選自己喜歡的玩具，選擇週末去哪裡玩；對於 6、7 歲的孩子，應該允許他在一定的時間內選擇自己喜歡看的電視節目以及什麼時候學習等；對於上小學的孩子，應該允許他結交朋友，帶朋友來家玩等。

✧ **教會孩子與他人融洽相處**：與他人融洽相處有助於培養快樂的性格，因為與他人融洽相處者，心中的世界較為光明、較為美好。但要與他人融洽相處也並不容易。家長可以帶領孩子接觸不同年齡、性別、性格、職業和社會地位的人，讓他們學會與不同的人融洽相處。當然，首先要學會跟父母和兄弟姐妹融洽相處，然後再學會跟親戚朋友融洽相處。此外，家長自己應與他人相處融洽，做到熱情待客，真誠待人，不勢利，不卑下，不在背後議論他人，給孩子樹立一個好榜樣。

✧ **鼓勵孩子多交朋友**：父母要鼓勵孩子多交朋友，為孩子創造與同齡人交往的機會，例如帶孩子到鄰居家串門、邀請其他孩子到家裡來玩、讓孩子多到同學家去玩等。另外，父母可多安排一些活動，如帶孩子外出遊玩；也可讓孩子做一些有創造性的活動，如利用廢物製作小作品，透過豐富孩子的精神生活，讓孩子在各種活動中體會到生活的樂趣，增強對生活的信心，培養孩子樂觀的性格。鼓勵孩子多交朋友，特別是同齡朋友。本身就性格內向、抑鬱的孩子，更應多交一些性格開朗、樂觀的同齡朋友。

✧ **讓孩子愛好廣泛**：開朗樂觀的孩子心中的快樂源自多個方面。一個孩子如果僅有一種愛好，就很難保持長久快樂。只愛看電視的孩子如果當晚沒有合適的電視節目看，他就會鬱鬱寡歡。相反地，如果孩子愛好廣泛，當孩子看不成電視時卻能讀書、看報或做遊戲，同樣也可樂在其中。對只有一種擅長的孩子來說，鼓勵孩子愛好廣泛更為必要，以免他們對某項愛好過分關注，而對其他活動興趣索然。父母要鼓勵孩子廣泛地閱讀，讓孩子在閱讀中增加知識、昇華思想，可以選擇閱讀偉人的故事、童話、小說等文學作品。

✧ **生活不宜過分優裕**：千萬別以為源源不斷地為孩子提供高檔玩具、美味食品和名牌時裝就會給他們帶來幸福。而實際上，物質生活的奢華反而會使孩子產生一種貪得無厭的心理，而對物質的追求往往又難以自我滿足，這就是為何貪婪者大多並不快樂的真正原因，相反，那些過著普通生活的孩子往往偶爾得到一件玩具，就會玩得十分開心。

✧ **引導孩子擺脫困境**：人不可能事事稱心如意，因而再樂觀的人也不可能永遠快樂。但樂觀者的可貴之處在於他們能很快從失意中重新振奮起來，並把沮喪丟在腦後。父母最好在孩子很小的時候就著意培養他們應付困境乃至逆境的能力。當孩子遇到困境時，父母要多留心孩子的情緒變化，如果孩子悶悶不樂，父母無論自己多忙，也要擠出時間和孩子交談，教育孩子學會忍耐和堅強面對，鼓勵孩子凡事多往好的方面想，不要盡往消極的方面想。

✧ **讓孩子擁有自信**：一個自卑的孩子往往不可能開朗樂觀，這就從反面證實擁有自信與快樂性格的形成息息相關。對一令智力或能力都有限而且充滿自卑的孩子，家長務必多發現其長處，並審時度勢地及時表揚和鼓勵。來自家長和親友的肯定有助於孩子克服自卑、樹立自信。

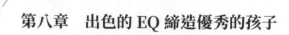

┃自信心是成功人生的基石

一個人在人生的道路上能走多遠，在人生的階梯上能爬多高，在人生的戰場上能夠取得多大成就，最關鍵的因素就是自信心。

自信心是高 EQ 的基石，是情緒智慧的重要組成部分，它對一個人一生的發展產生重要的作用。自信的孩子，在面對別人的惡意攻擊時能沉穩以對並擁有良好的抗壓能力，在人際關係上也會得心應手。一個沒有自信心的人，不能指望他能夠做出實質性的成就。自信心也是打開一個人生命潛能大門的鑰匙。沒有自信心，就無法開發人的潛能，因而也不能使人成長為人才。

日本一位教育專家曾做過這樣一個試驗：

他們將一個課業成績較差的班級的學生，當作課業成績優秀班級的學生來對待；而將一個優秀班級學生的，當作問題班級來教。

一段時間下來，發現原來成績距離相差很遠的兩班學生，在試驗結束後的總結測驗中平均成績相差無幾。

原因就是差班的學生受到不明真相的老師對他們所持信心的鼓勵（老師以為他所教的是一個優秀班），學習積極性大增；而原來的優秀班的學生受到不明真相的老師對他們懷疑態度的影響，自信心被挫傷，致使轉變學習態度，影響了課業成績。

自信對孩子的發展有著巨大的作用。一個自信的孩子，在被失敗或者挫折擊倒以後，依然能夠高舉自信之劍，繼續為成功打拚，在自信的驅使下，這個孩子勇於對自己提出更高的要求，並在失敗中看到成功的希望，鼓勵自己不斷努力，因而獲得最終的成功。

如果你的孩子是個自信的人，那麼他就會樂觀進取，做事主動積極，勇

於嘗試，樂於接受挑戰；如果你的孩子缺乏自信，那麼他就會在遇到棘手的事情時表現出柔弱、害羞、恐懼的心理，不敢面對新的事物，不敢主動與人交往，因而失去了很多學習和鍛鍊的機會，影響自身的發展。而且，長期缺乏自信會讓孩子產生「無能」的感覺，產生自卑等不良心理，甚至可能自暴自棄、破罐破摔，那將是很可怕的。

幫助孩子樹立信心，是每一位家長的責任。要幫助孩子樹立自信心，家長可以從下面幾個方面來努力：

應把讚揚和鼓勵作為教育孩子的主導方法

在兒童時代，孩子是透過自己身邊的人特別是父母對自己的評價來認識自己。因此，家長應注意你的孩子是否自信與你對他的評價有直接關係。

家長平時對孩子只有批評，沒有表揚，就會在孩子心目中不知不覺塑造起不佳的自我形象。所以，建議家長們，如果你希望自己的孩子有自信，不妨平心靜氣地坐下來，寫下孩子值得欣賞的優點，比如「很有愛心，對小動物很好」，「很有禮貌，會主動和朋友打招呼」等人格特質。如果要稱讚孩子的學習表現，「學習很認真、負責」，「會自我督促念書」等就是很好的理由。多鼓勵和肯定孩子，讓他對自己有著合適的自信，會讓他的情商能力大幅度提升。

幫助孩子體會成功

對孩子的要求如果太高，孩子就很難實現目標，就很難建立起信心。如果父母針對孩子的實際水準適當地降低標準，孩子就很容易取得成功。成功對於孩子來說，往往會產生意想不到的效果，孩子就會從不難獲得的成功體驗中獲得充分的自信，就會取得更大的進步。

適當誇大孩子的進步

孩子即使沒有進步，家長也應該尋找機會加以鼓勵。如果孩子確實有了進步，家長就應該及時誇獎他們「進步很大」。這樣一般都可以調動孩子心中的積極因素，促使孩子期望自己取得更大的進步，孩子就有可能取得事半功倍的奇效。

幫助信心不足的孩子樹立自信心

俗話說「笨鳥先飛」，「勤能補拙」。家長提前讓孩子掌握一些必要的知識和技能，等到與同伴一起學習的時候，他就會感覺到「這很好學」，在別的孩子面前就會揚眉吐氣，自然就會信心百倍了。

避免拿別人的孩子跟自己的孩子比較

很多家長為了教育孩子，總是拿班上學習好的同學來和自己孩子比較或拿同事的孩子和自己的孩子比較，試圖讓自己孩子能夠學習別人孩子的優點或激發孩子的上進心。實際上這種做法對孩子的成長是極為有害的。

首先，家長經常拿自己的孩子與別人來比較，會讓孩子產生我不如他人的感覺，這種感覺會讓孩子看不起自己，感到洩氣。其次，還會讓孩子產生嫉妒的情緒，當一個人把精力用在嫉妒別人時，他就沒有足夠的精力把自己的事情做好。再次，家長的比較即使激發起孩子向別的孩子學習的欲望，可是，盲目地學習別的孩子，會使你的孩子失掉自己的特點與個性，成為別的孩子的複製品。這樣的孩子永遠都難以趕上或超過別的孩子，因而產生劣等感，最終喪失自信心。

家長們都應該意識到，每個孩子都有他自己獨特的長處和與眾不同的個性，每個孩子只有從他自己實際的基礎上發展才能成材。家長的首要任務是幫助孩子找出他的長處，發展他的個性。

正確對待孩子的失敗與挫折

當孩子考試失敗或遇到其他挫折時，他們需要的絕對不是家長劈頭蓋臉的一頓訓斥或者陰陽怪氣的嘲諷，他們也不需要家長無原則的安慰與同情，他們最需要的是他們生活中最重要的人的理解、支持與鼓勵。

很多家長，在遇到孩子考試失敗時，會因為「孩子給自己丟面子」而生氣。在這種情緒的作用下，家長往往會失去理智地做出一些傷害孩子自尊心的行為，這對正承受失敗打擊的孩子來說，無疑是雪上加霜。因此，家長一定要正確、理智地對待孩子的失敗與挫折，具體做法是：

✧ 冷靜地對待孩子的挫折與失敗，心平氣和地和孩子談心，找出孩子失敗的原因。

✧ 理解孩子的心情與苦惱，讓孩子知道失敗與挫折是人生必不可少的內容，是一個人成功之前必不可少的過程，並且身為父母，不會因為此事就減少對孩子的愛。

✧ 鼓勵孩子繼續努力。父母必須首先對孩子有信心，孩子才能對自己產生信心。當父母滿懷信心和熱情地鼓勵孩子時，會極大激發孩子克服困難的勇氣，恢復孩子的自信心。

▍教孩子學會處理自己的情緒

9歲的劉小飛是個活潑的小男孩，在某小學讀三年級，學習各方面都非常認真，唯一不好的就是小小年紀的他脾氣非常不好。

有一次，因為父母不同意他在星期天到遊樂園遊玩，他感到非常憤怒，就衝向自己的房間，握緊拳頭往牆上猛擊，一面哭一面打，雙拳血肉模糊都沒有感覺到。他爸爸氣得揍了他一頓。他媽媽要給他上藥，他也反抗，之後

倒在床上大哭。弄得父母親一點辦法都沒有。為此，他的父母不得不求助於教育專家。

　　教育專家認為孩子心理的緊張狀態和平衡失調往往是與其情緒有關，特別是與消極的情緒緊密相連。在遇到不如意或者突發事件的時候，孩子一般都會表現出情緒不穩定。如果消極情緒表現過分強烈或者持續時間過長或者受到壓抑，都會損害孩子人格的成長，引起身心機能的失調。這是值得家長們重視的！若想幫助孩子快樂成長，關鍵是幫助孩子學會駕馭自己的情緒。

　　孩子對情緒的駕馭主要展現在對情緒的自我控制能力上。無法駕馭情緒的孩子經常成為情緒的俘虜，被情緒所左右，無法自拔。這種孩子遇到一點不順心的事情，就會暴跳如雷或者抑鬱寡歡。而情緒駕馭能力較強的孩子，不僅能控制某種情緒的產生，而且還能對消極的情緒進行自我疏導，以平衡的心態面對生活。

　　讓孩子學習駕馭情緒，家長要從下面幾點著手：

允許孩子自由發洩情緒

　　有時候，孩子喜歡透過激烈的活動來表達內心的情感，或是透過語言或是透過肢體。不管是哪種形式，對待這時的孩子，家長要做的就是如何幫助孩子把不良情緒釋放出來。給孩子一個發洩和傾訴的空間，也就把握了調整情緒的杠杆。

　　從前，有個脾氣很壞的小男孩。一天，他父親給了他一大包釘子，要求他每發一次脾氣都必須用鐵錘在他家後院的柵欄上釘一顆釘子。第一天，小男孩共在柵欄上釘了 37 顆釘子。

　　過了幾個星期，由於學會了控制自己的脾氣，小男孩每天在柵欄上釘釘

子的數目逐漸減少了。他發現控制自己的壞脾氣比往柵欄上釘釘子要容易多了……最後，小男孩變得學會控制自己的脾氣了。

他把自己的轉變告訴了父親。他父親又建議他說：「如果你能堅持一整天不發脾氣，就從柵欄上拔下一顆釘子。」經過一段時間小男孩終於把柵欄上所有的釘子都拔掉了。

父親拉著他的手來到柵欄邊，對小男孩說：「兒子，你做得很好。但是，你看那些釘子在柵欄上留下了那麼多小孔，柵欄再也不會是原來的樣子了。當你向別人發過脾氣之後，你的言語就像這些釘孔一樣，會在別人的心靈中留下疤痕。你這樣做就好比用刀子刺向了某人的身體，然後再拔出來。無論你說多少次對不起，那傷口都會永遠存在。實際上，口頭上對人們造成的傷害與人們肉體上受到的傷害沒什麼兩樣。」

家長應該像那位父親一樣，把發脾氣的危害性告訴孩子，讓孩子一步一步地改正這種不良情緒。

糾正孩子錯誤的表達方式

雖然家長應該允許孩子自由地發洩心中的不快，但是，有時候孩子的情緒表達方式難免會有些不當，因而做出對自己和他人都不利的過激行為。

美國鈔票公司（American Banknote Corporation）的總經理伍德赫爾在年輕的時候曾經是一個小公司的職員，他得不到重視，得不到提升，總是覺得這不對、那不好，憤怒、不滿總是纏繞著他。

他說：「有一個時期，我這種感覺非常強烈，並漸漸擴大，以至我覺得不得不離去。但是在我寫辭職信之前，我去拿了一支筆和一瓶紅墨水 —— 因為黑墨水不足以發洩我的憤怒 —— 然後把我對公司中每個職員和經理的評判都寫出來。」

　　寫完以後，伍德赫爾一下子就冷靜下來，決定繼續留下來工作。後來，面對憤怒和不滿的時候，伍德赫爾總是用這種辦法來解決。伍德赫爾說：「以後，當我忍不住的時候，我便坐下來把我所要說而不敢直說的話都寫出來。這實在是一種很好的方法。我寫完了之後便覺得一身輕鬆。我把這些東西收藏起來，不給人看。一年之後，別人都感覺到我有一種自制的能力。我勸告那些管理別人的人，無論年輕年老的，都學著寫這種紅墨水紙條，以約束自己的情緒。」

　　孩子因發脾氣與別的孩子爭吵、打架，結果既傷害了自己，又傷害了對方。有些孩子喜歡頂撞父母、長輩和老師，有些孩子則習慣於透過摔東西等方式來表達激烈的情緒。

　　遇到這些情況，家長當然不能視而不見，而是應該加以嚴厲的勸告，讓孩子明白情緒的發洩也應該有一定的限度。

　　父母要告訴孩子，遇到問題時要講道理，不要動不動就鬧情緒、發脾氣。如果實在是無法控制自己的情緒，不妨用一些不會傷害自己與他人的方法來解決。

孩子憤怒時家長的引導方法

　　當孩子憤怒時，家長應堅持要求孩子用語言而不是用動作來表達憤怒。當孩子生氣時，鼓勵他大聲講出來，並盡可能說出原因。接著，幫助導孩子把過剩的精力用到戶外活動上，讓他們到戶外去大叫大嚷。只要父母因勢利導，孩子的情緒就會漸漸平靜下來的。

　　在艾森豪 10 歲的時候，他的父母讓他的兩個哥哥在耶誕節前去遠行，但堅決不同意他去。

艾森豪對此非常憤怒，他衝到屋外，捏緊拳頭在蘋果樹上猛擊，他一面哭一面打，直到雙手血肉模糊。

最後，艾森豪被父親拖回了家中，但是，倔強的艾森豪又倒在床上大哭了 1 個小時。後來，母親進來給他塗上止痛藥，紮上繃帶。等艾森豪平靜後，母親對他說：「能控制自己感情的人要比能拿下一座城市的人更偉大。」母親告誡艾森豪，發怒是自我毀傷，是毫無用處的。

艾森豪對此深有感觸，在他 76 歲的時候，他這樣寫道：「我經常會回想起那次談話，把它看做是我一生中最珍貴的時刻之一。」

一般來說，孩子對自己的情緒的控制能力比較差，他們時不時地發些小脾氣是常見的事情，有時候不見得是什麼異常的現象，家長不需要特別地控制孩子。

如果家長採取視而不見的冷處理的辦法，孩子的不良情緒可能會很快就煙消雲散，所謂來得快去得也快。只要孩子的不良情緒不是太過分，對別人不造成傷害，不妨讓孩子自由發洩，這樣孩子就會發現，發脾氣並沒有什麼好玩之處，最後孩子的脾氣會越來越小，甚至會很少發脾氣。

幫助孩子認清發脾氣的壞處

為了一點小事就大發脾氣，容易傷害別人的感情和自尊心，也是不懂得尊重他人的行為。不尊重別人，那就不能得到別人的尊重。另外，發脾氣不但於事無益，而且還會越鬧越僵，一發不可收拾。

當孩子發脾氣時，不妨讓他想想如果別人對他發脾氣，他的心裡會有何感覺。其次，想想發脾氣的後果，因而學會「三思而後行」，脾氣就會平息下來。

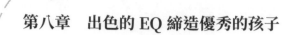

幫助孩子發展負面情緒的管理技巧

在美國有些中小學，在課程中加入冥想的練習，讓孩子坐下，閉上眼睛，意念集中靜坐 20 分鐘。而最近的實驗發現，靜坐冥想有助降低一個人的焦慮感，而且能夠強化注意力的集中，進一步地提升學習效率。像這些設計得當適合孩子的放鬆技巧，對他們未來的抗壓能力會有所幫助。

另外，家長也可以鼓勵孩子培養健康的興趣和嗜好，來幫助他們排解壓力，例如帶孩子一起鍛鍊、畫畫、唱歌等。心理學上的研究顯示，做運動是極佳的疏壓方法之一，持續做有氧運動 20 分鐘以上會促進大腦中腦內啡肽的分泌，因而在生理上產生舒緩壓力的作用。

家長自己要控制自己的情緒

家長應該時刻注意自己在生活中的表現，力求做個耐心的典範。這就意味著當碰上塞車或是排在蛇形的長隊中等待的時候不要發怒、不要抱怨。當你覺得自己不耐煩的時候，就將此當成一個機會展示給孩子看你是怎麼反應的，相信孩子能從中會受到感染。

▍平常心彌足珍貴

當今社會的競爭日益激烈，適者生存的觀念日漸深入人心，為了將來在競爭中立於不敗之地，許多家長在孩子很小的時候就刻意培養他們的好勝心和競爭意識。

過強的好勝心與競爭意識也催生了一系列的教育問題與社會問題。因為要競爭要取勝，我們的孩子學會了嫉妒，更學會了「不擇手段」。他們只能贏不能輸，心弦一直繃得緊緊的，一旦遭遇到挫折或者失敗，這些孩子的心理承受能力往往支撐不住，不是從此一蹶不振，就是走上了極端的道路！

　　年僅 8 歲的小怡雖然剛上小學二年級，但已經先後三次奪得學校的口語故事冠軍。老師們常常誇她是個聰明的孩子，父母更是以她為榮。但最近小怡卻一蹶不振，先是在學校的低年級作文比賽中沒有取得名次，後來又在一次期末考試中跌出前三名之外。儘管爸爸媽媽安慰她「勝敗乃兵家常事」，但小怡依然難以接受如此「殘酷」的事實。她開始懷疑自己的能力，甚至拒絕參加以後學校的各種比賽。為此，她的爸爸媽媽非常苦惱！

　　小怡之所以變得如此，就是因為過強的好勝心理和虛榮心使其自尊大受打擊！因為長期精神繃得太緊，這個時候孩子索性放鬆了自己！暫時的鬆懈家長不妨縱容一下，但若長此以往，家長就不能不加以重視了！

　　與小怡不同的是，她的好朋友蘭蘭不但沒有因為一次的失敗而氣餒，反而越戰越勇，從來不放棄！這些均歸功於她的爸爸媽媽的教育！

　　和小怡一樣，蘭蘭平時很用功，成績一直在班上名列前茅，但平時爸爸媽媽總是對她採取平常心的教育，要坦然地面對一切榮譽與失敗。媽媽總是對蘭蘭說：「凡事自己盡力就可以了，不要跟別人比！這樣，就永遠是心理上的勝利者！」蘭蘭把媽媽的話牢記在心裡！

　　有一次，蘭蘭參加「心算」比賽沒有獲得好的名次。來學校接蘭蘭的媽媽知道這種情況以後，不但沒有責備蘭蘭，還安慰她說：「輸贏不要緊，重要的是參與。」

　　類似的話，讓蘭蘭擁有了一顆看待榮辱的平常心。所以，她做什麼事情都沒有過重的得失心理！老師們都說「這孩子很難得，很從容，也很淡定」！

　　其實平常心不僅可以幫助孩子面對挫折和失敗，還可以讓孩子學會如何面對榮譽。

　　紐約 8 歲的女童貝麗曾榮獲國際少兒鋼琴大賽的金獎，一時聲名鵲起。

鮮花、掌聲、榮譽紛至遝來。貝麗開始驕傲自滿，沉醉於一片讚揚聲中，練琴自然受到了影響。而她驕傲自大的表現讓許多小朋友與她拉開了距離，對她敬而遠之。幸好小貝麗的母親對女兒及時提醒告誡，她的榮譽與成功離不開老師的教育、朋友的幫助和媽媽的鼓舞。而且，媽媽告訴她，其實在比賽中，有很多小朋友和她水準不相上下，只是貝麗臨場發揮比較好，才會奪得冠軍，要以一顆平常心來看待這次成功。

媽媽的話猶如一盆兜頭冷水，讓小貝麗及時回頭。從此小貝麗專心練琴，再一次在國際大獎賽上奪取了桂冠。

美國兒童教育專家艾森指出，對大多數孩子來說，引導他們擁有一顆平常心至關重要。因為平常心可以讓他們以正常的心態看待比自己優秀的同伴取得比自己傑出的成就，冷靜地看到自己的成績和不足，因而找對方向，付出努力。

平常心對於孩子的成長如此重要，那麼，我們應該如何從小培養孩子的平常心呢？

◇ **要培養孩子的平常心，家長應該先端正自己的觀念和態度**：家長應該知道，平常心不是與世無爭、無所事事，更不意味著不求上進。平常心是我們在日常生活中看待問題、解決問題的一種心態。擁有平常心反而能讓孩子在一個平穩的期望值下更容易獲得成績。現實生活中，切忌家長的私人欲望過大，操控和影響孩子的成長。

◇ **讓孩子做到「勝不驕，敗不餒」**：在平常生活中，家長可以把勝利和失敗放在同一個領獎臺上，孩子成功的時候給予孩子獎勵，孩子失敗的時候同樣也要給予獎勵，讓孩子感受不到驕傲與氣餒，因而能夠本著平常心繼續前進！

✧ **讓孩子學會平常心對人對己**：要做到用一顆平常心對人對己，需要讓孩子經常調整自己的心態，不要管得太多，也不要想得太多，走自己的路，不要計較別人說什麼。遇事要冷靜，忌衝動，看淡得與失，看淡功名利祿。這樣，你的孩子在很多情況下反而會發揮得更好！

✧ **教會孩子客觀評價自己**：不懂得客觀地評價自己、過於好勝、虛榮心過強的孩子要不是過於自尊，就是過於自卑，總是不能客觀地正視自己。所以，家長要教會孩子別欺騙自己，要正確對待自己的缺陷，同時也要看到自己的優點。只有懂得客觀地評價自己，孩子才不會患得患失！

✧ **教會孩子正確對待名譽**：缺乏平常心的孩子一般都喜歡沽名釣譽，好追求表面上的東西。家長要幫助孩子正確認知自己，不能以華而不實的東西作為追求的目標。

總之，孩子的平常心是可以訓練的！只要給予有效的引導，我們的孩子一定能夠成為一個心態健康、EQ 高的人！

學會寬容才能贏得快樂

歌德說：「人不能孤立地生活，他需要社會。」良好的人際關係，不僅能給人帶來快樂，而且能幫助一個人走向成功。而寬容的品格正是建立良好人際關係的基石，一個人只有具備了寬容的品格，才會懂得理解和尊重他人，才會有愛人之心，才會有容人之量。

寬容是一種涵養、一種知性、更是一種文化底蘊。所以，越是愚昧的人，就越不懂得忍耐，更無寬恕可言。生活中，我們可以看到，一些人公車上被踩了一腳，並不是小事化無，而是滿臉怒氣地破口大罵；聽到罵聲的人也毫不示弱，反唇相罵，似乎不這麼做，就難以維護自己的「尊嚴」。然而在旁觀人的眼中，這類人根本毫無尊嚴，因為不懂得寬容別人。這樣的人往

往缺乏朋友，鬱鬱寡歡。

　　李明今年讀六年級了，他做事認真，課業成績較好，但性格不夠穩定。他心中常常只有自己，不大考慮別人，達不到自己願望時，就亂發脾氣。與同學發生衝突後，常常懷恨在心，有時還會把一些陳年舊帳翻出來，詆毀、威脅同學，因此與同學關係處得不好。

　　有一次，班長在管理時冤枉了他，他和班長發生衝突，產生了報復心理，對班長大打出手，幸虧老師及時趕到解了圍。李明覺得非常委屈，明明是自己有理，為什麼老師還批評自己呢？從此以後，他對老師也非常不滿，課業成績也因此下降了很多。

　　孩子之所以這麼錙銖必較，是因為他們不懂得寬容的種種好處！因此，若想孩子不為瑣事煩惱，家長應讓孩子學會寬容。家長正確的做法是：

讓孩子除去自我中心意識，與人友好相處

　　讓孩子知道「我」與「他人」的含義，懂得蠻橫不講理、任性和霸道是行不通的，必須學會與人相處的方法。具體有：

- ✧ 讓孩子懂得家庭中「人人為我，我為人人」，心中有他人。
- ✧ 讓孩子理解和尊重父母，體諒父母的辛苦和勞動成果。
- ✧ 讓孩子體驗到只有寬容謙讓，才能與別人享受共同的快樂，必要時讓孩子體驗一下吃虧的感受，以鍛鍊孩子的克制能力。

讓孩子除去報復心理，學會換位思考

　　報復心理是一種以攻擊方式對曾經給自己帶來不愉快的人發洩怨恨和心中不滿的情緒，是一種危害健康的心理狀態。有報復心理的人容易誤解他人的意思，對他人經常有戒備防範心理。任其發展的話，心胸會越來越狹

窄，與人相處較難，內心非常痛苦。一旦發現，父母應及時予以疏導和心理輔導。

✧ **交流溝通，學會換位思考**：如對案例中的李明，告訴他不妨進行一下心理換位，把自己當成班長，別的同學不服從管理，你會怎麼辦？

✧ **學會寬容、感動和關愛**：人人都有無法克服的缺點，但是我們要試著去發現別人的優點，試著從小事中學會感動，就會發現身邊的人不那麼討厭。與人相處融洽先要欣賞對方，善於發現別人的優點。寬容是一種美德，寬恕別人就是善待自己。人之心如同一個容器，當愛越來越多的時候，怨恨就會被擠出去，要不斷用愛和關懷來充滿內心，這樣怨恨就沒有容身之處。

讓孩子勇於承認錯誤，拋棄積怨

告訴孩子：有寬大的度量容人，不念舊惡，才能讓自己變得更加快樂。父母要了解孩子的能力、愛好、性格和心態，對孩子循循善誘，有意識地教孩子學會發現錯誤，喚醒孩子的責任心，讓孩子學會自我反省，承認錯誤，化「敵」為友，拋棄積怨。尤其要疏導、轉移孩子對衝突結果的注意力，只有這樣，才能反思起因，檢討自己的過失，寬容別人的缺點與失誤行為，幫助別人改止錯誤，有利於增進友誼。

讓孩子不苛求別人，不斤斤計較小事

人與人相處，難免會有誤會或摩擦，要有忍耐、包容、體諒的心態，不要斤斤計較、患得患失，要將心比心，多從對方的角度考慮問題，要把度量放寬、眼界放遠，化解衝突。

做孩子的榜樣，讓孩子學會感謝、感恩

　　父母要做孩子的榜樣，遇到衝突時能寬宏大量，不計較得失，能夠高姿態，不怕吃點虧，能饒人處且饒人，以此使孩子受到薰染與教育，孩子才能在相應的時候做到寬容他人。父母要為孩子營造一個和睦溫馨、相互寬容的家庭環境。孩子從小生活在一個溫馨和諧、寬容友愛的家庭環境中，受潛移默化影響，將逐步形成穩定的寬容忍讓、懂得感恩的良好品格。讓孩子做一些必要的家務勞動，學會互換角度，站在父母的角度來理解父母，讓孩子感到對父母的回報也是應該的。

讓孩子樂觀向上，爭取優秀

　　寬容別人首先要自己樂觀。悲觀之人總是心情壓抑、鬱悶，容易想到人或事物不利的一面，所以常常對別人不滿或者發脾氣。樂觀之人總是心態寧靜，相信自己，鼓勵自己，成就自己。另外，寬容大度之人一般做得比較優秀。真正優秀的人容易坦然的接受他人的過失，與人為友。

小時候的棒不是棒，教到成材才是真的強！

挫折教育 × 自主意識 × 情緒管理，學校沒有教的軟實力，從家庭中學起！

編　　著：李雅婷，陳雪梅
發 行 人：黃振庭
出 版 者：崧燁文化事業有限公司
發 行 者：崧燁文化事業有限公司
E-mail：sonbookservice@gmail.com
粉 絲 頁：https://www.facebook.com/
　　　　　sonbookss/
網　　址：https://sonbook.net/
地　　址：台北市中正區重慶南路一段六十一號八
　　　　　樓 815 室
Rm. 815, 8F., No.61, Sec. 1, Chongqing S. Rd.,
Zhongzheng Dist., Taipei City 100, Taiwan
電　　話：(02)2370-3310
傳　　真：(02)2388-1990
印　　刷：京峯彩色印刷有限公司（京峰數位）
律師顧問：廣華律師事務所 張珮琦律師

定　　價：350 元
發行日期：2023 年 01 月第一版
◎本書以 POD 印製

國家圖書館出版品預行編目資料

小時候的棒不是棒，教到成材才是
真的強！挫折教育 × 自主意識 ×
情緒管理，學校沒有教的軟實力，
從家庭中學起！/ 李雅婷，陳雪梅
編著 . -- 第一版 . -- 臺北市：崧燁
文化事業有限公司 , 2023.01
面；　公分
POD 版
ISBN 978-626-332-903-4(平裝)
1.CST: 親職教育 2.CST: 子女教育
528.2　　111018497

電子書購買

臉書